DELIUS KLASI

DAGMAR GARLIN

GARLIX AUF GROSSER FAHRT

DIE WELT UMSEGELN MIT FREMDEN UND FREUNDEN

DELIUS KLASING VERLAG

INHALT

DAS MACHEN VIELE – EIN WEITERES WELT-UMSEGLERBUCH

Du kannst dein Leben nicht verlängern,
du kannst es auch nicht verbreitern.
Aber du kannst es vertiefen.
Gorch Fock

August 2016. 26 Monate sind seit unserem Start zum größten Abenteuer unseres Lebens vergangen. Seit drei Wochen sind wir zurück in Deutschland. Mit schlechtem Gewissen erkläre ich meiner Ärztin, warum ich die Vorsorgeuntersuchung versäumt habe. »Mmh, und jetzt schreiben Sie einen Reisebericht über Ihre Weltumseglung …, aber das machen doch viele.«

Wir sind um die Welt gesegelt! Wir zwei – Jens und ich. Miteinander haben wir es durchgezogen, Hand in Hand. 25 Monate, 24 Stunden auf kleinstem Raum. Bei paradiesischem Traumwetter, bei Angstwetter, bei Kuschelwellen, bei Monsterwellen.

Und jetzt schreibe ich dieses Buch, damit wir keinen Tag vergessen. Nicht nur die Orte und Länder, sondern auch die Gefühle und Gedanken, die wir dabei hatten. Wie es ist, 3.000 Seemeilen vor sich zu haben und Tausende Meter unter sich. Wie es ist, fremde Länder, fremde Menschen per Segelboot zu besuchen. Ob es in der heutigen Zeit überhaupt noch spannend ist. Wie es ist, sein Heim zu verlassen, und wie man wieder ankommt.

Meine Ärztin hat recht. Ganz sicher benötigt die Welt kein weiteres Weltumseglerbuch. Genauso wenig, wie man dieses Abenteuer Weltumseglung starten muss. Müssen muss man nicht. Können tut man aber viel mehr. Und wenn wir anderen Menschen mit unserem Bericht schöne Stunden bereiten, vielleicht motivieren, selbst etwas zu tun, was man »eigentlich« nicht tun muss, dann war es die Mühe wert, nicht nur für uns, sondern auch für andere unsere Abenteuer der Weltumseglung zusammenzufassen.

GARLIX, DIE WELT UND WIR

»Weltumseglung ... WIR? Dann lieber zum Mond ...«
Unser Dialog in der Phase der Ideenfindung

»Mit diesem Boot seid ihr über den Atlantik gesegelt?« »Nicht nur über den Atlantik, um die ganze Welt!« Diesen Dialog hatten wir mit einem Segler, der vergeblich den Cruisingcharakter in unserer GARLIX gesucht hat. Zugegeben, ein »typisches« Weltumseglerboot ist eine XP 44 nicht. Doch an diesem Punkt beginnen die Vorurteile. Denn es gibt kein typisches Boot für eine Weltumseglung. Wir jedenfalls konnten auf der gesamten Reise keine Einheitlichkeit der Segelyachten feststellen. Jede Größe, jeder Typ, jeder Geldbeutel segelt auf den Weltmeeren.

2012, beim Kauf der GARLIX, stand eine Weltumseglung gar nicht zur Debatte. Dafür hatten wir das Boot nicht ausgesucht. In der kurzen Vorbereitungszeit haben wir es daher dann mit einigem zusätzlichen Equipment ausgerüstet. Es ist ein Streitthema, welche Ausrüstung notwendig und welche überflüssig ist. Im Vergleich zu vielen anderen Booten, die wir unterwegs getroffen haben, segeln wir eher simpel, ohne viel Schnickschnack. Der Vorteil davon: Wenn man ohne Generator, Waschmaschine oder Gefriertruhe unterwegs ist, dann können diese Dinge auch weder kaputtgehen noch Strom verbrauchen.

Unsere GARLIX bietet mit zwei Achterkajüten inklusive jeweils einer Seekoje, einer geräumigen Vorderkajüte, zwei kleinen Bädern mit Dusche und WC und dem Salon mit der Pantry genug Raum für zwei Personen (detaillierte Daten am Ende des Buches). Häufig haben wir die Schnelligkeit und Stabilität unseres Boots genießen können. Es hat uns vor drohenden Unwettern mit seiner Geschwindigkeit bewahrt, hohe Wellen mit seiner Leichtigkeit und Performance ausgeglichen, aus Leichtwindgebieten herausgesegelt und war im Sturm sicher und stabil. Auch nach 40.000 zurückgelegten Seemeilen sind wir mit unserem Schiff mehr als zufrieden und werden sicherlich noch weitere Abenteuer mit ihm erleben. Ein Boot, auf dem man sich sicher fühlt und das man gut handhaben kann, steht ganz oben auf der Liste der Notwendigkeiten, wenn man solch ein Abenteuer plant. Aus diesem Grund gebührt unserer GARLIX auch der oberste Platz in diesem Bericht.

»Was, und Sie segeln die gesamte Zeit zu zweit? In dieser engen Kajüte?« Das ist die nächste häufig gestellte Frage, wenn jemand von unserem Abenteuer erfährt. Ein 13,20 Meter langes Segelboot ist wirklich nicht besonders groß. Aber angesichts der scheinbaren Unendlichkeit der Meere, wo es einfach keinen Rückzugsort gibt, ist kein Segelboot groß, egal wie lang es ist. Es muss miteinander funktionieren. Da gibt es keine Ausreden.

Bei unserem Start waren wir Mitte bzw. Ende 40. Für Jens war schon immer klar, dass er einmal um die Welt segeln wollte. Ein ambitioniertes und unwirkliches Ziel, denn bis zur Grenzöffnung im Jahr 1989 war als DDR-Bürger an eine Weltumseglung nicht zu denken, und doch hatte er diesen Wunsch bereits seit seiner Kindheit. Auch mich prägte die Segelei meine gesamte Kinder- und Jugendzeit. Fasziniert las ich in meiner Jugend das Buch *Komm wir segeln um die Welt* von Beate Kammler. Die Segelei selbst fand ich damals jedoch tatsächlich oft langweilig. Mittlerweile segeln Jens und ich nun seit mehr als zwölf Jahren auf der Ostsee und den Boddengewässern. Eindeutig ist Jens dabei mehr der Segler von uns beiden. Er ist der Mensch für knifflige Dinge und ich bin heilfroh, dass scheinbar kaum ein technisches Problem unlösbar für ihn ist.

Wenn man 40.000 Seemeilen miteinander segelt, muss jeder das Schiff bedienen können. Das traue ich mir jederzeit zu. Trotzdem reizt mich weniger die Geschwindigkeit oder die Segeleigenschaften des Bootes. Es ist eher der Weg, eher das Sein, eher das Leben auf dem Boot, was mich an der Segelei fasziniert. Mit dem Wissen, dass jeder die Aufgabe des anderen übernehmen kann, haben wir eine gute Arbeitsteilung: Jens ist der »Offshore-Käpt'n« und ich bin die »Onshore-Kapitänin«.

Letztlich fiel die Entscheidung, um die Welt zu segeln, ganz plötzlich. Wir hatten beide leitende Stellen, Jens sogar ein eigenes Unternehmen. 2013 bekamen wir aber die Endlichkeit unseres Lebens zu spüren. Wir stellten uns daraufhin die Frage, ob wir in diesem Lebenskarussell weiter und immer schneller wollten und können oder ob wir das Karussell anhalten wollten. Wir entschieden uns im Dezember 2013 fürs Anhalten und hatten die Chance und den Mut, unser Leben zu ändern. Denn Mut gehört tatsächlich dazu, seine Sicherheit aufgeben, den Job zu kündigen, das Haus abzuschließen und Goodbye zu sagen. Nur sechs Monate später lösten wir tatsächlich die Leinen, und zwar zu viel mehr als nur zu einer Weltumseglung.

ABSCHIED – LEINEN LOS!

Wer über die Schwelle ist, hat die Reise halb getan.
Aus »Seefahren ist kein Zuckerschlecken – Sprichwörter und Redensarten« von Werner Richey

---

Deutschland/Greifswald – /Rostock – /Heiligenhafen – /Kiel – /Nord-Ostsee-Kanal – /Brunsbüttel – /Helgoland – Niederland/IJmuiden – Belgien/Ostende
8.–22.7.2014, Gesamtdistanz: 557 Seemeilen

---

8. Juli 2014. Monsunartiger Regen, unser Starttag. Wir verlassen unser Zuhause! Für zwei Jahre! Wie klingt das? Jedenfalls nicht nach Erleichterung. Es fühlt sich wie schliddern auf dem Eis an, kein fester Boden ist zu spüren. Gerade in den letzten Wochen wurde unser Zuhause immer schöner. Was hat uns bloß dazu getrieben, jetzt hier im Regen auf unserem nassen Boot zu stehen und alle Sicherheit aufzugeben? Wie es anderen Langzeitseglern beim Start aus ihrer Heimat geht, weiß ich nicht. Ich jedenfalls fühle Angst, Unsicherheit und Abschiedsschmerz. Und die Wehmut nimmt noch etwas zu, als uns unsere Familie und Freunde auf den letzten Seemeilen durch den Nord-Ostsee-Kanal begleiten. Jetzt heißt es, Abschied zu nehmen. Es ist ein leerer Moment. Doch wir sollten es einfach nicht Abschied nennen, eher als Möglichkeit für Familie und Freunde betrachten, selbst aus dem Alltag auszubrechen und uns ein Stück zu begleiten. Gemeinsam mit uns auf unserer GARLIX oder am Rechner zu Hause.

Ein paar Tage später. Brunsbüttel – letztes Winken. Es wird Zeit. Wir lächeln unseren Abschiedsschmerz weg und blicken nach vorn. Gefühlt segeln wir in unserem Leben schon immer, trotzdem ist alles neu. Unser Revier war die Ostsee, der Bodden, Skandinavien bis Stockholm und Oslo. Nächte sind wir auch schon gesegelt – ganze vier Nächte! Und ehrlich – »wir« waren es nicht, die in diesen Nächten draußen standen. Jens wirkt sicher, ich nicht.

Mit unserer Abfahrt aus Brunsbüttel betreten wir in vielerlei Hinsicht Neuland. Segeln im Tidengewässer, übermäßige Strömungen, Etappen über 500, über 1.000, über 2.000 bis 3.000 Seemeilen liegen vor uns. Unsere bisher längste, in einem Stück gesegelte Strecke von Greifswald nach Gotland war 280 Seemeilen lang. Unsicher machen uns auch fremde Regularien, Sitten und Gebräuche in den unbekannten Ländern. Ganz vorn auf der Liste der Neuheiten steht die Sprache. Die Weltsprache Englisch will einfach nicht in unseren Kopf.

Morgens um sieben Uhr nehmen wir die Schleuse in Brunsbüttel. Jetzt starten wir endgültig. Die Strömung schiebt uns Richtung Abenteuer. Ab jetzt leben wir mit der Natur, sie ist der Boss. Nur ein paar Stunden später haben wir bei wenig Wind die Strömung von vorn. Zu einem so frühen Zeitpunkt unserer Reise haben wir jedoch keine Lust zu motoren. Daher verwerfen wir unseren ursprünglichen Plan und ändern die Richtung. Es geht nach Helgoland. Im vollen Hafen liegen wir später im Päckchen neben einer großen 50-Fuß-Yacht und trauen uns nicht, unseren Plan zu verraten. »Weltumseglung« klingt einfach noch zu absurd für uns.

Auf Helgoland, der zollfreien »Kaufrauschinsel«, gelten steuerliche Sonderregelungen, die am Tag deutlich zu spüren sind. Auffallend ist, dass einige Läden nahe der Marina zwar als »Schiffsausrüster« bezeichnet werden, man dort größtenteils jedoch nur Alkohol und Parfüm kaufen kann. Ein anderes, wesentlich angenehmeres Bild der Insel eröffnet sich, wenn die vielen parfüm- und alkoholbedürftigen Touristen Feierabend haben.

Für unsere lauffaulen Seglerbeine ist die Insel ideal. Der knapp zweistündige Naturwanderweg kommt unserer Wanderfreude entgegen und die ersten 100 Fotos knipst Jens bereits hier am Lummenfelsen. Derartig viele und unterschiedliche Vögel haben wir noch nie zuvor gesehen. Jeder Platz auf dem Felsen scheint besetzt zu sein und wird von den aktuellen Bewohnern lautstark und vehement verteidigt.

Wir bereuen unseren ungeplanten Stopp auf der Insel nicht, wollen aber bald wieder starten. Wir möchten Atlantikwasser schnuppern und nicht im Hafen liegen. Zwei Tage später folgt daher der erste Test einer Nachtfahrt. 200 Seemeilen sind es von Helgoland nach IJmuiden in den Niederlanden. Wir starten mit der aufgehenden Sonne und verabschieden uns von Deutschland.

Die nördliche Begrenzungstonne des noch geisterhaften Borkumer Windparks II lassen wir gegen Mittag an Backbord liegen und können endlich die erste Gastlandflagge hissen. Dann folgt die erste Nacht. Als ich Jens mitten in der Nacht ablösen möchte, ist mein spontaner Gedanke: »Er hat wohl eine schwarze Plane übers Boot gezogen«. Es ist tiefgruselig und schwärzer als schwarz. Daher darf er erst mit dem ersten Sonnenlicht endlich schlafen gehen. Im Logbuch steht: »Jens ist der Nachtheld!« Ich muss noch viel lernen.

Bereits an der Hafeneinfahrt von IJmuiden bekommen wir den ersten Ärger, denn wir haben uns nicht per Funk angemeldet. Aber wer bitte erwartet das auch in Deutschland? Niemand! Mein erstes Problem beim Anlegemanöver im Hafen ist dann die Bewältigung der meterhohen dicken Festmacherdalben an der Steganlage. Wie dumm von mir! Sind wir doch im Land von Ebbe und Flut angekommen. Deshalb die Höhe der Dalben und für die Leinen gibt es seitliche Stangen.

Unser niederländischer Stegnachbar berichtet uns von dem aktuellen Flugzeugabsturz in der Ukraine, bei dem unter anderem 196 niederländische Bürger gestorben sind. Wir sind völlig erschrocken und betroffen und müssen uns erst einmal daran gewöhnen, dass wir nicht mehr über alle tagespolitischen Neuigkeiten informiert sind. Es fühlt sich komisch an, als ob wir nicht mehr dazugehörten. Wozu auch immer …

Die nächsten 100 Seemeilen nach Ostende in Belgien wollen wir am Tag schaffen. Da das durchaus ambitioniert ist, starten wir morgens um sechs Uhr mit der Sonne und erleben an diesem Tag eine Premiere: Unser neuer Wassergenerator produziert zum ersten Mal Strom. Jens hat ihn unterwegs installiert und so sind wir ein Stück unabhängiger von teuren Marinas und können künftig lange Seestrecken beruhigter starten.

Kurz vor der belgischen Grenze eröffnet sich vor uns ein wahres Labyrinth an Untiefentonnen, das sich bis zur Hafeneinfahrt von Ostende zieht. »Jens, das wird eng. Der Krabbenfischer kommt direkt auf uns zu!« Mitten zwischen den unzähligen Tonnen bewegt sich der Fischkutter mit seinen breiten seitlichen Auslegern auf uns zu. Er ist von einem riesigen Vogelschwarm umgeben und biegt kurz vor uns ab. Seine Revierkenntnisse sind halt einfach besser als unsere.

Kurz vor Sonnenuntergang funke ich dann die Schleuse zum Stadthafen von Ostende an. Der Wind hat inzwischen auf 25 Knoten zugenommen, was für unseren Geschmack zu viel ist, um uns in das ungeschützte äußere, flache Hafenbecken zu legen. Die Schleusenwärter können mein schlechtes Englisch verstehen und wir fahren bis zum Mercatordokken in der Innenstadt durch. Dort liegt das ehemalige Segelschulschiff MERCATOR wunderschön beleuchtet an der Kaimauer gegenüber.

Die Romantik des Abends verfliegt am kommenden Tag, denn Belgiens Atlantikküste ist nur 60 Kilometer lang und diese paar Kilometer werden komplett genutzt. Alles ist zugebaut und für uns zu voll. Dieses Menschengetümmel ist uns eindeutig zu viel. Für die Erkundung der wesentlich schöneren Innenstadt nehmen wir uns dann zu wenig Zeit, aber wir sind unruhig und wollen weiter. Daher sprechen wir mit den Hafenwärtern unseren zeitigen Start für den nächsten Tag ab und sind gespannt. Vor uns liegt die Überquerung der Straße von Dover.

DIE NATUR IST DER BOSS

Belgien/Ostende – Großbritannien/Ramsgate – /Eastbourne – /Portsmouth – /Weymouth – /Brixham – /Dartmouth – /Plymouth – /Fowey – Frankreich/Camaret-sur-Mer
23.7.–.7.8.2014, Gesamtdistanz: 1.086 Seemeilen

Strait of Dover – endlich klingt es nach großer Fahrt. Heute werden wir beschenkt! Das ist das Wetter, um alle Menschen vom Segeln zu begeistern. Holt den Prosecco raus, wir sind unterwegs! Wir sind gestartet, so fühlt es sich an. Endlich fühlt es sich so an! Der Alkohol bleibt im Kühlschrank, aber bei uns hüpft das Herz. Mein Käpt'n jubelt vor Segelfreude und vor lauter Glück werden gleich mal alle unsere Segel an die Luft geholt. Der Wind dreht Pirouetten, sodass fast jedes zum Einsatz kommen darf.

Mit uns unterwegs sind: zum einen der Standard – unser Großsegel mit 64 Quadratmeter und die Fock mit 47 Quadratmeter. Diese haben die Hauptarbeit an Bord. Beide sind aus Dyneema-Hydranet, also aus sehr gutem, haltbarem Material. In Vorbereitung auf diese Reise haben wir beide Segel überprüfen und an verdächtigen Scheuerstellen verstärken lassen. Das Großsegel hat darüber hinaus ein drittes Reff bekommen, damit wir es in Sturmsituationen möglichst weit verkleinern können. Für schweres Wetter haben wir dann eine Sturmfock an Bord, die wir bisher nur einmal testen mussten. Sie ist zwölf Quadratmeter groß und wird über dem Vorsegel und über dem Vorstag befestigt. Klingt einfach, ist bei richtig schwerem Wetter allerdings nicht lustig! Dann kommen unsere zwei Spaßmacher! Unser größtes Segel ist mit rund 160 Quadratmetern der Gennaker. Dieser kommt zum Einsatz, wenn der Wind nicht direkt von hinten weht, sondern mit einem Einfallswinkel von 100 bis 150 Grad, und verlangt immer absolute Aufmerksamkeit. Da wir schon Tausend tolle Nummern mit dem Riesending erlebt haben, habe ich es »Monster« getauft. Jede kleine Unaufmerksamkeit wird bestraft, er macht aber auf der anderen Seite auch viel Spaß. Ganz neu hinzugekommen ist die kleine Schwester vom Monster, ein Code Zero. Dieses Segel mit rund 70 Quadratmetern verwendet man bei einem Windeinfallswinkel zwischen 60 und 100 Grad oder auch ausgebaumt, wenn der Wind von hinten kommt. Für diese Passatbesegelung haben wir einen circa fünf Meter langen Spinnakerbaum an Bord. Schwarz und glänzend aus Karbon liegt er auf dem Vorschiff und wird bis zu den Kapverden in erster Linie als sichere Sitzgelegenheit dienen.

Nach einigen Stunden Bilderbuchsegeln kommt Ramsgate in Sicht. Vor uns liegt unser erster englischer Hafen. Mit vorbereitetem Zettel funke ich ihn auf Kanal 14 an. Enttäuschend ist, dass sie nicht wie erwartet antworten. »Please, can you speak slowly?« »Can you repeat, please?« Sie wiederholen in ungebremster Geschwindigkeit und wir verstehen nichts. Daher lassen wir sie reden und fahren in den Hafen. Froh darüber, dass die Hafenkollegen Bayern-München-Fans sind, lässt sich bei der Diskussion über Fußball unser sprachliches Problem schnell überbrücken. Vorerst. Gut verstehen wir den Preis. 100 Euro für zwei Nächte. Südengland bleibt bis zum Ende unseres Abenteuers das Land mit den teuersten Häfen.

Wir sind in Ramsgate und wir sind stolz. Auf eigenem Kiel ersegelt. Es fühlt sich schon hier richtig englisch an, denn die Autos fahren auf der falschen Seite und die Uhr geht eine Stunde nach. Wir nutzen den Hafentag für unsere Liste der unerledigten Dinge. Wahrscheinlich starten die meisten Segler besser vorbereitet in solch ein Abenteuer. Unseren Entschluss, die Welt zu umrunden, haben wir jedoch sehr kurzfristig gefasst. Und so reichte die Zeit einfach nicht, um all die technischen Dinge fertig und funktionstüchtig einzubauen. Daher stehen sie noch in Kisten an Bord – unsere zukünftigen Helfer wie

Watermaker, Kurzwellenfunkanlage, zweiter Autopilot, Solaranlage und vieles mehr.

Nun können wir aber unser erstes, selbst produziertes Wasser aus unserem Watermaker testen. Ja, hier im Hafen. Bei dem ständigen Wasseraustausch von Ebbe und Flut kann das nicht so dreckig sein – bilden wir uns zumindest ein. Ganze Areale des Hafenbeckens fallen während der Ebbe trocken. Für uns ist das ein gruseliger Anblick, weshalb wir beschließen, nur in gezeitenunabhängige Häfen zu fahren. Jens' Einbauerfolg feiern wir später bei einem Salat in einer kultigen Kneipe. Sollte uns jemand von den Gästen beobachten, werden sie wohl keine Feier erkennen, sondern denken, dass wir uns nicht besonders viel zu sagen haben. Denn hier in Ramsgate beginnt unser nie endendes Internetproblem. Da uns die Roaminggebühren für unsere Handys zu hoch sind, gehen wir mit Laptop und iPad bewaffnet in die Restaurants, immer auf der Suche nach einem guten Internetzugang.

Mit der Flut starten wir zwei Tage später morgens um halb sechs weiter Richtung Abenteuer. Und schon nach einer Stunde liegt Dover querab. Es gibt Orte, deren Namen klingen einfach so richtig schön seemännisch. So klassisch nordisch. Und ganz sicher gehört Dover dazu. Wow, wir segeln vorbei an »DOOVEER« und setzen damit unseren Westkurs fort. Westkurs bei nordöstlichen Winden. Es geht kaum besser. All das bei blauem Himmel und Sonne. Eindeutig das Wetter für Glückskinder. So fühlen wir uns.

Dann ein knurriger Blick vom Kapitän. Was ist passiert? Wir sind zu langsam. Ein anderer Segler erdreistet sich tatsächlich, schneller zu sein als wir. Wir segeln bei neun Knoten Wind nur fünf Knoten. »So schlimm ist das wohl nicht«, denke ich. Weit gefehlt, hier stimmt was nicht. Sind wir tatsächlich zu schwer? Haben wir die GARLIX zu schwer beladen? Zusätzliche Batterien, Solarpanele, Watermaker haben ihr Gewicht. Dann mein Wahn, dass es wahrscheinlich auf dieser Welt keine Lebensmittel zu kaufen gibt. Diese Sorge, verbunden mit meiner Affinität zum Rostocker Edeka, hat den Wasserpass weit nach unten gezogen. Was sagte unser Rostocker Bootsausrüster angesichts der vielen Kisten, die wir aufs Boot getragen haben? »Ich hätte noch Unterwasserfarbe da, wenn ihr den Wasserpass höher ziehen wollt.« Doch das ist nicht die Ursache. Vielmehr scheint unsere teure Seajet-Unterwasserfarbe Muscheln geradezu anzuziehen. Mist. Zentimeterdicke Muschelfetzen an Rumpf und Ruder bremsen uns. In der Sovereign Marina, unserem nächsten Hafen in Eastbourne, erfahren wir später, dass bei dem schnelleren Segler der Motor mitlief. Jens ist halbwegs getröstet, jedoch haben wir ein dickes Problem unterm Boot. Daher versucht er, die Muscheln wenigstens teilweise mit einem Spachtel an einer langen Stange abzukratzen. Obwohl wir hinter den hohen Mauern der Luxusmarina vor jeglicher Wettersituation sicher liegen, gefällt es uns hier nicht, da es keinen Ort in unmittelbarer Nähe gibt. Mit der Flut am nächsten Morgen geht es daher gleich weiter.

Auf dem Weg nach Portsmouth gibt es wieder einen besonderen Moment – wir segeln über den Nullmeridian. Für uns ehemalige Ossis sind das immer noch Momente des Staunens und der tiefen Freude. So viele Jahre ist die Öffnung der Mauer jetzt her. Doch dieses Gefühl, niemals raus zu dürfen aus den Grenzgewässern der DDR, niemals ohne Erlaubnis nach Bornholm, nach Kopenhagen, nach England oder um die Welt segeln zu können, ist ganz tief in uns verankert. Diese Erinnerung, verbunden mit der peinlichen und erschreckenden Erkenntnis, dass wir diese Mauern, diese Enge damals einfach akzeptiert, einfach hingenommen haben, lässt uns solche Momente wie heute intensiver erleben.

Die Anfahrt von Portsmouth wird uns in Erinnerung bleiben. Welch ein Anblick. An der rechten Hafenseite steht der Millennium-Spinnaker-Turm, dessen wahre Pracht man erst in der Dunkelheit erkennt, wenn die abstrakten Formen beleuchtet sind. Wir fliegen mit der Strömung und auffallend vielen anderen Seglern in den Hafen. Plötzlich geht der Motor aus. Mitten in der Einfahrt. Mein Käpt'n guckt etwas hilflos. »Was ist los?« Meine sofortige Blitzdiagnose: »Schatz, da wird wohl der Tank leer sein«, denn dieses Problem kam mit vorheriger Ankündigung. Oh, wie ich diese Dialoge hasse … »Wir sollten mal tanken.« »Ja später, reicht noch.« Schnell machen wir das Vorsegel auf, damit wir manövrierfähig bleiben. Andere Boote bieten uns ihre Hilfe an und wollen uns abschleppen. Wir füllen Diesel nach und schicken ein kurzes Dankgebet gen Himmel, da der Motor gleich wieder anspringt. Weiter geht es in Richtung »neue Stadt erleben«.

Zwei Tage später kreuzen wir weiter Richtung Westen, starten dabei teilweise zu unchristlichen Zeiten. Outlook wird vom Tidenkalender abgelöst. Es gibt keine Ausreden mehr. Sind Strömung und Flut mit uns, müssen wir los. In langen Tagestouren geht es über Weymouth, Brixham, Dartmouth nach Plymouth. In Brixham haben wir das Gefühl, mit der Liegegebühr ein Stück Hafenanlage zu kaufen: 73 Euro für eine Nacht sind eindeutig zu viel. Die Häfen in Südengland sind ungewohnt teuer. Bedingt durch die Gezeiten ist der bauliche Aufwand, teilweise mit vorgelagerten Schleusenanlagen, jedoch immens hoch. Dann das viele Personal. Die Häfen sind nichts zum Verweilen, um auf den richtigen Wind für das Überqueren des Ärmelkanals zu warten. Wir erleben hier in England allerdings auch Marinas, die wir in dieser Qualität und mit dem gehobenen Service nicht kennen. Wir genießen daher auch den ganzen Service und die hohe Sicherheit der Häfen. Heimlich fotografieren wir sogar die Waschräume. Besser als zu Hause, was nicht am dortigen alten Bad liegt.

Jetzt sind wir in Plymouth, der Stadt der Weltentdecker. Bekannte Persönlichkeiten wie Sir Francis Drake, James Cook, Charles Darwin und nicht zuletzt Francis Chichester sind von hier gestartet. Welch ein Mut, sich zu der damaligen Zeit ohne GPS, Kartenplotter und Autopilot auf den Weg zu machen. Ganze 437 Jahre nach dem Start der ersten Weltumseglung von Sir Francis Drake geht es für uns weiter Richtung Fowey. 437 Jahre! Das sollte doch für uns ein Klacks sein!

Wie spricht man eigentlich diesen Ortsnamen aus? Wir wissen es nicht, aber Fowey hier in Cornwall gehört zu den netten, gemütlichen, typischen und auf der Liste der Highlights oben stehenden Orte. Englischer geht es nicht. Die Böden der Pubs kleben vom Bier. Es riecht hier förmlich nach »Alte-Kamellen-Klopfen« an den Biertischen. Wo sind wir denn hier gelandet? Um uns herum ein Heile-Welt-Bild, wo im privaten Seglerclub dicke Ledersofas auf weichen Teppichen stehen und man an der Bar einen Drink bestellen kann. Hier verstehen wir auch, warum wir für die Muringboje allein eine Liegegebühr von 40 Euro zahlen müssen. Irgendwer muss dieses Rosamunde-Pilcher-Klischee ja finanzieren.

Später sitzen wir im Cockpit der GARLIX und sehen plötzlich zahlreiche Jollen zwischen den Booten an den Muringbojen herumsegeln. Es ist Regatta – mitten in der Woche. Na klar, das ist eine Mittwochsregatta, was denn sonst. Sicherlich ist nicht mehr zu ermitteln, wer die ursprüngliche Idee für dieses scheinbar internationale Event hatte, sich mitten in der Woche zu treffen und gegeneinander zu segeln. Für uns vervollständigt sich damit jedoch das stimmige Bild einer Bilderbuchlandschaft in dieser ausgesprochen englisch wirkenden Kleinstadt. Wir wollen hier nicht fort, fühlen uns so richtig wohl. Doch der Wind hat für uns günstig auf Nordwest gedreht. Die Natur ist der Boss und wir müssen ihr gehorchen. Daher krabbeln wir morgens um vier Uhr aus unseren warmen Kojen und erleben eine Überraschung.

In dieser Frühe stehen Marlene und Bert von der HEIMKEHR an Deck ihres Bootes. Sie winken und leuchten mit der Taschenlampe ihre alte ARC-Flagge an, mit der sie vor einigen Jahren über den Atlantik gesegelt sind. Einige erlebnisreiche Tage haben wir miteinander verbracht und beide wurden nicht müde, uns hilfreiche Tipps und sinnvolle Ratschläge für unser Abenteuer zu geben. Und jetzt stehen sie hier in der Dunkelheit und wünschen uns »Fair Wind« für all unsere Reisen. Ein müder und tränenreicher Abschied.

Vor uns liegen 145 Seemeilen über den Ärmelkanal nach Camaret-sur-Mer in Frankreich. Das ist ein kleiner Hafen vor Brest, in dem wir auf günstiges Wetter für die lange Strecke über die Biskaya warten wollen. Allein an der Distanz sollte man ableiten können, dass das keine Tagestour ist. Diese Strecke ist nicht bei Tageslicht zu schaffen. Warum wir dennoch beschlossen haben, mit dem Sonnenaufgang zu starten und das Ziel haben, bis zum Abend anzukommen, weiß niemand so genau. Bald verabschiedet sich der Wind und die Miene vom Käpt'n verdüstert sich vollends. Denn es besteht ein unmittelbarer Zusammenhang zwischen dem Motor und seinem Gesicht: Motor an gleich grimmiges Gesicht.

Ich bin allein an Deck und plötzlich ist Leben im Wasser. »Jens, da ist ein runder Fisch, der winkt.« Ein wenig kann ich ihn verstehen, dass er mir nicht glaubt. Doch tatsächlich, hier sind lauter runde Fisch, die mit ihrer seitlichen Flosse winken. Winkefische. Zumindest sieht es so aus. Woher die wohl kommen?

Mitten in der Nacht knattern wir durch den Chenal du Four bei entgegenkommender Strömung. Das ist eine schlechte Entscheidung, wie wir uns später eingestehen. Dieser enge Kanal zwischen dem französischen Festland und der Insel Béniguet soll laut Revierführer ausdrücklich nur bei Tageslicht und mitlaufender Strömung befahren werden. Wir jedoch kämpfen uns gegen drei bis fünf Knoten Strömung in der schwarzen Nacht. Die Stimmung ist daher nicht die beste, als wir am Morgen um 2:30 Uhr die Leinen im kleinen Hafen von Camaret-sur-Mer festmachen. Wir sind da und froh, heil zu sein. Künftig müssen wir lernen, mehr Ruhe in unsere Touren zu bringen. Noch versuchen wir, das Nachtsegeln zu vermeiden, was heute jedoch ratsam gewesen wäre. Motor aus und langsam durch die Nacht segeln und bei Tageslicht den Hafen erreichen. Das wäre besser gewesen. Fürs nächste Mal – gute Nacht.

UNGEMÜTLICH MIT HELDENGEFÜHL

Hast Du Verstand, so lob' die See und bleib an Land.
Aus »Seefahren ist kein Zuckerschlecken – Sprichwörter und Redensarten« von Werner Richey

Frankreich/Camaret-sur-Mer – Spanien/La Coruña
8.–15.8.2014, Gesamtdistanz: 1.472 Seemeilen

Camaret-sur-Mer liegt nur wenige Seemeilen von Brest entfernt und wir gehen zum Bunker einer alten Kriegsanlage von Kerbonn. Hier erinnert alles an die Zeit von vor 100 Jahren, an den Ausbruch vom Wahnsinn. Wer nicht von allein daran denkt, wird von den vielen geschmückten Mahnmalen – 100 Jahre nach dem Beginn des Ersten Weltkriegs – daran erinnert. Es ist lange her. Nichts haben wir heute mehr mit den damaligen Grausamkeiten zu tun. Trotzdem fühlen wir uns als Deutsche nicht gut, wenn wir hier stehen. Auf dem Rückweg zum Seglerhafen sind wir tief dankbar dafür, dass wir in der heutigen Zeit leben. Freundlich und friedlich liegen hier die Boote der Nationen zusammen, die sich damals bekämpft haben. Abends noch ein gemeinsamer Wein, ein Austausch von Erfahrungen und niemand denkt in dieser Stimmung an das damalige Leid. Vielmehr saugen wir die Landschaft der Bretagne auf. Sie ist einzigartig, ehrfürchtig. Ansonsten kommt bei uns kein richtiges Wohlfühlgefühl auf, denn wir fühlen uns nicht empfangen. Ob das an der historischen Bedeutung des Ortes oder an unserem eigenen schlechten Gewissen liegt? Das glauben wir nicht.

Auf den Klippen von Pointe de Penhir blicken wir auf den Atlantik hinaus und ich gestehe noch nicht einmal mir selbst richtig ein, dass ich Muffensausen habe. Ist das eine Weite, sieht das ungemütlich aus, ist das viel Wasser. Nirgends, echt nirgends ist Land zu sehen. Auch aus dieser Höhe kann ich die Wellen bemerken; wir haben über 30 Knoten Wind. In meiner Vorstellung schaukelt die GARLIX wie eine Badeente im zu großen stürmischen Teich umher.

Im Hafen von Camaret-sur-Mer warten wir die Ausläufer des Hurrikans Bertha ab, der sich aktuell über Nordamerika austobt. Nach fünf Tagen im Hafen kommen dann plötzlich adrett wirkende Beamte vom französischen Grenzschutz mit zwei Hunden in die Marina. »Jens, ich habe den Eindruck, dass sie uns fixiert haben.« »Ach was, die gucken nur so.« Unser Bootsnachbar freut sich sichtlich, dass nicht er im Zentrum der Aufmerksamkeit steht. Zu viert mit Hunden halten sie dann vor unserem Boot. »Grenzschutzkontrolle, können wir bitte an Bord kommen?« Interessanter als unsere eventuellen Verstecke im Boot ist unser Logbuch, das bunt beklebt ist mit Postkarten, Tankquittungen und Eintrittskarten. Nach einer halben Stunde ist alles vorbei. Freundliche Verabschiedung und sie gehen auf direktem Weg zu unserem immer noch grinsenden Bootsnachbarn. Das ist Gerechtigkeit, gut so. Nach dieser Begegnung verstärkt bei uns der Gedanke immer mehr, dass wir gern starten würden.

»Schatz, wollen wir?« Wir wollen. Es ist der 13. August 2014. Am 13. startet man nicht und auch nicht bei so viel Wind und bei diesen durch den Sturm der letzten Tage hohen Wellen. Diese Unvernunft soll sich rächen ...

Wir haben Wind aus West, also von vorn mit 25 Knoten. Die ersten 30 Seemeilen zur Tonne Chaussee de Sein sind hart und ungemütlich. Doch wir wählen den sicheren Weg außen um die vielen Riffe und Steine herum. Der innere Weg durch die Steine sah schon von den Klippen zu gefährlich aus, da müssen wir nicht extra im Revierführer nachlesen. Gegen 13 Uhr erreichen wir die Tonne. »Hol die Tapferkeitskeksbüchse raus, das haben wir uns verdient.« Wir können abfallen, es geht weiter Richtung Südsüdwest. 310 Seemeilen liegen noch vor uns. Für uns eine lange Strecke. Noch niemals zuvor sind wir so lange in einem Stück gesegelt. Zwei Nächte, mir graut es. Schön kann man diese Bolzerei hier draußen nicht nennen. Unsere GARLIX ist umspült, immer wieder taucht die Bugspitze unter. Das Wasser spritzt den halben Mast hoch, alles ist nass. Wir knabbern an den Keksen und sehen gerade noch, wie unsere Sturmfock über Bord geht. Nein! Vorsorglich hatten wir sie an der Seereling angebunden. Nach einem vergeblichen Rettungsversuch kommt Jens völlig durchnässt zurück ins Cockpit. Mist!

Wir haben uns schon öfter über die Praktikabilität dieses Segels unterhalten, das man im Fall der Fälle über dem zusammengerollten Vorsegel am Vorstag befestigen soll. Es bleibt uns komplett schleierhaft, wie das funktionieren soll. Der Fall der Fälle fühlt sich auf dem Vorschiff jedenfalls wie Turnübungen auf einem abtauchenden U-Boot bei schwerem Seegang an. Tja, jetzt müssen wir es nicht mehr testen.

Einige Minuten später ist Jens trockengelegt und es folgt Versuch Nummer zwei mit den Tapferkeitskeksen. Da kommt eine volle Ladung Wasser ins Cockpit. Von der Feuchtigkeit platzt Jens' Schwimmweste auf. Er ist wieder nass und ich muss schallend lachen. Was für ein absurder Mist, dem wir uns hier freiwillig aussetzen. Der Wind wird immer stärker. Also das Großsegel runter, wir segeln nur mit der Fock weiter. Wir überleben hier, besser fühlt sich das nicht an. Jeder Schritt ist schwer und gefährlich. Bitte, bitte, lass mich nicht müssen müssen! Allein der Gedanke daran macht mich seekrank.

Nach wenigen Stunden lässt der Wind etwas nach. Also das Großsegel wieder hoch. Auf halber Höhe rasselt es jedoch runter und das Großfall bleibt oben. Was ist das für ein Tag! Ich habe vermutlich den Schäkel vom Großfall nicht ordentlich verschlossen. Bei dem Druck hat er sich dann geöffnet und das Fall hängt nun auf halber Höhe oben im Mast. Bei diesem Seegang kann aber wirklich niemand in den Mast klettern. Dann haben wir Glück und das Großfall wickelt sich um ein anderes Fall und beide kommen nach unten. Uff. Die erste Nacht geht vorbei. Schön ist anders. Auch bei höchstem positiven Wohlwollen kann man den Wellen hier keine Regelmäßigkeit andichten. Das Gebiet um die Biskaya ist berüchtigt für schweren Seegang, denn bei den plötzlichen von 3.000 bis 4.000 Meter auf unter 200 Meter wechselnden Wassertiefen bilden sich hohe und unregelmäßige Wellen.

Frisch motiviert koche ich bei abnehmendem Wind am zweiten Tag Nudeln mit Tomatensoße. Welch' eine Übung! Offensichtlich macht mich mein Scopoderm-Pflaster gegen Seekrankheit hinterm Ohr übermütig. Wir klemmen uns zum Essen in eine Ecke vom Boot und ich rechne es Jens hoch an, dass er wartet, bis ich mit dem Essen fertig bin, bevor er zur Reling rennt und alles wieder von sich gibt. Bisher war nur ich es, die seekrank wurde. Bin ich über mein Pflaster froh und noch mehr darüber, dass ich nicht »Mann sein muss«. Jens lehnt dieses Pflaster und überhaupt alle prophylaktischen Maßnahmen gegen Seekrankheit kategorisch ab.

Jetzt in der zweiten Nacht wird es langsam nett. Jens schläft und ich möchte warm werden mit diesem Nachtsegeln. Es ist nicht gut heute, aber besser. Weniger Wind, die Wellen sind angenehmer und die hellen Sterne beleuchten ein wenig den Horizont. Sie sind die Tröster der Nacht. Doch halt, warum bewegen sich diese Sterne backbord voraus so sehr? Das können nur Boote sein. Überall Boote? Auf dem Kartenplotter ist kein AIS-Signal zu sehen. Was kann das bloß sein? Land! In der dunklen, aber klaren Nacht sind die Autolichter an Land zu sehen. So dicht unter Land werden wir von vielen Fischern begleitet. Sogar zu dieser Uhrzeit. Das wäre eindeutig kein Job für mich. In aller Herrgottsfrühe in der Dunkelheit und bei jedem Wetter zu starten. Hut ab.

Versöhnt und getröstet kommen wir nach zwei Tagen und acht Stunden bei abnehmendem Wind nach 386 Seemeilen in La Coruña in Spanien an. Wir fühlen uns wie Helden, sind voller Adrenalin. Alle Bolzerei auf der Biskaya ist vergessen. Wir freuen uns für uns allein.

HOLA – LUST AUFS LEBEN!

Spanien/La Coruña – /Ría de Corme e Laxe – /Ría de Muros e Noia – /Ría de Arousa – /Ría de Pontevedra – /Ría de Vigo
16.8.–2.9.2014, Gesamtdistanz: 1.694 Seemeilen

Wir sind voller Energie und komplett euphorisch. Jetzt schlafen und erholen? Niemals. Her mit der Stadt, wir wollen andere Länder und Menschen erleben. Dafür sind wir gestartet. Noch am Abend unserer Ankunft besichtigen wir daher den Herkulesturm in La Coruña. Er ist der einzige Leuchtturm aus der Antike, der heute noch in Betrieb ist. Aber wir wollen mehr. Wo sind die Tapabars? Jens kennt die Lebensfreude der Menschen dieser Region von früheren Dienstreisen. Für mich ist das alles völlig neu. Welch eine mitreißende Lebenslust. Rein in die Bar, kleine nette Dinge essen und dann fängt die Kellnerin in der ersten Bar auch noch zu singen an! Das ist fast zu viel. Wo gibt's denn so etwas? Pure Freude. So geht es weiter, den ganzen Abend. Es ist unser eigener kleiner, stolzer Abend. Irgendwann wundern wir uns aber doch über die vielen gut gekleideten, fröhlichen Menschen auf den Straßen an einem Freitagabend. Später verstehen wir das dann: Heute ist Mariä Himmelfahrt, hier ein Feiertag. Allerdings bleibt uns genau diese Lebensfreude der Spanier prägend in Erinnerung, auch ohne Feiertag.

Auf dem Marktplatz treffen wir wieder auf Sir Francis Drake. Diesmal in einer eher unglücklichen Lage, nämlich liegend unter dem Fuß der Metzgersfrau Maria Pita. Diese soll sich 1589 bei der Bekämpfung der englischen Flotte besonders hervorgetan haben. Die unterschiedliche Darstellung und Ehrung derselben Person ist amüsant. In Plymouth steht Francis Drake mit der Weltkugel in der Hand und hier steckt er unter dem Fuß einer Metzgersfrau.

Am nächsten Morgen haben wir neue Nachbarn. Die Schweden Karl-Axel und Elisabeth krabbeln sichtlich erschöpft aus ihrer Kajüte. Neidisch sind wir, als sie vom perfekten Englisch in nicht weniger perfektes Deutsch wechseln. Wie machen die das bloß!? Sie sind direkt von Südengland nach Spanien gesegelt und hatten noch mieseres Wetter als wir. Drei Tage liegen wir gemeinsam mit unseren neuen Bekannten in der blitzsauberen Marina und genießen die freundliche Stadt. Doch dann wollen wir weiter Richtung Süden. Wären wir bloß noch einen Tag länger im Hafen geblieben ... Denn es gibt Tage, die erlebt man, lernt daraus und sollte ewig darüber schweigen. Der 18. August ist so einer.

Ziel ist die Ría de Corme e Laxe an der Nordwestküste. Schiebewind, 25 bis 30 Knoten. Es beginnt gut. Sonne, blauer Himmel. Karl-Axel und Elisabeth starten eine Stunde früher. Unser Ziel ist 37 Seemeilen entfernt, eine kurze Tagesetappe. Ein Tag der Segelfreude. Der Hafenguide vermerkt für Corme Porto gut geschützte Ankermöglichkeiten. Dort angekommen verstärkt sich der Wind im Ankerfeld jedoch durch die hohen Berge. Geschützt ist anders. Wir sind Ostseesegler, also keine großartigen Ankerfans. Vor Ort liegen Muringbojen. Elisabeth funkt uns an und will uns warnen, dass es hier zu eng ist und zu viel Wind weht. Wir hören sie allerdings nicht und sind bei der Einfahrt noch guter Dinge.

Mit dem Muringhaken in der Hand stehe ich auf dem Vorschiff. Doch was ist das? Dort schwimmen kleine bunte Minibälle im Wasser mit einem vermoosten dicken Knäuel drunter. Diesen muss ich mit dem Haken greifen. Deutsche Muringbojen, wo seid ihr? Diese hier sind zwei Meter unter mir und ich lehne mich weit durch den Seezaun. Dann passiert mir etwas, was doch mir niemals passieren kann ... Zack, rutsche ich in voller Montur samt Stiefeln ins Wasser. Mit mir 15 Meter Leine und der Muringhaken. Meine Schwimmweste explodiert und mein erster Gedanke ist: »Leine sammeln.« Gleich danach: »Die Luft wird knapp.« Ohne unser Sicherheitsseminar in Neustadt hätte ich nicht gewusst, dass solche Westen ein Luftablassventil haben.

Ich verspüre pure Erleichterung, als der Druck am Hals nachlässt und ich wieder richtig Luft holen kann. Nach den Gedanken an Leine und Luft folgt die Sorge um meine neuen, teuren Stiefel, die sich langsam verabschieden wollen. Insgesamt habe ich allerdings keine größeren Probleme. Die Schwimmweste hält mich und ich schwimme langsam wie eine Schildkröte auf dem Rücken zum schwedischen Boot. Was für ein blöder nasser Mist. Karl-Axel und Elisabeth schauen hilflos zu. Ohne Dingi können sie nicht viel machen. Also werfen sie mir eine Rettungsleine zu und ziehen mich an Bord. Jens kämpft inzwischen in der windigen kleinen Ankerbucht. Jetzt folgt die Rache für nicht getestetes Equipment. Einfaches Ankerwerfen scheitert vorerst an der frisch verzinkten, verdrehten Ankerkette. Nach endlosen Mühen sitzt der Anker.

Mit dem inzwischen aufgepumpten Dingi der Schweden komme ich zurück zur GARLIX. Eine kurze Verschnaufpause und trockene Sachen versöhnen mich. Doch hier – mitten in der Einfahrt – können wir nicht liegen bleiben. Also ein zweiter Versuch. Es wäre doch gelacht, wenn wir es nicht schaffen würden, an dieser Muringboje festzumachen! Wir nehmen die Boje diesmal mehr seitlich, wo das Boot nicht so hoch für mich ist. Ich greife sie mit dem Haken, habe sie und dann verschwindet die Leine unter dem Boot. Gleichzeitig geht der Motor aus. Die Leine ist unter dem Boot im Saildrive und im Propeller gelandet. Unser Problem wird immer größer. Jens reduziert den Druck auf das Gestänge unterm Boot, indem er schnell ins Wasser springt und Entlastungsleinen an andern Muringbojen anbringt.

Das ist einfach nicht unser Tag! Denn nun kommt auch noch laut schimpfend und gestikulierend ein spanischer Fischer an. Sein Freund kommt heute in den Hafen und braucht die Boje. Wir müssen weg. So viel verstehen wir. Er spricht jedoch kein Englisch, wir kein Spanisch und wir haben weniger Temperament als er. Irgendwann begreift er allerdings anhand unserer Zeichensprache, dass die Boje in unserem Propeller hängt. Daraufhin organisiert er einen Taucher. Was sind wir froh, als eine halbe Stunde später tatsächlich ein professioneller Taucher kommt, die Leine unterm Boot abschneidet, die Boje repariert und am Ende kaum Geld möchte. Danach ankern wir in der Nachbarbucht und wollen nur noch unsere Ruhe. Was für ein blöder Misttag!

Tatsächlich liegen wir einen ganzen Tag still in der Ankerbucht, gehen nicht von Bord und lecken unsere Wunden. Daneben arbeiten wir an unserem Notfallmanagement. Dazu gehören so kleine Dinge, wie zum Beispiel die Heckklappe schnell öffnen zu können. Zur Sicherung des hochgezogenen Wassergenerators hatten wir diesen mit der Leine an der Seereling befestigt. Ein Öffnen der Klappe war dadurch nicht möglich. Künftig werden wir den Generator daher an einer separat angebrachten Klampe direkt an der Heckklappe sichern.

Einen Tag später ist der Schrecken ausreichend verdaut. Mit uns lacht die Sonne. Im Logbuch steht: »Das wird ein guter Tag, es ist Monsterwetter!!« Heißt, der Käpt'n ist froh. Unser Monster, der Gennaker, darf raus. Das nennen wir »wir monstern«, denn unsere Segel sind vollwertige Besatzungsmitglieder. Wir entwickeln eine ganz besondere Beziehung zu ihnen, vor allem zu unserem Gennaker. Er ist das Segel, das man nicht mal eben so nebenbei hochziehen, den Autopilot anmachen und dann den Tag genießen kann. Eine Unaufmerksamkeit und die Katastrophen gehen los. Besonders heute wird es spannend. Wir haben achterlichen Wind und müssen vor dem Wind mit dem Gennaker kreuzen. Wie macht man das? Die Herausforderung ist, das Segel bei einem Richtungswechsel im gestellten Zustand von einer zur anderen Seite zu bringen. Bei einer Größe von 160 Quadratmetern ist das gar nicht so einfach. Dabei bläst auch noch Wind in die große Blase. Es geht also nur, indem wir dem Ballon kurzzeitig erlauben, nach vorn auszuwehen. Wir gaukeln dem Monster also vor, dass es abhauen kann, indem es vor dem Vorstag davonweht, um es dann auf der anderen (Luv-)Seite mit einem Affenzahn und drei Meter langen Armen wieder einzufangen. Das ist eine spannende Sache, da die Schot auf der anderen (Lee-)Seite eins a durchlaufen muss, was sie meistens nicht tut. Irgendwo bleibt sie hängen. Dann wird es kritisch, denn nicht immer funktioniert dieses Manöver. Gern kuschelt der Gennaker mit dem Vorstag, indem er sich in Form einer Blase um selbiges wickelt. Dann beginnt der Kampf Käpt'n gegen Monster. Der Ausgang ist klar, der Käpt'n gewinnt. Die Frage ist nur, wie lange das dauert. Heute geht alles glatt und wir fliegen in Richtung Kap Finisterre, dem »Ende der Erde«. Vom Wasser sieht dieses weit weniger spektakulär aus als vom Land. Wir sehen auch keine Rauchzeichen von Pilgern des Jakobswegs, die dort oben ihr T-Shirt verbrennen.

Die spanische Atlantikküste ist allein schon deshalb so reizvoll, da es in gemütlichen Tagesetappenentfernungen zahlreiche tief ins Land einschneidenden Meeresbuchten, hier Rías genannt, gibt. Hier fühlen wir uns wohl. Unser nächstes Ziel ist der Hafen Portosín in der Ría de Muros e Noia. »Schatz, können wir hier nicht ein wenig bleiben?« Wir wollen es beide. Das Regattafeeling der Wettfahrten, die in zwei Tagen von hier starten sollen, bringt eine Menge Aufregung in den Hafen. »Klar Schatz, aber wir bleiben im Hafen!« Ich traue ihm wirklich alles zu. Auch mit einem voll beladenen Weltumseglerboot spontan bei einer Regatta zu starten.

Von Portosín geht es weiter in die Ría de Arousa. Wir haben Zeit. Freunde werden uns in drei Tagen besuchen und sie haben uns diese Zeit hier geschenkt. Niemals würden wir ansonsten jeden Hafen erkunden. Daher genießen wir dann einen galicischen Sonntag bei strahlend warmen Sonnenschein im Hafen von Pobra do Caramiñal und halten Zwiesprache. Zwiesprache mit unserem sogenannten kleinen Freund Fuzzi auf der Schulter. Seit acht Wochen sind wir unterwegs. Acht Wochen keine 148 Mails pro Tag. Für uns ist dieses neue Leben nicht selbstverständlich und ja, Klein-Fuzzi hockt zweifelnd da und flüstert uns ab und zu diese Sachen ins Ohr: »Habt ihr euch da nicht zu viel vorgenommen? Was ist, wenn etwas passiert? Die hohen Wellen, der viele Wind, was da alles kaputtgehen kann.« Wir wissen nicht, wie weit wir kommen werden. Doch bereits die bis hierher gewonnenen Eindrücke möchten wir nicht missen. Aber solch ein persönlicher Check und die Zwiesprache mit sich selbst sind manchmal notwendig.

Am nächsten Tag nutzen wir die Zeit, um den Wallfahrtsort Santiago de Compostela zu besuchen. Rund 200.000 Pilger werden hier jährlich registriert. Konzentriert auf die Sommermonate sind das circa 1.900 Besucher täglich, die sich stolz den Stempel in ihr Pilgerbuch drücken lassen. Dazu kommen noch die normalen Touristen und Urlauber. Angesichts dieser Menschenmassen sind wir mehr als positiv überrascht, dass wir doch noch den historischen, würdigen Atem der Stadt spüren können. Die Gebeine des heiligen Jakob lassen wir angesichts der langen Schlange, die sich am Kircheneingang gebildet hat, aus. Dafür besuchen wir lieber die Nachbarkirche San Martiño Pinario. Noch niemals haben wir eine dermaßen vor Reichtum strotzende und fast schon anmaßende Pracht gesehen. Wir sind tief beeindruckt und kehren ohne Stempel in unserem Logbuch zur GARLIX zurück. Irgendwie sind wir doch auch gepilgert, haben eben den Wasserweg gewählt. Aber dafür gibt es keinen Stempel.

Leider bringen unsere Freunde Corinna und Peter schlechtes Wetter aus Deutschland mit. Nebel und Regen für zwei Tage. Gemeinsam besuchen wir den nächsten galicischen Pflichtort – Combarro in der Ría de Pontevedra, nur wenige Seemeilen entfernt. Combarro wird zurecht zu den schönsten Dörfern Galiciens gezählt. Straßen und Häuser aus dem Mittelalter, alte, auf Stelzen stehende Getreidespeicher und alte, große Steinkreuze erlauben uns die Einbildung, dass wir in einer anderen Zeit leben. Am nächsten Tag machen wir ein paar Kreuzschläge auf dem Atlantik zum letzten Ría der spanischen Küste. Unser Ziel ist die Ría Vigo, wo wir Bayona erkunden wollen.

In Bayona suchen wir dann unsere Sonntagskleider heraus und feiern Abschied von unseren Freunden. Dafür ist Bayona der beste Ort. Wieder lassen wir uns von der Lebensfreude anstecken und sind begeistert von den Familien auf den Straßen und sinnieren darüber, warum wir diese Stimmung nicht in Deutschland erleben. Wir glauben nicht, dass es nur am günstigeren Preisgefüge von Wein und Tapas liegt.

BOM DIA PORTUGAL

Spanien/Ría de Vigo - Portugal/Viana do Castelo - /Póvoa de Varzim - /Porto - /Cascais - /Lissabon

3.-22.9.2014, Gesamtdistanz: 2.057 Seemeilen

Die nördliche Begrenzungstonne von Piedra del Corbeiro westlich von Baiona liegt im Nebel. Für uns geht es weiter Richtung Süden. Nicht nur unsere Freunde aus Deutschland haben uns verlassen, auch die nördlichen Winde. Das Azorenhoch will sich in diesem Jahr nicht stabil aufbauen und wir motoren bei wenig Wind Richtung Portugal. Dann kommt Abwechslung in unsere leicht getrübte Stimmung. Ein deutsches Boot ist in Sicht. Langsam kommen wir in die Gegend, in der Segler aus unserer Heimat weniger werden. Noch besser ist, dass dieses Boot in dieselbe Richtung wie wir segelt. Mein Käpt'n freut sich. Motor aus und in Schleichgeschwindigkeit wird Regatta gespielt. Natürlich ohne Wissen der ROTEN GRÜTZE. Bei diesem Schneckentempo werden 50 Seemeilen sowieso länger, als sie eh schon sind.

Die portugiesische Atlantikküste ist völlig anders als die spanische. Ausdrücklich wird in allen Revierführern davor gewarnt, bei auflandigem starken Wind in die meisten der portugiesischen Atlantikhäfen zu fahren. Erst spät am Abend können wir in Viana do Castelo die Gebäude und Windanlagen der deutschen Windkraftfirma Enercon sehen, die hier eine weitere Produktionsstätte eröffnet hat. »Jens, das sieht aus wie zu Hause in Magdeburg!!« Ein warmes, heimatliches Gefühl breitet sich aus. Wir suchen uns einen Platz in dem ziemlich vollen, flachen, kleinen Hafen, der direkt an einer Autobahnbrücke liegt. Und dann geht es noch mit dem Schwung aus Spanien los: Wo sind die Tapabars? Nur circa 100 Kilometer südlich von der wunderschönen, stimmungsvollen Stadt Baiona erwarten wir hier eine Art Fortsetzung des fröhlichen Straßenlebens. Aber weit gefehlt. Hier ist es viel ruhiger, eher wie in deutschen abendlichen Straßen. Leer eben. Spät abends liegt dann die ROTE GRÜTZE neben uns im Päckchen. Sie wiegt mindestens das Doppelte unserer GARLIX. Daher erzählen wir der eher schweigsamen Crew auch nichts von unserer kleinen Privatregatta. Ein Vergleich mit unserem leichten Boot wäre einfach nur ungerecht.

Der Wind dreht westlich und wird etwas stärker. Was stand im Revierführer? »Vorsicht bei den Hafeneinfahrten bei westlichen Winden. Bei viel Wind und ungünstiger Strömung können sich besonders hohe Wellen in den Hafeneinfahrten aufbauen. Kenterungen sind möglich.« Mit dem Wissen, dass das Vorgängermodell unserer GARLIX bei der Hafeneinfahrt von Figueira da Foz 2013 gekentert ist und dass dabei zwei Menschen tödlich verunglückt sind, beantrage ich für den weiteren Weg möglichst wenig Häfen und lieber längere Strecken. Aus diesem Grund geht es nach dem kleinen Hafen Póvoa de Varzim, der mit 7,75 Euro Hafengebühr pro Nacht übrigens unschlagbar günstig ist, gleich direkt weiter nach Porto.

Die blitzneue, luxuriöse Marina Porto Douro ist ein Rabatthafen der englischen Segelorganisation Atlantic Rally for Cruisers (ARC). Da wir uns entschieden haben, unsere erste große Atlantiküberquerung gemeinsam mit anderen Seglern zu unternehmen, haben wir uns bei der ARCplus, die von Las Palmas über die Kapverden in die Karibik geht, angemeldet. Somit kommen wir in den Genuss, nur die Hälfte der hohen Hafengebühr von 56 Euro zahlen zu müssen. Das lohnt sich! Überhaupt hat die ARC mit einigen Häfen entlang des Weges Richtung Las Palmas reduzierte Hafengebühren ausgehandelt. Das haben wir englischen Sprachweltmeister allerdings erst sehr spät in dem komplett englischen ARC-Handbuch herausgefunden.

Diese Marina hier ist ein Seglertreffpunkt und wir sind neugierig. Bei unserem Start vor zwei Monaten waren wir sehr konzentriert und vorrangig mit uns und unserem eigenen Start beschäftigt. Niemals hätten wir erwartet, eine so große und hilfsbereite Cruisingfamilie zu treffen und darin aufgenommen zu werden. Aber jedes Jahr starten ganze Flotten von Segelyachten aus ihren Heimatrevieren. Alle mit unterschiedlichen Erfahrungen und viele solche Langzeitsegler-Greenhörner wie wir.

Es ist eine Cruisingfamilie mit ständig wechselnden Familienmitgliedern, hat uns Bert von der HEIMKEHR in Südengland erzählt. Dort fing es an, dass wir die Hilfsbereitschaft und die Bereitschaft, eigene Erfahrungen weiterzugeben, genießen konnten. Wir haben viele wertvolle Tipps von Marlene und Bert bekommen und uns mit dem Wissen verabschiedet, dass wir sie jederzeit um Rat und Tat bitten dürfen. Und in Spanien, bei unserem Muringtonnendesaster, haben wir uneigennützige Hilfe von einer schwedischen Yacht bekommen. In der täglichen Funkrunde über Kurzwelle, die eher weniger als gut zu verstehen ist, hört man viele andere Segler. Zwar sind die Dinge, über die dort geredet werden, eher von der Freude geprägt, überhaupt etwas zu hören, als das wesentliche Informationen ausgetauscht werden. Trotzdem fühlt man sich angebunden und dazugehörig. So startet man das Abenteuer Langzeitsegeln nur am Anfang allein. Unterwegs knüpft man Kontakte und hofft und bangt mit anderen Seglern mit.

Irgendwann wurden wir daher neugierig und wollen jetzt die Gesichter zu den Stimmen aus den Funkrunden kennenlernen oder auch die Segler erleben, über die erzählt wird: »Hast du schon gehört …« Wir treffen Nette und Stefan mit ihren drei Kindern von der ANNE AHOI aus Deutschland. Von ihnen hatten wir schon in England gehört. Es ist doch noch einmal eine völlig andere Nummer, mit drei schulpflichtigen Kindern in solch ein Abenteuer zu starten. Hut ab und sie wohnen nur unweit von unserem Zuhause entfernt. Wir freuen uns schon jetzt auf ein Wiedersehen, wenn wir von unserer Reise wieder zurück sind.

Ein ganz besonderes Geschenk hat uns ein befreundetes Geschäftspaar aus Deutschland gemacht, selbst erfahrene Langzeitsegler. Mit dem Wissen, dass Segler immer etwas brauchen, hatten Birgit und

Peter angeboten, uns Material mit ihrem großen Auto nach Porto zu bringen. War das ein Angebot! Sofort hatten wir die Lieferadresse bei Amazon geändert und der Q7 wurde voll! Peter gab uns auch den guten Tipp, dass wir ein mobiles Tauchgerät an Bord haben sollten. Nach unserer Erfahrung mit der Muringboje stimmten wir dem Vorschlag sofort zu. Nach umfangreicher Recherche kam ein Freediver an Bord, der über den Zwölf-Volt-Bordstrom über einen Kompressor Sauerstoff produziert und mit dem man im Notfall bis zehn Meter tief tauchen kann. Ein wertvolles Equipment!

Gemeinsam mit Birgit und Peter erkunden wir Porto, die »Hauptstadt des Nordens«, Weltkulturerbe und Namensgeber Portugals. Wir erleben tiefe Widersprüche zwischen der ersten und der zweiten Häuserreihe. Wie unterschiedlich ist das doch zu den spanischen Städten, die wir kennengelernt haben. Unverkennbar ist, dass hier Geld fehlt. Der Sanierungsbedarf der alten barocken Gassen ist erdrückend. Wir halten an unserem Grundsatz fest, dass wir die Bewohner des Landes kennenlernen wollen und nicht die Touristen. Auch wenn manche Gasse gruselig aussieht, so setzen wir uns zusammen mit den Bewohnern an die Tische der Straßenrestaurants und werden endlich warm mit dem Land und den freundlichen Menschen. Noch nie haben wir so guten gegrillten Fisch gegessen. Auf dem Weg zurück zum Boot kommen wir an einem Waschplatz vorbei. Ist diese Zeit nicht längst vorbei? Hier schleppen Frauen schwere Wannen mit schmutziger Wäsche zum Waschhaus, schrubben mit Seife und Bürste und dann flattert die saubere Wäsche auf langen Leinen vor der luxuriösen Marina Porto Douro. Ein starker Kontrast!

Die Zeit vergeht und nach fünf Nächten werden die Segler im Hafen unruhig. Wo ist das Azorenhoch? Keine nördlichen Winde sind in Sicht. Im Gegenteil, der Südwind nimmt immer mehr zu. Daher beschließen wir gemeinsam mit Gisela und Axel von der ROTEN GRÜTZE, dass 15 bis 20 Knoten Wind von vorn besser sind als 20 bis 25 Knoten, die in drei Tagen angesagt sind. Morgens um acht Uhr machen wir uns also auf die 170 Seemeilen Richtung Süden nach Lissabon auf. Ein kurzes Hallo zu unseren Bekannten von der schwedischen Yacht, die gerade in den Hafen einläuft. Sie sind die Nacht durchgesegelt. Jetzt stehen sie laut rufend an Deck ihres Bootes und winken uns zu. Übertreiben sie es nicht ein wenig mit der Begrüßung?

Die kurze Seemeile des Rio Douro fliegen wir mit der Strömung zur Ausfahrt. Die Wellen kommen uns entgegen und plötzlich ist überall Wasser. Überall! Eine komplette Welle taucht unsere GARLIX unter Wasser. Für die Zuschauer auf der Mole muss das ein spektakuläres Bild sein. Uns aber sitzt der Schrecken tief in den Knochen und wir glauben jedes Wort aus dem Revierführer über die portugiesische Atlantikküste. Die Crew der schwedischen Yacht wollte uns mit ihrem deutlichen Winken also warnen, denn sie hatte die ungünstigen Wetter- und Wellenbedingungen in der Einfahrt ja bereits bei ihrem Ankommen erlebt. Hatten wir vorher noch überlegt, ob wir in Figueira da Foz nach rund 60 Seemeilen pausieren, sind wir uns jetzt sicher, dass wir nur noch sehr breite Hafeneinfahrten erleben möchten. Die ROTE GRÜTZE ist eine Stunde vor uns gestartet und hatte bei weniger Strömung keine Probleme.

Kaum von dem Schrecken erholt, ist die GARLIX in ihrem Element. 17 Knoten Wind direkt von vorn. »Saubere Kreuz«, kommt vom Käpt'n. »Besser kann der Kurs bei keiner Regatta ausgelegt werden.« Das ist eindeutig die positive Auslegung dieser unbequemen Schräglage. Wir sind im Wellenkarussell. Ständig ist Bewegung, auf und ab geht es durch die langen Atlantikwellen. Im Wellental ist die Sicht versperrt. Ich kappe in Gedanken die Verbindung von den Augen zum Magen. Rauf und runter, Küste sehen, Küste weg. Küste sehen … Aber halt! »Jens, JEENNSS – Delfine!!!!« So oft gelesen, im Ozeaneum gesehen, aber hier, hier ist dieses Erlebnis umwerfend. Diese kleinen Kerle, die mit ihrem Aussehen sofort adoptiert werden wollen, schwimmen in einer großen Schule um uns herum. Sie nehmen es mit der Geschwindigkeit unserer GARLIX auf, die sich richtig Mühe gibt, aber verliert. Mit einer unvergleichlichen Geschmeidigkeit flitzen die Delfine fast ohne Bewegung um uns herum. Tauchen durch, kuscheln mit der Bugspitze und sind dann mit einem Mal verschwunden. Es ist richtig. Kein Segler, der dieses Erlebnis beschrieben hat, hat damit übertrieben. Mit dem eigenen Boot diesen munteren Besuch zu bekommen, wenn drum herum nur Wasser zu sehen ist, ist ein unvergesslicher Moment.

Mehr davon, wir wollen immer mehr davon. Doch jetzt wird nur der Wind mehr und wir schalten um auf Überlebensmodus. Jede Bewegung ist umständlich, alles ist schräg bei ununterbrochenem Hoch und Runter. Wir machen lange Kreuzschläge bis raus zur Schifffahrtslinie. Möglichst weit draußen wollen wir segeln. Dicht an der Küste besteht immer die Gefahr, dass wir in die nicht oder nur sehr schlecht gekennzeichneten Fischernetze segeln. »Mach's gut, Tag, und danke für die Versöhnung mit den Delfinen nach der Tauchfahrt bei der Ausfahrt von Porto«, sage ich in Gedanken. Es geht in die Nacht und ich fühle mich besser mit dem Wissen, dass sich die ROTE GRÜTZE unweit von uns ebenfalls durch die Dunkelheit kämpft.

Cabo da Roca, den westlichsten Punkt des europäischen Festlands, sehen wir am nächsten Tag mit abnehmendem Licht. Wie unspektakulär, nur ein grauer Hügel. Dann rutschen wir nach 240 gesegelten Seemeilen mit dem sich verabschiedenden Tag nach Cascais in den ersten Hafen von Lissabon hinein. Hier werden wir auf günstigeren Wind warten müssen. Es herrscht Stau bei der Cruisingfamilie. Der südliche Wind nimmt in den nächsten Tagen deutlich an Stärke zu und kaum ein Boot wird aktuell freiwillig Richtung Kanaren oder Madeira starten. Alle warten wir auf das Azorenhoch, auf nördliche Winde. Dazu kommt, dass es kühl ist. Es herbstelt und es schleicht sich der Gedanke ein, dass wir Mitte September zu spät unterwegs sind.

Wir verziehen uns in einen der hinteren Häfen des lang gezogenen Rio Tejo. 18 Seemeilen sind es bis zur kleinen Marina Parque das Nações. Die Stadtgemeinde Parque das Nações umfasst das Ausstellungsgelände der Expo 98. Besuchswert, nicht nur wegen des fantastischen Ozeanariums, sondern auch als Starthafen für unendliche

Expeditionsmöglichkeiten in und um Lissabon. Endlich kann ich Jens beweisen, dass meine Winkefische, die ich im Ärmelkanal gesehen habe, tatsächlich existieren. Im Ozeanarium erkenne ich sie wieder. Tatsächlich sind es Mondfische, die uns durch die Aquariumscheibe anschauen und mit ihren Flossen zuwinken.

Nach zehn Tagen kommt endlich Bewegung in die Pilgergemeinschaft der Segler. Ein nördlicher Hoffnungsschimmer geht durch das Netz der Wetterdaten! Jetzt teilt sich die Cruisingfamilie. Ein großer Teil segelt weiter Richtung Süden zum Mittelmeer bzw. zur Überwinterung nach Lagos. Für uns andere geht es weiter Richtung Südwest nach Madeira. Gemeinsam mit der ROTE GRÜTZE starten wir nach einem gemütlichen Frühstück. Es ist ein bewegter Abschied: der Abschied vom Festland.

WEHMUT – ABSCHIED VOM FESTLAND

Wer an der Küste bleibt,
kann keine neuen Ozeane entdecken.
Fernando Magellan

Portugal/Lissabon – /Porto Santo – /Madeira (Quinta do Lorde – Funchal) – /Selvagem Grande – /Madeira – Spanien/Kanaren (La Graciosa – Lanzarote – Las Palmas)
23.9.–8.11.2014, Gesamtdistanz: 3.161 Seemeilen

Es ist Zeit, Abschied zu nehmen. Ein guter Moment bei bestem Wetter. Unser Code Zero zieht uns bei anfangs wenig Wind mit Kompasskurs 226 Grad nach Madeira. 530 Seemeilen liegen vor uns. Es ist wieder eine »längste Strecke« für uns.

Wehmut macht sich breit. Woher kommt nur diese Furcht vor Veränderungen? So gern möchte ich Menschen, Situationen, Augenblicke festhalten. Nichts davon funktioniert. Jede Sekunde ist Veränderung. Mit unserer Entscheidung und unserem Start vor fast drei Monaten haben wir uns bewusst für eine der größten Veränderung unseres Lebens entschieden. Goodbye Familie, Freunde, Haus, Arbeitsstelle, Alltag, Sicherheit, soweit es diese überhaupt gibt. Wir können immer zurück, noch ist es einfach. Laufen wir weg vor Verantwortung? Ist es zu egoistisch, eine Pause vom Arbeitsleben zu machen? Eine Antwort darauf haben wir nicht und so bleibt ein etwas unsicherer, leicht wehmütiger Blick zurück aufs Festland. Und auch diese Frage gehört dazu: »Wo ist das nächste Festland?« »Weißt du doch, über den Atlantik und noch weiter!« Ruhe jetzt! Klein-Fuzzi sitzt auf der Schulter und beruhigt mich in diesem Augenblick nicht im Geringsten!

Die ROTE GRÜTZE ist bald aus dem AIS-Empfangsbereich verschwunden. Wir sind allein. So fühlt es sich an. Allein, aber nicht einsam. Also Jacke aus, Schuhe weg, wir sind unterwegs! Der Wind weht aus Nordnordost mit 20 Knoten und es ist warm. Endlich ist es warm! Wir segeln mit einem Kurs von 120 Grad. Was für ein Unterschied ist das zum Gegen-den-Wind-Knüppeln nach Lissabon. Wir jubeln und freuen uns unseres Lebens. Es fühlt sich so gut an. Sogar die Nächte. Ich spiele wieder mein persönliches nächtliches Quiz »Bist du ein Stern oder ein Boot?«. Doch in dieser Nacht gibt es nur Sterne zu sehen. Gleichzeitig bin ich angezogen von dieser Ehrlichkeit und Klarheit der Nacht. Es ist einfach nur Nacht, nichts weiter. Schwarz ist es und wir schießen mit sieben Knoten in dieses dunkle Nichts. Es ist beunruhigend und faszinierend zugleich.

Nach drei Tagen und Nächten erhebt sich Porto Santo langsam aus dem Wasser und befreit sich von den umhüllenden Wolken. Porto Santo, dieser Name klingt nach Geschichte und maritimen Abenteuer! Friedlich liegt die Insel vor uns. Unvorstellbar ist, dass das hier vor einigen Hundert Jahren eine hart umkämpfte Piratengegend war. Doch wir haben nicht genug Zeit für historische Runden. Denn es geht gleich weiter nach Quinta do Lorde auf Madeira. Die ROTE GRÜTZE hat einen Motorschaden und sie schaffen es nicht rechtzeitig, ihre Tochter einzusammeln, die ihren Urlaub mit ihnen verbringen möchte. Daher steht Lotta wunderbar vorbereitet auf der Kaimauer der Marina Quinta do Lorde und springt als Reiseführerin auf unser Boot. »Hier gibt es Wale, gleich vor dem Hafen«, erzählt sie. Damit haben wir nicht gerechnet. Wale! Na, wer weiß. Aber tatsächlich, unweit des Hafengeländes, gleich vor den Toren von Quinta do Lorde haben sie sich aufgereiht. Dicke Walrücken, überall. Wale um unsere GARLIX! »Jens, nicht so dicht!« Ich habe Angst.

Wir lassen uns vor der kleinen Insel Deserta Grande in diesem nur schwer zu beschreibenden Wasser treiben. Es ist blau, türkis, rein, endlos, tief. Perfekter muss es nicht sein. Das Ganze kommt unseren Vorstellungen vom Blauwassersegeln sehr nahe. Wir sind verzückt von diesem Tag. Von draußen höre ich Lotta rufen: »Herrlich, einfach herrlich«, und Jens meint: »Ein perfekter Tag heute, einfach unglaublich.« Ich gehe jetzt Nudeln kochen. So viel Aufregung macht hungrig. Danke Lotta, es war ein wunderbarer Tag!

Die Marina Quinta do Lorde ist ein überteuerter Retortenhafen, der um eine riesige Hotelanlage herum gebaut wurde. Allein die Touristen fehlen. Nur mit Voranmeldung oder mit viel Überredung bekommt man einen Liegeplatz in der Marina. Manchmal macht sich bei uns der Gedanke breit, dass zu viel Personal auch nicht vorteilhaft ist. Endloser Papierkrieg in jedem Hafen außerhalb von Deutschland. Überall wird der Eigentums- und der Versicherungsnachweis kopiert. Formulare überall.

Per Mail buchen wir einen Platz in Funchal. Das ist auch gut so, denn gleich an der Kaimauer wird die Reservierung tatsächlich abgefragt. Ohne wären wir rausgeflogen oder hätten in der Einfahrt ankern müssen. Und dabei pfeifen hier gerade 25 Knoten Wind in den Hafen. Überhaupt haben wir seit unserem Start keinen wirklich vollen Hafen gesehen. Nur viel Personal, das eine gewaltige Bürokratie aufgebaut hat.

Wir holen unsere Wanderschuhe raus, denn Madeira heißt wandern gehen! Durch lange dunkle Tunnel und immer entlang der wasserführenden Levadas in der prachtvollen Landschaft. Hier in der nördlichen Hochebene Paul da Serra versöhnen wir uns mit der Landschaft von Madeira. Ist es im Gebiet um Quinta do Lorde sehr trocken, so zeigt sich hier die Vegetation verschwenderisch grün.

Anfang Oktober geht es dann weiter Richtung Ilhas Selvagens, die zwischen den Kanaren und Madeira liegen. Ihr Name bedeutet übersetzt »Wilde Inseln«. Wild ist vor allem der zu führende Verwaltungsaufwand, um die für den Besuch der Insel Selvagem Grande notwendige Erlaubnis zu erhalten. Wir haben in Funchal mehrere Tage benötigt, um dieses wichtige Papier zu bekommen. Morgens um neun Uhr ankern wir westlich dieser völlig trockenen Lavainsel mitten im Atlantik. Die ausgewiesene Ankerbucht ist alles andere als geschützt und wir sind nicht besonders traurig, als uns trotz schriftlicher Erlaubnis der Zugang zur Insel verwehrt bleibt. Es ist Wachwechsel und das Personal hat zu viel Arbeit. Wer hat dafür kein Verständnis! Also deckt Jens feierlich den großen Cockpittisch draußen in der Sonne und zaubert ein wunderbares Geburtstagsfrühstück auf den Tisch. Ganz ruhig und für uns allein verbringen wir meinen 46. Geburtstag vor dieser schwarzen Insel. Kaum zwei Stunden nach unserer Ankunft lichten wir wieder den Anker, da der Wind am nächsten Tag weniger werden soll und wir keine Lust haben, die vor uns liegenden 145 Seemeilen zu motoren.

Unser nächstes Ziel heißt La Graciosa. 15 Seemeilen vor dieser trockenen Vulkaninsel haben wir endlich wieder Handyempfang und die Mails überschlagen sich. Ich bin ganz gerührt – so weit von der Heimat entfernt und niemand hat meinen Geburtstag vergessen. Das sind besondere Momente. Ich lese verzückt mit einer Tasse Kaffee in der Hand die Glückwünsche zum neuen Lebensjahr, während wir im Morgengrauen der Insel entgegensegeln.

Dort angekommen, überwinden Gisela von der ROTEN GRÜTZE und ich mit geballter Weiblichkeit gemeinsam die Hafenpolizei der Marina von La Graciosa, zu deren Dienstkleidung auch Handschellen und Gummiknüppel gehören, und schlagen uns zum freundlichen Hafenchef durch. »Ja, wir haben einen Platz reserviert. Dass die Mailadresse im Imray-Handbuch leider falsch ist, konnten wir nicht wissen.« Es werden Plätze gefunden und wir vergessen langsam die Welt. Um uns herum sind nur Sandstraßen, nur Trockenheit und kaum lebend aussehende Pflanzen. Schwirrende Hitze gaukelt uns komplette Sorglosigkeit und völlige Leichtigkeit vor.

Nach wenigen Tagen segeln wir weiter nach Arrecife auf Lanzarote. Hier nehmen wir an der Einweihungsparty der neuen Marina Lanzarote teil und wandeln ansonsten auf den Pfaden der Touristenattraktionen. Und dann sind wir auch schon kurz vor Las Palmas, unserem Starthafen über den Atlantik. Mit diesen nächsten 3.000 Seemeilen wird sich zeigen, ob unser Entschluss, weiterzusegeln, richtig ist. Es fühlt sich an, als wenn sich die Spreu vom Weizen trennen wird. Beim Anblick und bei der Einfahrt in den Hafen von Las Palmas sind wir enttäuscht. Denn ganz so großstädtisch hätten wir uns diesen Ort nicht vorgestellt. Knapp 400.000 Menschen leben hier. Doch der Empfang ist zünftig. »Hallo Leute! Ich bin Rene und der Trans Ocean Stützpunktleiter. Wenn Ihr was braucht, kein Problem.«

Zwei Wochen sind es noch bis zum Start der ARCplus. Der Hafen füllt sich und wir knüpfen erste Bekanntschaften. Besonders erfreut sind wir, dass wir einige Teilnehmer von unserem Sicherheitsseminar aus Neustadt treffen. Las Palmas insgesamt ist aber irgendwie zu viel. Segen und Fluch gleichzeitig. Der Hafen wird voll und voller. Um uns wirbelt, kauft und baut es ununterbrochen. Es ist sprudelndes Leben, geprägt von Unsicherheit. Für viele ist es wie für uns das erste Mal. Das erste Mal wollen wir über den Atlantik segeln. Endlose Tipps, sinnige und unsinnige, werden gegeben. Ganze Wagenladungen an Lebensmittel und Getränken werden rangeschafft und verstaut. Von dieser Hektik lassen auch wir uns anstecken. Unser Sohn Max, der uns bis in die Karibik begleiten wird, testet unser Freediver-Tauchgerät und putzt das Unterwasserschiff. Dabei kratzt er alle Reste der Rostocker Muscheln vom Rumpf.

Von der Organisation der ARCplus werden interessante Seminare angeboten. Wenn wir diese denn vollständig verstehen würden, wären sie noch besser. Denn leider ist alles auf Englisch. Die ARCplus segelt in der ersten Etappe 920 Seemeilen zu den Kapverden. Dort werden wir einige Tage Aufenthalt haben und dann Richtung St. Lucia weitersegeln. Wir sind erleichtert, dass wir uns für diese Rally eingeschrieben haben. Nicht nur, dass wir dadurch die Kapverden kennenlernen, sondern auch, weil hier viel weniger Boote mitmachen. Gemeinsam mit »nur« etwa 51 anderen Booten werden wir starten. Im Gegensatz zur normalen ARC mit circa 200 Booten ist das eher wenig.

Las Palmas bedeutet aber auch, dass wir Abschied nehmen. Jens' Eltern geben uns ihren Segen und verbringen einige Tage mit uns. Schade, dass wir zu wenig Zeit haben und dieses Zusammensein dadurch nicht richtig genießen können. Diese Organisation und die vielen Menschen um uns herum haben allerdings auch ihr Gutes. Denn 3.000 Seemeilen bis St. Lucia liegen vor uns. Nicht drüber nachdenken! Wir wollen starten! Jetzt!

MIT DER JOLLE ÜBER DEN ATLANTIK

Nach jeder dunklen Nacht folgt ein heller Morgen.
Spruch auf einer Tonkugel auf unserer Terrasse

Spanien/Kanaren (Las Palmas) – Kapverden/São Vicente (Mindelo)
9.–18.11.2014, Gesamtdistanz: 4.073 Seemeilen

Die Zusammenstellung unserer Mannschaft ist ein Experiment. Wir segeln mit drei Generationen von Las Palmas zu den Kapverden. Mit an Bord sind mein Vater, meine Schwester und unser Sohn Max. Alle sind Segler seit Kindesbeinen. Doch Atlantikwellen sind anders und kein schützender Hafen wird in Tagesentfernung erreichbar sein. Genau diesen haben wir uns jedoch nach der ersten Nacht gewünscht.

Um 12:45 Uhr starten die Katamarane. Über die Startlinie schießen riesigen Geschosse, zum Beispiel die MAKENA mit 62 Fuß Länge. Dieses Schiff wirkt eher wie ein Haus, nicht wie eine Segelyacht. Um 13 Uhr folgt dann der Start für uns. Wir haben guten Wind mit 18 Knoten aus Nord. 900 Seemeilen liegen vor uns und beim Start »gehts um alles«. Die spinnen, die Männer. Sechs bis sieben Tage werden wir unterwegs sein und dann schreien sie umher »Raum!!« »Gib uns Raum!« Die müssen andere Gene haben. Mir jedenfalls sind die Boote alle zu dicht. Schnell zieht sich das Feld auseinander und wir sind froh, dass wir nicht mit 200 anderen Schiffen am Start sind.

Gegen 13:30 Uhr gibt es den ersten Verletzten an Bord. Der Rhythmus der Wellen ist anders als auf der Ostsee und mein Vater verletzt sich an beiden Armen. Eigentlich ist es nur eine Abschürfung, aber die Blutung lässt sich nur schwer stoppen. Überall ist Blut. Wir verbinden seine Arme und sehen nun ein wenig wie ein Lazarettboot aus.

Gegen 15:45 Uhr wird der Wind mehr. 23 Knoten direkt von hinten. Nicht ungefährlich, denn jetzt besteht die Gefahr, dass der Wind hinter das Großsegel kommt und dieses dann mit voller Wucht auf die andere Seite schlägt. Das sind Kräfte, die können den Mast brechen lassen. Gerade bei unserer GARLIX sind solche Halsen gefährlich, da unser Großsegel mit 64 Quadratmetern besonders groß ist und die wirkenden Kräfte entsprechend hoch sind. Wir kommen zu dicht unter Land. Halsen können wir bei dem Wind nicht. Also eine Q-Wende, bei der man mit dem Bug durch den Wind geht. Alles hat geklappt, Entspannung.

17 Uhr, 35 Knoten Wind aus Nordost. Wir sind auf Höhe von Maspalomas, südlich von Gran Canaria, der Wind wird immer stärker und das zweite Reff ist im Großsegel. Alles ist in Bewegung, jeder Schritt wird gefährlich. Durch die hohen achterlichen Wellen schießen wir schaukelnd in das blaue Nichts. Freundlich ist anders. Nur Max und Jens haben Spaß. 16,7 Knoten Geschwindigkeit! Wahnsinn, das ist nicht schön!

Gegen 19 Uhr machen wir eine weitere Q-Wende, um wieder in die richtige Richtung zu segeln. Mit voller Wucht knallte dabei das mit Wind gefüllte Groß wieder zurück auf die andere Seite, wo sich Max genau im Bereich der Großschot befindet. Wumm, liegt er in der Ecke, voll an der Schulter getroffen. Er steht unter Schock, aber als ich ihn abtaste, kann er alles unter Schmerzen bewegen. Gemeinsam beschließen wir, dass wir weitersegeln und er sich vorerst in die Koje legen soll. Das hätte komplett schiefgehen können. Langsam reicht es!

Jens ist froh, als die gesamte Crew gegen 21 Uhr in der Koje liegt. Dann kommt es zu einer Patenthalse. Hört das niemals auf! Der massive Aluminiumblock der Bullentalje ist gebrochen. Diese hat die Aufgabe, den Großbaum bei achterlichem Wind in Position zu halten, als Schutz vor einer unfreiwilligen Halse. Der Mast steht, auch wenn es sich aus der Koje heraus anders angehört hat. Ein Krachen wie der Weltuntergang. Wir sind geschafft, alle.

Gegen 22 Uhr kommt eine Welle, die uns von achtern überrollt. Ihre Wucht ist so groß, dass die massive Holzstange der Nationalflagge bricht. Jens war allein draußen, ihm ist aber nichts passiert. Was für eine Gefahr! Insgesamt fließt das Wasser schnell wieder ab. Dummerweise hatte ich aber eine seitliche Luke im Cockpit offen gelassen, sodass ich in der Koje komplett geduscht worden bin. Wir haben alle die Nase gestrichen voll.

Zur Wachablösung um 24 Uhr lässt der Wind nach, nur noch 18 Knoten aus Ostnordost. Max fühlt sich besser, alle schlafen mehr oder weniger ruhig in ihrer Koje. Entspannung.

Um zwei Uhr am Morgen dann Wind von vorn mit fünf Knoten. Segeln heißt Abwechslung. Die immer noch hohen Wellen machen das Leben bzw. das Schlafen nicht angenehmer. Was bin ich froh, als die Sonne endlich aufgeht. Alle sind müde und geschafft und beneiden Jens' Eltern, die im schützenden Hafen geblieben sind. Meine Schwester meint: »Ich fühle mich, als wenn ich mit der Jolle über den Atlantik segle.«

24 Stunden nach dem Start sieht das Leben dann komplett anders aus. Sonne, blauer Himmel, 15 Knoten Wind aus Nordost. Max geht es besser, die nassen Matratzen liegen draußen in der Sonne zum Trocknen und wir bekommen Besuch von einer Delfinschule. Es macht immer wieder Spaß, ihnen zuzuschauen. Die Stimmung steigt und versöhnende Routine hält Einzug in den Bordalltag. Drei Tage nach dem Start ist dann auch schon Bergfest. Ein Grund zum Feiern mit einem fürstlichen Frühstück mit Spiegeleiern und gebratenem Schinken draußen am großen Tisch im Cockpit. Welch ein Leben! Welch ein komplett anderes Leben im Vergleich zum Start. Aber es bleibt leichte Unsicherheit. Niemals ist Ruhe im Schiff. Jens und ich hatten drei Monate Zeit, uns an die ständigen Bewegungen der langen Atlantikwellen zu gewöhnen. Diese Chance hatten die anderen nicht. Doch der Hauch von Blauwassersegeln, die vorbeischauenden, spielenden

Delfine, die Fliegenden Fische und die unendliche Weite sind versöhnende Charmeure.

In der vorletzten Nacht vor der Ankunft erlebe ich mit meinem Vater einen Herzensglücksmoment. Gemeinsam begrüßen wir den neuen Tag. Das ist immer eine besondere Zeit, wenn die Sonne aus dem Wasser emporsteigt. In diese Kulisse springen und spielen die Delfine hinein. Ein wunderbarer Moment, der die erste Nacht vergessen lässt. Wir setzen unser Monster und Max möchte seinem Opa zeigen, mit welcher Geschwindigkeit wir mit der GARLIX segeln können. Allerdings diesmal ohne Gefahr und mit guten 15 Knoten Wind.

In der sechsten Nacht nach dem Start sind wir kurz vor São Vicente. Jens und Max übernehmen die Wache. Es wird eng werden im Ziel. Wir sind 900 Seemeilen gesegelt und doch drängeln sich die ersten Boote gemeinsam ins Ziel. Hier schließt sich der Kreis, wieder geht es »um alles«. Morgens gegen 6:21 Uhr überqueren wir die Ziellinie vor der Marina Mindelo auf São Vicente. Knapp sechs Tage nach dem Start in Las Palmas sind wir im Ziel auf den Kapverden. Wieder fühlen wir uns wie Helden und sind froh, dass letztlich doch alle glücklich und munter und halbwegs gesund angekommen sind. Max' Schulter schmerzt zwar noch, aber er wird uns weiter Richtung Karibik begleiten. Die Arme meines Vaters sind noch verbunden, doch sie werden heilen. Leicht euphorisch trinken wir in aller Früh einen Ankunftssekt.

Auf den Kapverden bekommen wir den ersten Stempel in den Pass seit unserem Start aus Deutschland und erreichen ein Land, das sich tatsächlich nicht mehr europäisch anfühlt. Die Kapverden gehören zu Afrika und das ist deutlich an der Kultur und am Klima zu merken. Afrika ist nur rund 500 Kilometer entfernt, während wir bis hierher innerhalb der EU ohne Stempel und Grenzen gesegelt sind. Und nach der Hektik in Las Palmas lernen wir hier die Organisation der ARCplus schätzen. Die Plätze sind reserviert, die Leinen werden angenommen und alle Formalitäten sind vorbereitet. In Las Palmas war uns der Trubel ein wenig zu viel, doch hier vereinfacht es das Leben erheblich. Sämtliche Schäden am Boot wurden bereits von unterwegs per Mail an die »Yellow Shirts« der ARC-Leitung gemeldet und diese haben dann die Reparatur organisiert. Nur aufgrund dieser guten Organisation wird unser kurzer fünftägiger Aufenthalt eine Erholung. Yellow Shirts übrigens deshalb, weil das Team der ARC gut erkennbar mit gelben Shirts gekleidet ist.

Erfreut und überrascht sind wir über die moderne und neue Marina in Mindelo. Innerlich waren wir auf eine einfachere Infrastruktur eingerichtet und fühlen uns jetzt umso wohler. Sämtlicher Service, Wasser, Strom, Sanitäranlagen, Bootsausrüster und Segelmacher sind in der erst 2007 errichteten Marina vorhanden. Jeweils drei Tage Liegegebühren sind in der Anmeldegebühr für die ARC bereits enthalten. Und die restlichen Tage werden sogar von der Marina gesponsert.

Mindelo gilt als kulturelle Hauptstadt der Kapverden. Ganz verzückt sind wir von den Tänzern und den Trommelwirbeln der Bewohner. Welch ein Feuer im Hintern, welch eine Freude und Spaß und welch eine Farbenpracht wird von den stimmungsvollen Liedern und Tänzen verbreitet. Doch all die Tänze des freundlichen Empfangs täuschen nicht darüber hinweg, dass dieses Land arm ist. Der koloniale portugiesische Baustil der Innenstadt ist unverkennbar und das Land ist bemüht, diesen Charakter der Stadt zu erhalten.

Vom modernen Fährterminal aus starten wir zur einstündigen Überfahrt zur Nachbarinsel Santo Antão, die neun Seemeilen weiter westlich liegt. Hier werden wir von einer völlig veränderten Vegetation empfangen. São Vicente ist trocken und karg, hier ist alles prachtvoll grün und die charakteristische Vulkanlandschaft ist jede Mühe des Besuchs wert. Wir wandern durch die Berge und Dörfer mit den ärmlichen Häusern und machen unzählige Fotos. Stolz und freundlich begrüßen uns die Bewohner, die uns die Funktionsweise einer museumsreifen Rumdestille erklären. »Sag mal, Jens, möchtest du hier Rum kaufen?« Dieser wird in alten Cola-Plastikflaschen zu stolzen Preisen angeboten. »Nein, heute nicht. Beim nächsten Mal.«

Zurück in Mindelo verabschieden wir uns bald von meinem Vater und meiner Schwester. Die Zeit ist verflogen und wir hoffen, dass wir ihnen die Segelei mit unserem rasanten Start in Las Palmas nicht zu sehr vermiest haben. Es tröstet nicht, dass wir im Rückblick der gesamten Weltumseglung sagen können, dass dieser Start und die dann folgende Nacht die unangenehmste der gesamten zwei Jahre waren.

Bei der Rückschau auf diese 900 Seemeilen ist Selbstkritik angebracht. Ob wir uns durch das Regattafeeling haben motivieren lassen, wissen wir nicht. Nach dieser Erfahrung werden wir allerdings »refffreudiger« und lassen die Segel nie wieder bei so viel Wind so lange stehen. Großsegel weg und entspanntes Weitersegeln ohne die ständige Halsengefahr. Das wäre angebrachter und angenehmer gewesen.

Fünf Tage sind eindeutig zu kurz, um ein Land tatsächlich kennenzulernen. Doch für uns heißt es wiederum, Abschied zu nehmen von einem Land, das sich zu besuchen lohnt. Vor uns liegen weitere 2.100 Seemeilen. Mehr als zwei Wochen werden wir ununterbrochen auf dem Wasser sein. Kein gutes Gefühl im Bauch. Vor uns liegt ein weiterer Superlativ, erneut »die weiteste Strecke«.

SQUALLIG WAR'S

Kapverden/São Vicente (Mindelo) - St. Lucia - St. Vincent und die Grenadinen/Bequia - /Tobago Cays - St. Lucia
19.11.2014-9.1.2015, Gesamtdistanz: 6.425 Seemeilen

Am 19. November 2014 geht es um 13 Uhr Ortszeit weiter. Weiter Richtung Westen, weiter Richtung Karibik. Wind aus Ost mit sechs Knoten. Immer diese Extreme. Sechs Knoten Wind direkt von achtern ist gleichbedeutend mit kein Wind. Welch ein Unterschied ist das zum Start in Las Palmas. Doch vergessen wir diese Erfahrung; hier stehen wir ruhig und still an der Startlinie. Wir hoffen auf mehr Wind in Landnähe. Immerhin kommen wir vorwärts.

Jens versucht, mit dem Monster Schmetterling zu segeln. Die riesige Segelfläche von Großsegel und Gennaker mit zusammen 225 Quadratmetern soll uns platt vorm Wind vorwärtstreiben. Wie gut, dass Max in Las Palmas den Rumpf gereinigt hat. Wir kommen vorwärts und nach drei Stunden ist nur noch der größte Katamaran MAKENA vor uns. Das restliche Regattafeld liegt zusammen mit den Kapverden hinter uns. Dann normalisiert sich alles, der Passatwind kommt zurück und wir sind zufrieden mit unseren Distanzen, die in den ersten zwei Tagen bei je 185 Seemeilen in 24 Stunden liegen.

Am dritten Tag auf dem Atlantik sind es noch gut 1.700 Seemeilen bis nach St. Lucia und alles erscheint uns noch endlos. Nach drei Tagen wandelt sich die bisher so sonnige Welt dann aber und eine große Wolkenwand rast auf uns zu. Schwarz, groß und gruselig sieht sie aus. Ein Squall! Nach weiteren drei Tagen wissen wir, es war nicht nur ein Squall. Unsere Welt ist grau geworden. Das soll Blauwassersegeln sein?

Das windige Grauen kommt immer nach dem gleichen Muster. Erst bilden sich dicke Wolkenwände am Himmel. Angst kommt auf und gleichzeitig beginnt die Hoffnung, dass die Zugrichtung der Wolkenwand nicht die eigene Kurslinie kreuzt. Bitte, bitte, diesmal nicht wir! Sollte dieses Phänomen gerade in der Nacht beginnen, hat das Vorteile, denn dann sieht man den Schrecken nicht. Nur auf dem Radar ist ein großer roter Fleck zu entdecken. Sollte das Radar nicht an sein, erkennen wir den Squall dann spätestens beim nächsten Ereignis. Denn da wir bei achterlichen Winden meistens mit dem Windautopiloten segeln, warnt dieser bei starken Winddrehern. Wir erleben Kursänderungen um die 30 bis 35 Grad, dicht gefolgt vom dann einsetzenden Guss. Dabei regnet es nicht, sondern schüttet aus Kübeln. Nicht immer, aber meistens. Und dann kommt der wirklich unangenehme Teil. Der Wind nimmt nämlich vor der dicken Wolke zunächst massiv ab, um dann mit frischem Schwung loszuschlagen. Häufig verdoppelt sich die Windgeschwindigkeit dann. Vorher 20 Knoten, dann bis zu 30 bis 40 Knoten Wind. Schön ist anders. Durchhalten ist angesagt mit der Gewissheit, dass es vorbeigeht. Allerdings schreibt sich das leichter, als es zu erleben. Das Ganze kann lange dauern, manchmal Stunden vom ersten Schreckensdialog »Schatz, da braut sich was zusammen« bis zum Zurückdrehen der Windrichtung und dem Abflauen des Winds.

Seit dem ersten Squall sind wir die ganze Zeit auf Stand-by. Hört das denn niemals auf? Da tröstet die Gewissheit, dass wir nicht allein sind, obwohl wir seit Tagen kein Boot oder AIS-Signal gesehen haben. Täglich sind wir zweimal per Funk mit den anderen ARC-Booten in Kontakt. Zumindest melden sich die Boote, die mit einem Kurzwellenfunkgerät ausgerüstet sind. »Wie geht es dir, wo bist du, ist alles gut?«

Nach sechs Tagen ist die Hälfte geschafft, liegen noch 1.050 Seemeilen vor uns. Dann ein Highlight nach dieser gefühlt sehr langen Zeit. Ein anderes Schiff! Wir hören gespannt zu, wie sich die Boote unterhalten: »Na GARLIX, wie war die Fahrt bisher?« »Squallig, sie war squallig und meine Crew und ich finden das echt nicht so gut!«

Am nächsten Tag erleben wir einen squalllosen Tag. Gleich steigt die Stimmung an Bord, ist das Blau wieder blauer und die Sonne trocknet und tröstet uns. Ja, das ist Blauwassersegeln! Während uns unsere Position im Feld in den vergangenen Tagen überhaupt nicht interessiert hat, erwachen jetzt auch wieder die Männer-Regatta-Gene an Bord! Regattafeeling ist angesagt. Und tatsächlich liegen wir im vorderen Feld. Gut gemacht, GARLIX! Trotzdem bleiben wir bei unserem Vorsatz, in der Nacht kein großes Segel oben zu haben. Das heißt Monsterverbot in der Nacht. Kein Gennaker, kein Code Zero. Für beide müssten wir zum Bergen auf das Vorschiff und das ist keine angenehme Vorstellung in der tiefen Dunkelheit. Das Wetter bleibt stabil und wir fliegen Richtung Westen. Routine ist eingekehrt. Routine und ein wahrer Lebensgenuss. Wir haben Zeit miteinander. Solch eine Nähe und Intensität sind selten. Ich genieße meine beiden Männer.

Ein paar Tage später wissen wir nicht, was nerviger ist – zu viel Wind oder zu wenig. Noch 600 Seemeilen liegen vor uns. Der Atlantik wird immer größer und wir kommen nicht mehr vorwärts. Letztes Etmal: 120 Seemeilen. Das kann noch ewig dauern. Also kommt das Wetterbuch auf den Tisch. Wo ist der ideale Wind? Alles schlägt und kracht im Boot von den umherschlagenden Segeln. Denn es ist nur der Wind, der weg ist, nicht die Wellen. Nichts hilft. Wir setzen den Gennaker und segeln mit 30 Grad falsch zur idealen Kurslinie. Das ist eigentlich nicht besonders sinnvoll, aber besser für unser Boot und unsere Nerven.

Wir schleichen durch die Zeit und wagen langsam Gedanken über unsere Ankunft. Alles ist dabei, von »lass es noch etwas dauern« bis »lass es bitte möglichst schnell zu Ende gehen«. Auf unseren bisherigen Touren waren wir maximal sechs Tage auf dem Wasser. Und jetzt sind wir schon knapp zehn Tage unterwegs. Wasser in der absoluten Unendlichkeit. Zehn Tage keine Stille und keine Ruhe. Die Rollbewegungen an Bord trainieren erstklassig die Muskeln der Lendenwirbelsäule. Dieses Geschaukel geht ins Blut. Alle Bewegungen müssen ausgeglichen werden. Duschen, kochen, gehen. Wer sitzt, ist sicher. Alles andere birgt Gefahr. Diese Bewegungen begleiten uns in den Schlaf. Rollende Bewegungen mit der segelnden, krachenden und knacksenden Geräuschkulisse, die ich nicht völlig ausblenden kann. Vor allem dann, wenn der Wassergenerator im Wasser ist. Dieser kleine Propeller am Heck produziert für uns die notwendige Energie. Am effektivsten ist der Generator ab siebeneinhalb Knoten Geschwindigkeit. Häufig segeln wir jedoch schneller. Dann schießen wir durch die Nacht und mein Schlafhirn denkt, es wäre Sturm. Ausgelöst durch die drehenden Geräusche des kleinen Propellers. Oft springe ich aus der Koje in der Erwartung, dass draußen die Hölle los ist. Jens sitzt dann gemütlich in der Ecke und liest. Es ist nichts los, also lege ich mich wieder hin, rolle dann aber wach hin und her. Also wechsle ich meinen Schlafplatz und gehe in die Bugkabine. Zumindest die Geräusche des drehenden Propellers sind dann weg, werden hier allerdings von der Geräuschkulisse einer laufenden Waschmaschine abgelöst. So zumindest hört sich das vorbeirauschende Wasser außen am Rumpf an. »Schatz, wie dick ist die Bordwand noch mal?« Dazu kommen diese dort vermehrt zu spürenden rollenden Bewegungen des Schiffs. Schlussendlich streike ich und der Familienrat tagt. Wenn wir es uns von der Energiebilanz leisten können, bleibt der Generator in der Nacht draußen und ich kann endlich schlafen.

Vor uns liegen noch 200 Seemeilen. Noch ein wenig mehr als ein Tag. Wir haben es nicht mehr eilig, haben uns eingerichtet in dieser Wasserwelt. Es duftet aus unserem Sonnenboot nach Weihnachtsplätzchen. Erster Advent auf dem Atlantik. Keine Wehmut kommt auf, doch ein wenig Ritual muss sein. Die letzten 100 Seemeilen wollen dann doch nicht enden. Großreinigung ist angesagt. Unsere tapfere GARLIX wollen wir chic, sauber und schnittig ins Ziel bringen. 70 Seemeilen vorm Ziel. Es dauert wohl noch ewig. Macht es eigentlich noch Sinn, den Gennaker zu setzen? Tatsächlich, diese Diskussion führen wir gerade. »Hallo Männer, das ist die Distanz von Sassnitz nach Bornholm. Natürlich setzen wir das große Ding noch einmal.«

In der Dunkelheit geht es dann zum Zieleinlauf. Schade, wir hätten die Insel gern gesehen. Gespannt sind wir, ob uns die ARC tatsächlich mit Rumpunsch und einem Früchtekorb empfängt. Wir lesen noch einmal alle nautischen und landesspezifischen Informationen über St. Lucia. Die Lichterführung der Bojen ist umgedreht. Wo normalerweise rot ist, ist jetzt grün. Es geht schon los, das Neue und das Fremde. Dann Mitternacht, wir sind fast da. Über Kanal 72 kündigen wir uns an: »Rally control, rally control, this is GARLIX. We are two nautical miles from the finish line.« Und dann – wir sind da! Das ist wieder eine unserer privaten Heldennächte. Ein großes Gefühl. Nichts, was irgendjemanden interessiert. Nur uns. Ich bin so stolz auf meine Männer. Diese Ankunft mit dem eigenen Sohn erfüllt mich mit meinem ganz privaten, stolzen Gefühl. Es ist kurz nach Mitternacht und tatsächlich werden wir mit einem Rumpunsch, dem Karibikgetränk überhaupt, in der Rodney Bay begrüßt. Versüßt wird dieser Moment noch dadurch, dass die Fische im Wasser fluoreszieren. Welch ein interessanter und bleibender Anblick.

Der nächste Tag, unser erster Karibiktag. Und unser erster Gedanke: »Es ist zu warm.« Man sitzt und schwitzt. Steeldrum-Klänge empfangen uns und fast schon aufdringlich freundliche Menschen. Wenn hier der Po nicht wackelt, dann wohl nirgends auf der Welt. Ein Rhythmus, der einfach mitreißt. Anlässlich der Ankunft der ARC-Boote wird uns viel Stimmungsvolles geboten. In der Pause der Trommler werden wir von dem lieblich zirpenden Klang der Grillen empfangen. Wir gehören zu den ersten Booten in der IGY Rodney Bay Marina und somit ist der Trubel noch nicht zu groß.

Wieder empfängt uns eine wohltuende Organisation. Die Gasflasche wird gefüllt, Wäsche wird gewaschen, der Segelmacher steht parat. Es ist alles da, was man sich wünschen kann. Doch kaum tritt man aus dem Hafenbereich heraus, wird deutlich, dass das wahre Leben der Bewohner von St. Lucia wesentlich ärmer und einfacher ist. Allerdings erleben wir nur stolze und meistens freundliche Menschen. Kein Neid und keine Aggressivität.

Fünf Tage nach unserer Ankunft sind auch die letzten Boote der ARCplus angekommen. Der Wind hatte in den letzten Tagen drastisch nachgelassen, und sie dümpelten auf dem welligen Atlantik herum. Stolz sind wir, dass wir in unserer Gruppe den ersten Preis in Empfang nehmen können. Immerhin haben wir mit unserer X-Yacht einen anspruchsvollen Verrechnungsfaktor herauszusegeln. Gegenüber einer First 45 müssen wir sieben Prozent schneller segeln, um tatsächlich in der Wertung vor ihr zu sein.

Der Hafen füllt sich mit den ankommenden Booten der ARC, die nonstop von Las Palmas gesegelt sind, und so fliehen wir aus dem Hafen vor dem ganzen Trubel und wollen sie nun erleben, die Karibik. Gemeinsam mit Max und Jens' Söhnen, die aus Deutschland gekommen sind, erleben wir ein Weihnachten der besonderen Art. Weihnachten auf Tobago Cays und auf Bequia. Mit Lichterketten geschmückte Palmen, Weihnachtsfrauen in kurzen Röcken und einem Weihnachtsmenü im Whaleborner in der Admirality Bay von Bequia. Es ist nicht möglich, auf eine noch entspanntere Art Weihnachten zu verbringen. Diese Zeit würden wir gern festhalten. Sorgenfrei, alltagsfrei, zukunftsfrei. Nur sein. Einfach nur im Hier und Jetzt. Doch nichts ist unendlich und so auch nicht der Aufenthalt der Jungs. Kurz vor Silvester setzen wir alle drei in den Flieger und unser Boot erscheint uns auf einmal groß und leer. Ein Jahr lang werden wir sie nicht sehen. Ein ganzes langes Jahr!

Uns holt die Wirklichkeit ein und mit ihr kommt auch Freund Fuzzi mal wieder vorbei: »Der Atlantik war ja schon was, aber gleich die ganze Welt ... Das ist eine andere Nummer.« Nicht vielen haben wir es erzählt, gestehen es uns selbst kaum ein. Noch haben wir die Möglichkeit, nach Norden abzubiegen. Auch eine Atlantikrunde ist ein tolles Erlebnis, warum muss es denn gleich rundherum sein? Bisher hat allerdings alles gut geklappt und wir sind noch im Fieber des Erlebten gefangen. Also ja, wir segeln weiter! Bleibt nur ein großes Problem. Denn wir haben uns bei der World ARC angemeldet, die am 10. Januar 2015 hier in St. Lucia starten wird. Mit uns segeln 14 andere Boote, von denen keines aus Deutschland ist. Es spricht also niemand Deutsch. Wie sollen wir da bloß alle verstehen? Denn meine tägliche Lernerei bringt keinen durchschlagenden Erfolg. Bisher haben wir dieses Problem erfolgreich verdrängt.

Silvester feiern wir mit dann mit Engländern, die wir mit zunehmenden Alkoholspiegel ganz gut verstehen. Und am nächsten Tag klopft unsere Problemlösung tatsächlich bei uns ans Boot: »Hallo, ich bin Hanna. Ich möchte nach Australien, braucht ihr noch eine Hand an Bord?« Unser Vernunftshirn schlägt sofort Alarm. Wir nehmen doch keine Backpackerin mit. Niemals. Nicht wir! Und dennoch laden wir sie herzlich ein: »Komm an Bord, kannst erst mal hier schlafen. Wenn's nicht klappt bis Kolumbien, dann gehst du wieder von Bord.« Das muss an der karibischen Atmosphäre liegen.

Mit Hanna kommt eine Freundin und unsere Englischlehrerin an Bord. Sie ist 30 Jahre alt und kommt aus Deutschland. Gemeinsam bereiten wir uns auf die nächste Etappe vor. Die GARLIX bekommt eine neue Unterwasserfarbe und einen neuen Kartenplotter, denn kurz vor Weihnachten hat sich unser alter nach nur zweieinhalb Jahren verabschiedet. Und der Raymarine-Service hat sich leider als wenig kooperativ erwiesen. »Können wir nur nach England einschicken, aber das kann dauern.« Also kaufen wir sehr verärgert ein neues Gerät.

Wieder stellt sich Lampenfieber ein. Wir haben einen Hafen-Karibik-loswollen-Koller. Unsere World-ARC-2015/2016-Gruppe ist mit insgesamt 15 Booten sehr übersichtlich. Dabei reicht die Altersspanne der einzelnen Teilnehmer von zehn Monaten bis 78 Jahre. Auf allen Booten segeln Paare bzw. Familien, aber keine angeheuerten Crews. Die Truppe wirkt freundlich, irgendwie persönlich. Wir ahnen, das kann gut werden.

WIR WAGEN ES WEITER RICHTUNG WESTEN

Trudele durch die Welt. Sie ist so schön;
gib dich ihr hin, sie wird sich dir geben.
Kurt Tucholsky

St. Lucia – Kolumbien/Santa Marta – Panama/San-Blas-Inseln (Turtle Island – Chichime – El Porvenir) – /Portobelo – /Shelter Bay
10.–31.1.2015, Gesamtdistanz: 7.659 Seemeilen

Heimliche Tränen beim Auslaufen aus der Rodney Bay. Erst jetzt wird es tatsächlich wahr, weshalb ich beim Filmen aus der Ausfahrt der Rodney Bay einen Moment innehalte. Es fällt mir so schwer, den Satz »Heute starten wir zur Weltumseglung« in die Kamera zu sprechen. Was für ein Projekt! Alle gerufenen Geister stürzen auf mich ein. Zur Weltumseglung starten andere, aber doch niemals wir. Jens allerdings ist in seinem Element. Ein Start kribbelt immer, ein Start zur Weltumseglung lässt uns gefühlsmäßige Purzelbäume schlagen.

Ohne Sprayhood und ohne Bimini sieht unsere GARLIX entsprechend sportlich aus. Heute ist sie kein Cruisingboot, heute ist sie ein Racer, so sieht sie aus. Lang, schlank, blank und sportlich. »Welcome to the World ARC 2015/2016. The next destination is Santa Marta«, werden wir per Funk von der Leitung der World ARC begrüßt. »Ten minutes to the start.« 860 Seemeilen liegen vor uns und an der Startlinie wird es eng. Diesmal verstehe ich es, diesmal will auch ich los. »10, 9, 8, 7, 6, 5, 4, 3, 2, 1, GO!«

Auf Wiedersehen, St. Lucia. Im April 2016 wollen wir zurück sein. Die EC-Dollar für den ersten Rumpunsch kleben wir ins Logbuch. 25.000 Seemeilen in 15 Monaten liegen vor uns. 25.000 Seemeilen!

Die ersten 860 Seemeilen beginnen spannend. An der Luv-Wendeboje in Höhe von Castries stoßen zwei Boote zusammen. Kollision zwischen Bug und Heckkorb. Wir hören es per Funk und sind froh, dass das Feld der Boote größtenteils hinter uns liegt. Das Karibische Meer ist berüchtigt. Berüchtigt für viel Wind und hohe Wellen. Diesbezüglich würden wir gern enttäuscht werden. Bei strahlender Sonne und 20 bis 25 Knoten Wind aus Ost sind wir froh über unsere Heckklappe am Boot. Diese hat Jens erst kurz vor dem Start in Deutschland gebaut und angebracht. Die Wellen sind hier eindeutig höher als bei unserer Atlantiktour von Las Palmas nach St. Lucia. Obwohl keine Welle von hinten überkommen will, ist die Klappe eine optische Beruhigung. Wir fliegen dahin und unser Etmal in den ersten 24 Stunden liegt bei sagenhaften 204 Seemeilen.

Jetzt sind wir die zweite Nacht unterwegs und Hanna übernimmt im Morgengrauen ihre erste Wache. Ihr lauter Schrei »Jeeeens« lässt ihn aufspringen. Das Vorsegel rutscht langsam ins Wasser. Welch ein Mist! Der Schäkel oben im Mast hat sich geöffnet und wir hatten ihn dummerweise nicht mit einem Kabelbinder gesichert. Ein riesiges Problem. Noch 600 Seemeilen liegen vor uns. Mühsam bergen wir das Segel, das sich langsam ins Wasser verabschiedet hat und binden es vorerst an der Seereling fest. Lassen wir erst mal den Tag erwachen; wir gehen zurück in die Koje. Wind ist genug, ein Vorsegel ist nicht unbedingt nötig. Erst gegen Mittag lässt der Wind auf »nur« noch 20 Knoten nach.

Jens versucht, bei der Schaukelei das Fall vom Vorsegel mit anderen Fallen herunterzuholen. Leider vergeblich. Also muss er in den Mast und erklimmt, mit der Lifeline um das Vorstag gesichert, 21 Meter. Niemals werden wir wieder einen Schäkel ohne sichernden Draht oder Kabelbinder nutzen. Niemals. Dort oben sieht er aus wie ein kleiner Punkt im Himmel. Er ist mein Held, eindeutig.

Froh, dass er wieder wohlbehalten im Cockpit ist, fliegen und rollen wir mit 260 Grad Kompasskurs weiter durch die Tage und Nächte an Venezuela vorbei bis zur Halbinsel Guajira. Hier können wir 15 Grad weiter südlich segeln, was bedeutend angenehmer ist. Dieser ständig achterliche Wind ist gefährlich. Meistens segeln wir gerefft und trotzdem liegen unsere Etmale bei über 200 Seemeilen. Unglaublich. So muss es nicht weitergehen. Die nächsten 24 Stunden segeln wir, für uns angenehmer, im Schutz der kolumbianischen Küste. Plötzlich hören wir Propellergeräusche, ein mächtiger Krach. Gefühlt streift uns der Flieger der Grenzkontrolle. Trotz meiner täglichen Englischstunden verstehe ich nicht viel. Englisch am Funkgerät ist der Horror für mich. »Hanna, wo bist du?« Gern übergebe ich das Funken an sie und frage mich insgeheim, wie ich dieses Problem lösen werde, wenn wir wieder zu zweit segeln.

30 Seemeilen vor Santa Marta. Das gibt's doch nicht. Wieder hat sich der Schäkel geöffnet. Wieder rutscht das Vorsegel langsam ins Wasser. Diesmal war der Schäkel mit einem Kabelbinder gesichert, der aber durchgescheuert ist. Wir benötigen unbedingt stabilen Draht. Wir lassen das Fall im Mast und motoren bei abnehmendem Wind in den Sonnenuntergang. Zehn Seemeilen vorm Ziel setzen wir dann den Gennaker mit dem Reservefall. Doch wir verkennen die starken Winde am Kap de la Aguja kurz vor der Marina. Daher pfeifen wir spektakulär über die Ziellinie und haben Mühe, unser 160 Quadratmeter großes Monster zu bändigen. Empfangen und begleitet werden wir von der Küstenwache von Santa Marta. Denen haben wir ein anständiges Spektakel geboten!

Die World ARC läuft zum ersten Mal Santa Marta an und wir fühlen uns, als ob wir Teilnehmer der Volvo Ocean Race wären, so phänomenal, fast schon peinlich ist der Empfang der örtlichen Behörden. Zu groß, zu viel. Wir sind doch nur Segler, nur 15 Yachten. Allerdings sind die Anmeldung und der sonstige Papierkram bestens vorbereitet. Nach der Bürokratie flüchten wir in die Kneipen und Bars. Doch wo sind wir? In Spanien oder in Kolumbien? Wir fühlen uns in die Gassen von Galicien zurückversetzt. Alles ist allerdings sanierungsbedürftiger als in Spanien, nur das unmittelbare Zentrum ist restauriert. Wir sitzen am Tisch auf der Straße und gestehen es uns mit Bedauern ein, dass unser Wissen über die Kolonialzeit der Länder gegen null tendiert. Das ist ein Mangel, den es aufzuholen gilt. Wir segeln entlang der Routen der großen Entdecker und Eroberer und kennen kaum deren Auswirkungen auf die damalige oder heutige Zeit. Santa Marta bietet uns ein WLAN-Netz, das seinesgleichen sucht. So können wir recherchieren und Zeitschriften downloaden. Hier in Kolumbien ist der Start unserer Neugierde. Wo sind wir eigentlich, was passierte in dieser Gegend vor 100, 200 oder 300 Jahren?

Selbstverständlich nehmen wir die Sicherheitswarnungen ernst. In unmittelbarer Hafennähe und im Stadtzentrum fühlen wir uns sicher. Zwei, drei Straßen weiter sieht das allerdings anders aus. Alle Fenster und Grundstücke sind vergittert und manchen Menschen, deren Blicke uns verfolgen, möchten wir nicht im Dunklen begegnen. Völlig anders ist der Besuch im Tayrona-Nationalpark, der 35 Kilometer von Santa Marta entfernt liegt. Nach dem Passieren des Eingangs in El Zaino, an dem sogar die Pässe kontrolliert werden, empfängt uns karibisches Flair im Urwald. Nur vereinzelte Strohhütten sind zu finden. In einer dieser Hütten werden wir mit kulinarischen Spezialitäten des Landes verwöhnt und wir verbringen hier einen wunderschönen Tag am karibischen Strand.

Hoch in den Bergen, oberhalb von Minca, besuchen wir am nächsten Tag die über 100 Jahre alte Kaffeeplantage La Victoria mit deutschen Besitzern in zweiter Generation. Auf der Terrasse trinken wir ihren vorzüglichen Kaffee und blicken in eine einzigartige Landschaft. Nur die Wege bis hierher sind abenteuerlich und als Transportweg für den Kaffee komplett ungeeignet. »Sag mal Schatz, wollen wir unseren Freunden und unserer Familie nicht Kaffee aus Kolumbien schicken?« Super Idee. Gesagt, getan. Wir kaufen acht Tüten kolumbianische Kaffeebohnen, um sie nach Deutschland zu schicken. Bei DHL erfahren wir jedoch später, dass der Versand dieser vier Kilo Kaffeebohnen umgerechnet 150 Euro kosten würde. Außerdem bräuchten wir einen Kaufbeleg. Daher wandern die acht Tüten in unser Boot. Jetzt müssen wir nur noch eine Kaffeemühle kaufen. Das war doch eine klasse Idee!

Nach sechs Tagen verlassen wir Santa Marta und sind überzeugt, dass die Organisatoren und Manager der nagelneuen Marina von uns eher bescheidenen Seglern enttäuscht sein müssen. Weder wurden Edelsteine an den aufgebauten Verkaufsständen erworben, noch war die Stimmung von uns paar Teilnehmern bei der Aufführung der traditionellen Tänze besonders überragend. Alle Veranstaltungen waren einfach für mehr Menschen gedacht.

Unser nächstes Ziel sind die nur 290 Seemeilen entfernt liegenden San-Blas-Inseln. Zwingend notwendig ist, dass wir dort im Tageslicht ankommen, da die insgesamt rund 365 Inseln von einem dichten Korallengürtel umgeben sind und eine Ankunft im Dunkeln damit zu gefährlich wäre. Im Morgengrauen segeln wir durch die Passage Canal Caobo des Korallengürtels der San-Blas-Inseln und ankern vor einer kleinen namenlosen Insel. Erschöpft schlafen wir einige Stunden. 290 Seemeilen sind nicht viel, trotzdem hatten wir zwei Nachtfahrten. Und in dieser kurzen Zeit können wir uns an keinen ordentlichen Wach-Schlaf-Rhythmus gewöhnen.

Jetzt sitzen wir im Cockpit beim Kaffee und können unser Glück kaum fassen. Hier ist es soweit, endlich: Nach 7.500 Seemeilen liegen wir im blauesten, klarsten und saubersten Wasser, das wir je gesehen haben. Dieses Bild vor uns ist frisch einem Urlaubskatalog entsprungen. Wir betrachten die flachen, kaum aus dem Wasser ragenden Inselkleckse, bei denen ein Anstieg des Wasserspiegels eine Katastrophe auslösen würde. Ziemlich gespannt sind wir, als sich ein Miniboot, das nur grob aus einem Baum gehauen ist, unserem Boot nähert. Padro möchte uns Molas verkaufen. Während er seine bunt gestickten Kunstwerke auf unserem Boot ausbreitet, schöpft sein Partner im Boot ununterbrochen Wasser. Was sollen wir bloß mit diesen bunten, fast kitschigen Handarbeiten anfangen? Sehr froh bin ich, dass ich von befreundeten Seglern den Auftrag habe, einige Molas mitzubringen. Die Enttäuschung, hier nichts zu verkaufen, wäre zu groß und als erste Ankommensgeste zu unfreundlich.

Erfreut, dass er mit uns ins Geschäft gekommen ist, lädt Padro uns auf seine kleine Insel ein. Wir betreten diese und fühlen uns wie im Theater, wo gerade der Vorhang aufgeht. So zum Schauen ist es ein Abenteuer. Die zufrieden wirkenden Menschen, die uns hier empfangen, sind allerdings keine kostümierten Schauspieler, sondern leben tatsächlich in diesem optischen Paradies. Padro bewohnt gemeinsam mit seiner Mutter und zwei weiteren Personen diese Insel. Eine Insel für vier Menschen. Sie leben in unglaublich einfachen Bretterbuden. Wenn es wenigstens stabile Bretter wären, aber diese hier müssen zwangsläufig vom nächsten Windhauch umgeweht werden. Geschenke werden ausgetauscht: Kokosnuss gegen Süßigkeiten. Dafür dürfen wir dann einen Inselrundgang machen. Es wirkt, als ob wir im Vorgarten von fremden Menschen einen Spaziergang unternehmen würden. Viel größer ist diese Insel nicht. Rund herum schaffen wir es in gut zehn Minuten. So ganz können wir unser deutsches Denken nicht einstellen und es schleicht sich der Gedanke ein, dass wir in unserem Vorgarten den herumliegenden Müll wegräumen würden, auch wenn es nicht unserer wäre. Der Zivilisationsmüll ist ein großes und sichtbares Problem. Plastikflaschen in jeder Variante und von jeder Firma. Wir versuchen, Jens' verloren gegangenen Schuh zu finden – wenigstens einen ähnlichen –, aber leider ohne Erfolg. Ansonsten liegt hier jedes Modell herum.

Am nächsten Tag treffen wir uns mit den anderen ARC-Booten vor Turtle Island. Hier kostet der fünfminütige Inselrundgang drei US-Dollar pro Person. Dafür liegt kein Müll herum und Bier kann man auch kaufen. Geschäftstüchtigkeit gegen verlorene Ursprünglichkeit. Jeder neue Ankerplatz innerhalb dieses Insellabyrinths verspricht, ein neues Abenteuer zu werden. Vorbereitet mit rund 20 neuen Koordinaten, die uns sicher durch die Korallenbänke führen sollen, bangen und schleichen wir langsam durch die schwarzen Korallenschatten im

Wasser. Am neuen paradiesischen Platz angekommen, werden wir von einer sagenhaften, unbeschreiblich schönen Unterwasserwelt belohnt. Ist das ein Paradies, glasklar und kunterbunt! Bisher waren wir nicht die Unterwasserweltentdecker. Aber hier nicht zu Taucherbrille und Schnorchel zu greifen, ist einfach unmöglich. In unserem Seglerhirn sind Korallen als absolut gefährlich abgespeichert. In Wahrheit ist es aber eine bunte Reinheit. Eine schützenswerte und majestätische andere Welt. Wir sind tief beeindruckt, vielleicht auch, weil es für uns in dieser Schönheit das erste Mal ist.

Anlässlich des Zusammentreffens der World-ARC-Boote auf Chichime führen uns die Bewohner ihre traditionellen Tänze vor. Fast hypnotisierend wirkt dieser ewig gleiche Rhythmus. Das Ganze sieht irgendwie freudlos aus. Wir bewundern dabei ihre mit bunten Perlen geschmückten Waden. In der Tradition der Kuna-Indianer gilt es nämlich als unhöflich, die nackten Waden zu zeigen. Der Kontrast der traditionell gekleideten, tanzenden Menschen vor ihren Bretterbuden, den primitiven Duschen und ihren Einbaumbooten zu unseren ankernden Yachten könnte nicht größer sein. Doch zum ersten Mal lässt sich der Unterschied nicht mit einem anders gefüllten Geldbeutel erklären. Die San-Blas-Inseln bleiben uns mit einer kompletten und glaubhaften Andersartigkeit in Erinnerung. Das Leben dort ist wie ein Zeitsprung, wie eine Parallelwelt.

Nach einem Stopp im Einklarierungshafens El Porvenir verabschieden wir uns von den San-Blas-Inseln, die wir ganz sicher nicht vergessen werden. Für uns geht es entlang der Küste von Panama weiter nach Portobelo. Diese geschützte Bucht, 20 Seemeilen vor der Einfahrt zum Panamakanal, erhielt 1502 von Kolumbus den spanischen Namen »porto belo« gleich »schöner Hafen«. Ein wahrer Name, zumindest für die Bucht, nicht jedoch für den Ort. Vor dem Bau des Panamakanals war hier der Zielhafen der spanischen Silberflotte, wo alljährlich im August das Silber und andere Schätze an Bord genommen wurden. In unserem selbst auferlegten Geschichtsunterricht begegnen wir wieder Sir Francis Drake, der hier beim Versuch, den Hafen zu erobern, an Fieber starb. Schlecht erhaltene Festungsanlagen sind Zeuge dieser Kämpfe. Heute sind sie ein bedrohtes Weltkulturerbe.

Unsere letzten 20 Seemeilen auf dem Atlantik bzw. dem Karibischen Meer sind wie alle Etappen der letzten Wochen sportlich. Wir werden mit hohen Wellen aus diesem Teil der Erde herausgespült. Fast ist es so, als ob Neptun riefe: »Segelt weiter, weiter, immer weiter Richtung Westen.« Die Panamakanaldurchfahrt ist dann für uns World-ARC-Boote organisiert. Dank der ARC müssen wir uns um nichts kümmern. Sogar Fender und lange Leinen werden zu unseren Booten gebracht. Somit haben wir genug Zeit, von der Marina Shelter Bay aus den Bau des neuen Panamakanals anzuschauen und die Embera-Indianer zu besuchen.

Wir sind skeptisch. Kann ein Volk, das im Reiseführer als die nach dem Panamakanal zweitgrößte Attraktion des Landes beschrieben wird, tatsächlich noch natürlich und traditionell leben? In großen Einbäumen fahren wir etwa eine Stunde den Río Chagres entlang und werden von der vollen Wucht eines natürlichen Regenwalds aufgenommen. Empfangen werden wir von den halb nackten, mit Jagua-Tinte bemalten Frauen und Männern der Embera. Der Klang ihrer Lieder ist denen der Kuna-Indianer auffallend ähnlich. Sie leben hier mitten im Regenwald in Holzstrohhäusern, die zum Schutz vor Schlangen mindestens zwei Meter über dem Boden auf Stelzen gebaut sind, und versuchen, ihre traditionelle Lebensweise zu bewahren. Sie vermitteln uns dieses Ansinnen glaubhaft, nur fühlen wir uns, als schnüffelten wir im Wohnzimmer fremder Menschen. Nach zwei Stunden ist unsere Zeit bei ihnen vorbei und wir werden von der nächsten Touristengruppe abgelöst, die ein ursprüngliches Volk erleben möchte.

So oder so bleibt dieser Tag für uns in besonderer Erinnerung. Denn heute ist der 31. Januar 2015, Jens' 50. Geburtstag. Es ist das perfekte Abenteuer zu seinem Ehrentag. Als Segler durch den Panamakanal zu fahren und damit seinen Kindheitswunsch, die Welt zu umsegeln, tatsächlich wahr zu machen. Wir sind uns des Besonderen, das wir hier tun, vollständig bewusst. Wir leben ein aufregendes Leben!

DAS TOR ZUM NÄCHSTEN TEIL DER WELT

Panama/Shelter Bay – /Gatúnsee – /Panama-Stadt – /Perleninseln (Mogo Mogo o Pajaro)
1.–12.2.2015, Gesamtdistanz: 7.740 Seemeilen

Kanalerfahrung haben wir seit Kindesbeinen. Wir sind sogar schon durch den Götakanal gefahren, der auch Scheidungskanal genannt wird. Doch nun liegt der Kanal zum anderen, zum nächsten Teil der Erde und zu neuen Abenteuern vor uns. Im Päckchen von drei Booten sollen wir gemeinsam mit der JUNO und der EXODY am Abend durch die drei Kammern der Gatún-Schleuse fahren. Wir warten in der Limon Bay auf den Lotsen, der vorschriftsmäßig an Bord kommen wird. Unsere Bekanntschaft beginnt mit einer kurzen Verwirrung. »Ihr müsst vier Personen für die Leinen an Bord haben.« Nur mit Mühe können wir ihm klarmachen, dass das bei drei zusammengebundenen Booten sinnlos ist. Nur die äußeren Boote benötigen je zwei Personen, um die Leinen zu bedienen. Allerdings steht es anders in seiner Vorschrift, das schafft Unruhe. Mit einem Glas Rotwein und einem Teller Nudeln mit Tomatensoße können wir ihn allerdings beruhigen und fahren mit einer Stunde Verspätung um 22 Uhr in die Schleuse.

Die Hilfsleinen werden uns von den Helfern der Schleuse zielsicher zugeworfen und wir befestigen die langen Leinen, die von den Werfern hochgezogen werden. Für uns ungewohnt ist, dass wir die Schleusenkammer nicht berühren dürfen und mithilfe von Motor und Bugstrahlruder in der Mitte der Schleuse bleiben müssen. Der ganze Vorgang ist nur deswegen aufregend, weil wir wissen, dass am anderen Ende der Welt, nämlich in Deutschland, unsere Familien vor den Computern sitzen und uns per Webcam sehen können. Tatsächlich bekommen wir später ein Foto von unserem Boot in der Schleuse.

Die erste Hürde ist geschafft und wir verbringen unsere Nacht im 26 Meter über dem Meeresspiegel gelegenen Gatúnsee an einer riesigen Muringboje. Zum ersten Mal schwimmt unsere GARLIX in einem Süßwassersee. Müde und mit dicken Augen quälen wir uns am nächsten Morgen aus der Koje und warten wieder auf den Lotsen. Diesmal springt ein dynamischer, freundlicher junger Mann an Bord, der sich mit dieser Tour am Wochenende zusätzliches Geld verdient. Mit ihm fahren wir die 28 Seemeilen durch die einzigartige Natur des Gatúnsees, der in den aufgestauten Teil des Río Chagres übergeht und dann den Culebra Cut entlang bis zur nächsten Schleuse. Die Wasserstraße ist überall breit genug, sodass wir auf keine entgegenkommenden Boote warten müssen.

Schon gegen elf Uhr durchfahren wir die erst 2004 eingeweihte Brücke Puente Centenario kurz vor der Pedro-Miguel-Schleuse. Hier geht es wieder abwärts in Richtung Pazifik. Zur Miraflores-Schleuse sind es nur knapp zwei Seemeilen und nach dieser Schleuse steigt unsere Aufregung. Wir fahren durch die Puente de las Américas, die bis zum Bau der Puente Centenario die einzige Landverbindung zwischen Nord- und Südamerika gewesen ist. Für uns ist die Brücke mindestens ebenso bedeutungsvoll wie für die Menschen, die hier leben. Denn für uns ist sie das Tor zum nächsten Ozean, zur anderen Hälfte der Welt. Auch wenn das geografisch nicht so stimmt, fühlt es sich genauso an. Vor uns liegen 10.000 Seemeilen Pazifik. 10.000 Seemeilen bis Australien. Der größte Ozean der Welt. Doch mittlerweile haben wir gelernt, dass wir die Ortsschubladen nacheinander aufschieben ... und die heißen erst einmal als nächste Ziele Panama-Stadt, Perleninseln und Galapagosinseln.

Der Vorhang geht auf und vor uns breitet sich ein ruhiger, wellenloser Stiller Ozean aus. Ist das schön nach den hohen Wellen und dem kräftigen Wind im Atlantik! Im Golf von Panamá motoren wir bis zur La Playita Marina und schauen direkt auf die Wolkenkratzer der Bankenriesen der Hauptstadt von Panama. Panama-Stadt ist für uns eindeutig zu viel Stadt. Einen Nachmittag verbringen wir in dem größten Einkaufszentrum Südamerikas, der Albrock Mall. Eine einzige, sinnlose Hetzerei. Wir sind diese Enge nicht mehr gewohnt und fühlen uns gestresst. Den Abend verbringen wir in herrlich restaurierten spanischen Gassen, die von bewaffneten Polizisten bewacht werden. Von dieser ständigen unterschwelligen Gefahr sind wir irritiert. Persönlich fühlen wir uns nicht bedroht oder angegriffen, doch die Warnungen sind allgegenwärtig. Am Tag gehen wir durch die nicht empfohlenen Gassen. Alte, nicht restaurierte Häuser und umherliegender Müll zeigen uns das andere Gesicht dieser Stadt. Von einer älteren Dame werden wir gewarnt, dass wir uns in dieser Gegend nicht aufhalten sollten. Gern steigen wir in ein Taxi, fahren zurück zur GARLIX und freuen uns auf unsere nächsten Ziele.

In der La Playita Marina selbst gönnen wir uns nur eine Nacht. Denn 53 Euro sind uns eindeutig zu viel und so werfen wir lieber vor der Marina den Anker. Unser nächster Hafen wird Tahiti sein, 4.800 Seemeilen entfernt. Drei Monate werden wir ohne eine schützende Marina und ohne Landstrom auskommen müssen. Auch Trinkwasser wird nur schwer zu bekommen sein, sodass der Watermaker funktionieren muss. Doch diese Gedanken und Sorgen sind für später. Wir lichten unseren Anker und segeln gemütlich weiter.

Jetzt sind wir vor den Perleninseln, die nur knapp 40 Seemeilen von Panama-Stadt entfernt liegen, und es fühlt sich wahrlich wie Urlaub an. Das Wasser ist still, richtig still. Das hatten wir die letzten sieben Monaten nicht. Noch finden wir das gut, denn noch müssen wir ja nicht weiter. Auf den Perleninseln machen wir Urlaub. Wir sind einfach nur da. An der Isla Contadora segeln wir vorbei, dem geschichtsträchtigen früheren Piratennest, wo Jimmy Carter 1977 den Vertrag unterschrieben hat, mit dem das Gebiet um den Kanal 1999 an Panama übertragen wurde. Und dann liegen wir vor Mogo Mogo o Pajaro vor Anker. Wieder ein Miniklecks Frieden. Uns umgibt eine einzigartige Ruhe. Wie ich das vermisst habe, einfache Ruhe. Keine Bewegung im Schiff und – wichtiger – keine heulenden Windgeräusche.

Mogo Mogo o Pajaro ist eine Insel, die in jedes Werbeprospekt passt, mit blauem Himmel und einer Menge Pelikane in der Luft. Diese Vögel haben in der Freiheit eine Art alter Würde, die sie mit majestätischen Schwüngen ihrer Flügel zum Ausdruck bringen. Bei dieser gefühlten Zeitlosigkeit kann man Raum und Zeit vergessen und wir können ein wenig nachvollziehen, warum einige Segler einfach so dahinleben ... zwei Jahre Karibik, dann ein Jahr Panama, xx Jahre da und dort.

Die Wärme nimmt eine neue Qualität an. Man sitzt und schwitzt, einfach irre. Wir machen jetzt Pause. Tja wovon? Egal, wir gehen jetzt die andere Welt besuchen. Wir gehen Schnorcheln. Seit den San-Blas-Inseln eine neue Erfahrung. Perlen finden wir nicht, aber Muscheln aus Perlmutt. Da wir mit Hanna nicht nur eine Englischlehrerin an Bord haben, sondern auch eine Goldschmiedin mit Werkzeug, basteln wir gleich mehrere Kettenanhänger. Ein paar Stunden später ist es stockdunkel. Diese absolute Dunkelheit hat etwas Bedrohliches. Dieses schnelle Verschwinden des Tages ohne vorherige Dämmerung ist etwas, woran wir uns nur schwer gewöhnen können. Unser europäisches Hirn ist darauf programmiert, dass warme Abende gleichbedeutend sind mit langer Helligkeit. Nur einen Vorteil hat diese Dunkelheit: Es wird endlich etwas kühler – und wir hören bei einem Glas Wein das Lied von Udo Lindenberg »Nimm dir dein Leben und gib's nie wieder her«. Es ist ein richtig guter Moment, diese Zeit hier draußen. Wir genießen sie ganz bewusst, denn seit unserem Start vor sieben Monaten in Deutschland ist uns klar: Gerade gehören wir zu den Sonntagskindern.

EIN ZOO OHNE ZÄUNE

Panama/Perleninseln (Mogo Mogo o Pajaro) – Ecuador/Galapagosinseln (San Cristóbal – Isabela – Santa Cruz)
13.2.–3.3.2015, Gesamtdistanz: 8.731 Seemeilen

Mitte Februar starten wir Richtung Galapagosinseln, 860 Seemeilen. Der Pazifik ist nicht mehr still. Wir haben 25 Knoten Wind aus Ost und Erinnerungen an unseren Start in Las Palmas kommen hoch. Hanna, die völlig angstfrei ist, jauchzt vergnügt, als die Logge beim Surf von der Welle eine Spitzengeschwindigkeit von 17,4 Knoten anzeigt. Wahnsinn, eindeutig zu viel für meinen Geschmack. Ich bete darum, dass die Gribdaten von WetterWelt richtig sind. Demnach sollten wir nach 24 Stunden durch dieses Starkwindgebiet durch sein. Die ersten 200 Seemeilen fordern uns jedoch. Gegen Abend wird der Wind sogar mehr, 35 bis 38 Knoten von achtern. Für die Nacht segeln wir nur mit der Fock. Trotzdem schießen wir zu schnell durch die tiefschwarze Nacht.

Vor uns liegt der Kalmengürtel, die sogenannte intertropische Konvergenzzone. Hier treffen die nordöstlichen Passatwinde der Nordhalbkugel und die südöstlichen Passatwinde der Südhalbkugel in einer wenige Hundert Kilometer breiten Tiefdruckrinne aufeinander. Dabei kann der Wind tagelang völlig abflauen, begleitet von dicken Wolken und viel Regen. Für Segler ist dieses heiße, windstille Gebiet genauso furchteinflößend wie zu viel Wind. Und tatsächlich, nur ein Tag nach dem Start ist es so weit. Schlagartig nimmt der Wind ab, nur noch acht Knoten aus Nord. Was ist das für ein blöder Unterschied. Achterbahn im Heißluftföhn. Nur dank des Humboldtstroms, der von Südamerika hier Richtung Galapagosinseln abbiegt, kommen wir vorwärts. Wir fühlen uns alle drei matt und unausgeschlafen. Und wo sind die anderen Yachten der World ARC? Wir sind das nördlichste Boot. Die anderen segeln weiter südlich und haben mehr Wind, allerdings aus der falschen Richtung. Sie segeln immer weiter südlich und Luc von der MAKENA freut sich zwar über seine Geschwindigkeit, gibt aber auch zu bedenken, dass er wohl in Chile ankommen wird, wenn das so weitergeht. Wieder mal sind wir allein, weit und breit ist kein Boot.

So geht es nicht weiter, wir starten den Motor und knattern durch die nächste Nacht. Bei 200 Liter Diesel im Tank und 60 Liter in Kanistern sind wir schnell besorgt, wie lange diese windstille Zeit wohl anhalten wird. Doch Vorteile hat das Geknatter auch. Wir haben Strom ohne Ende, können dadurch unseren Wassertank mit dem Watermaker füllen, Wäsche waschen und vor allem mal wieder im eigenen Bett schlafen. Denn normalerweise schlafen wir wegen der starken Schiffsbewegungen beim Segeln in den hinteren Kojen. Doch bei diesem sanften Geschaukel der nun abnehmenden Wellen können wir richtig gut ausschlafen.

Dann endlich werden wir erlöst. Der Wind dreht auf Süd und wir jubeln. Damit müssen wir zwar mit 30 Grad gegen den Wind segeln, aber das ist der Wind für unser Boot und besser als zu wenig Wind. Die Stimmung steigt und wir machen Pläne, Pläne für die Äquatorüberquerung. Hanna schlägt vor, einen Kuchen zu backen. Gesagt, getan, allerdings bei 25 Grad Schräglage eine anspruchsvolle Aufgabe. Wie soll bloß die flüssige Quark-Sahne-Füllung in der Form bleiben? Sie bleibt es nicht. Gefühlt überall, tatsächlich über, unter und hinter dem Herd läuft der angerührte Quark bei zunehmendem Wellengang die Wände entlang. Am Ende kommt ein etwas trockener, aber hart erkämpfter Apfel-Quark-Kuchen heraus und wir begehen am 17. Februar zünftig unsere Äquatortaufe. Ab nun müssen wir für die nächsten zwölf Monate bei einigen Wettersituationen umdenken, denn ein Hochdruckgebiet dreht hier zum Beispiel nicht mehr rechts, sondern links herum.

Schon 200 Seemeilen vor den Inseln erleben wir die Artenvielfalt der Galapagosinseln. Dicke Tölpel setzen sich oben auf unseren Windmesser, zu träge, um weiterzufliegen. Hoffentlich hält der das aus. Wieder einmal kommen wir mitten in der Nacht an einem Ziel an, diesmal bei San Cristóbal, und werden nach fast 900 Seemeilen von einer merkwürdigen Geräuschkulisse empfangen. »Was ist denn hier los?« »Schafe!«, meint Hanna. Nur klingen die so, als wenn sie schwer erkältet wären. Spätestens, als die Schafe am Boot umhertauchen, bekommen auch wir es mit. Es sind alles Seelöwen! Das ist ja spannend, besonders da wir an der Muringtonne festmachen wollen. Die Tonne hat eine Art Belegklampe, die sich weit unten befindet. Sehr weit müssen wir uns dafür über das Boot beugen. Ein interessantes Schauspiel für die Seelöwenzuschauer.

Am nächsten Tag sind wir erschrocken über die dicken, verrosteten Schiffe, die uns umgeben. Anhand des Namens der Bucht – Wreck Bay – hätten wir uns das allerdings auch ableiten können. Aber passen diese Wracks zu dem gepriesenen Naturschutz der Galapagosinseln?

Wir haben uns für das Einklarieren und den Behördencheck ordentlich vorbereitet. Mit dem Wissen, dass im Vorjahr einige World-ARC-Boote wegen Muscheln unterm Boot ihre Rümpfe 40 Seemeilen vor den Galapagosinseln reinigen mussten, haben wir unsere GARLIX perfekt gesäubert. Allein der Gedanke, bei diesen langen, aber hohen Pazifikwellen unter das Boot zu tauchen, ist ein Grauen. In Panama wurde unser Schiff ausgeräuchert. Eine prophylaktische Maßnahme und eine Bedingung für das Einklarieren hier auf den Galapagosinseln.

Am Mülleimer hängt ein Zettel »Müll trennen und nicht über Bord werfen«. Wohlgemerkt in Englisch, ein sinnloser Quatsch für uns. Auch Babywindeln sollten wir uns in Vorbereitung auf die Begehung anschaffen. Sollte Öl aus dem Motor laufen, sollen wir dieses mit den Windeln aufsaugen. Das ist eine Vorbereitung, über die sogar die Beamten schmunzeln. Wir sind also gespannt und warten gemeinsam mit den inzwischen angekommenen Booten der World ARC auf das weitere Geschehen.

Dann kommen sie wie eine kleine Armee. Aus ihrem überfüllten Miniboot klettern zehn Offizielle. Zwei Taucher checken den Rumpf, insbesondere die Bordauslässe. Froh über unseren großen Cockpittisch platzieren sich acht Beamte mit ihren großen Taschen in unserer Plicht und holen weitere Formulare raus. Die ARC hatte alle Formulare in Vorbereitung auf die Einreise ausgefüllt, dachten wir. Doch es beginnt ein sinnlos erscheinender Papierkrieg. Am Ende erhalten wir aber das Okay für die Einreise und den Besuch der drei Inseln San Cristóbal, Isabela und Santa Cruz.

Auf diesen drei Inseln erleben wir 15 Tage, die nicht einzigartiger sein könnten. Die Galapagosinseln sind ein wahrer Zoo ohne Zäune. Vermissen werden wir diese zum Relaxen geborenen Seelöwen, die sich auf der Untiefentonne von Isabela vor Puerto Villamil lauthals über das abendliche Licht der Boje beschweren. In einer unverwechselbaren und ordinären Lautstärke. Noch nie haben wir so hautnah so viele Tiere erlebt. Die urzeitlich wirkenden Meerechsen mit ihrer ledrigen Haut liegen überall herum und spucken vor sich hin, wenn ihnen irgendetwas nicht passt. Wir gehen mit ihnen am Strand spazieren. Doch sie sind freundlich, wenn man ihnen nicht gerade auf den langen Schwanz tritt, der sich optisch der Lavasteinfarbe anpasst.

Spannend wird es auf dem Holzsteg durch den Mangrovenwald von Isabela auf dem Weg zum Schnorcheln. Kurz vor dem Ende des Steges liegen drei Seelöwen mit ihren schmatzenden Milch saugenden Jungen herum. Es ist eine Szene wie aus *Versteckte Kamera*: »Wie komme ich jetzt zum See?« Es bildet sich ein Stau der Schnorchelfreunde. Ein Teil kehrt um, ein Teil geht durch den Sumpf nebenan, ein anderer Teil ist mutiger und klettert auf das Geländer. Erleichterung nach dieser genommenen Hürde und dann liegen da glatt zwei Meerechsen, die bis zu einem Meter lang werden und nicht so einfach auf dem farblich gleichen Holzsteg zu erkennen sind. Es ist eine Szene wie aus *Jurassic Park*. Dabei liegen sie dort ganz friedlich.

Ein anderer Steg durch den Mangrovenwald von Isabela führt an roten Tümpeln vorbei, die mit ihrer Farbe zu den dortigen Flamingos passen. Und über allem liegt dank Schatten spendender Bäume eine friedliche natürliche Ruhe. Welch ein Glück, denn bei aller Freude über diese vielen Tiere ist es sehr warm hier. Noch erwähnen möchte ich die Schildkröten. Auf jeder Insel sind es andere Arten, deren Unterschied wir jedoch nicht so recht erkennen. Diese riesigen Tiere wirken mit ihrem Aussehen und ihren langsamen Bewegungen irgendwie falsch in unserer Zeit.

Für uns einzigartig ist unser Schnorchelerlebnis am Kickers Rock vor San Cristóbal. Wir sind keine routinierten Schnorchler und so kamen wir schon bei Tobago Cays, bei den San-Blas-Inseln und den Perleninseln nichts aus dem Staunen raus, aber das hier ist ganz anders. Es ist ehrfürchtiger. Kickers Rock ist eine rund 40 Meter hohe Felsinsel, umgebend von wunderbar blauem, klarem, sonnigem Wasser mit Tausenden kitschig bunten Fischen, Haien, Schildkröten und Rochen. Sicherlich gibt es noch zahlreiche andere Tiere, die wir nur nicht gesehen haben oder die freundlicherweise in der Tiefe geblieben sind. Es ist solch eine Schönheit, dass wir alle tief beeindruckt sind. Völlig falsch wirken für uns hingegen diese niedlichen kleinen Pinguine. Warum sind die hier? Gehören die nicht in kältere Gebiete? Mit dem Wissen, dass wir vermutlich diese vielen verschiedenen Tierarten niemals wieder in solch einer Natürlichkeit erleben werden, saugen wir alle Erlebnisse auf. Wir sind lieber an Land als in den unruhigen, nicht besonders gut geschützten Ankerbuchten.

Unser Seglerleben gestaltet sich hier hingegen sehr mühevoll. In dieser allgegenwärtigen Hitze ist jeder Schritt anstrengend. Allein wenn wir zwei dicke Wäschetaschen zum Wäscheservice schleppen, sind wir völlig erledigt und verärgert über die vergessene Wasserflasche. Dabei soll das Klima hier aufgrund des kühlenden Humboldtstroms noch angenehm kühl sein. Wir an tiefere Temperaturen gewohnte Deutsche empfinden das allerdings nicht so. Uns ist es zu warm und wir haben keine Waschmaschine an Bord. Brennend beneide ich die Boote, die eine haben. In Deutschland hatte ich noch darüber gelacht, ein Boot mit Waschmaschine, welch ein Witz. Jetzt wäre es eine große Erleichterung.

Froh sind wir, dass wir in Panama genug Proviant eingekauft haben. Hier können wir zwar fast alles bekommen, aber zu unmöglichen Preisen. Es gibt keine lokale Landwirtschaft, daher muss alles importiert werden. Dank der guten Organisation der ARC können wir in Santa Cruz jedoch Wasser und Treibstoff bunkern.

Mittlerweile liegen wir in der Academy Bay von Santa Cruz, einen Tag vor der Abfahrt nach Hiva Oa in Französisch-Polynesien. Diesmal ist es tatsächlich die längste Strecke, die vor uns liegt. Niemals wieder auf unserer Weltumseglung werden wir eine so lange Distanz am Stück zurücklegen. 3.000 Seemeilen über den Pazifik! Bei einer durchschnittlichen Geschwindigkeit von sechseinhalb bis sieben Knoten werden wir zwischen 16 und 20 Tage auf dem Wasser sein. Nur Wasser, kein Land. In aller Ruhe verabschieden wir uns beim Sonnenuntergang von den Galapagosinseln und ihrer eindrucksvollen Tierwelt.

3.000 SEE-MEILEN END-LOSIGKEIT

Vor uns liegt Wasser, nichts als Wasser…

Ecuador/Galapagosinseln (Santa Cruz) – Französisch-Polynesien/ Marquesas-Inseln (Hiva Oa)
4.–21.3.2015, Gesamtdistanz: 11.711 Seemeilen

Segeltag, Abschiedstag. Danke Tag, für den blauen Himmel und den sanften Wind. Mit einem Pelikan auf der Bugspitze und einem blaufüßigen Tölpel auf den Solaranlagen fahren wir langsam aus der Academy Bay von Santa Cruz. Mehr als zwei Wochen konnten wir die Tierwelt hier genießen und in unmittelbarer Nähe Zeit mit ihr verbringen. Wir hatten ausreichend Zeit, doch jetzt wollen wir weiter; es kribbelt im Bauch. Zehn Minuten vor dem Start verkündet Jens, dass er schnittig über die Startlinie segeln möchte. Wieder das! Monster, du bist dran!

Zwölf Uhr Ortszeit. Start. 3.000 Seemeilen liegen vor uns, doch der Start wird wie immer ernst genommen. Das ist lächerlich. Aber das sind nur meine heimlichen Gedanken. Dann das Startsignal und ich ziehe den Bergeschlauch vom vorbereiteten Gennaker hoch. »Schatz, das klemmt«. Jens ruft: »Zieh richtig, streng dich an.« Gesagt, getan – und ratsch. Das Segel ist im Inneren der Schlauchvorrichtung hängen geblieben und hat nun ein mannsgroßes Loch. Oh Mann, welch ein Mist! Also runter mit dem Monster und den Code Zero hoch. Jens greift in das Segel, um es besser auszurollen, und ratsch. Wieder ein Riss. Über die Stimmung muss ich nichts sagen. Also auch das Monsterchen wieder runter. Wir segeln mit der Fock weiter und betrachten die Schäden. Der Gennaker ist mit Bordmitteln nicht zu reparieren, den Riss im Code Zero können wir jedoch Gott sei Dank überkleben. Jens und Hanna diskutieren unser Missgeschick und beschließen, dass wir jetzt ausreichend Katastrophen für die gesamte Fahrt erlebt haben. Derweil segele ich in Ruhe nur mit Fock und Großsegel mit immerhin acht Knoten Geschwindigkeit Richtung südliches Ende der Insel Isabela.

Die ersten 40 Seemeilen sind wir mit halbem Wind Richtung Westsüdwest unterwegs, um dann direkt Kurs auf die Marquesas-Inseln und Hiva Oa zu nehmen. 30 Minuten nach dem Start sind nur noch drei Yachten vor uns. Erneut checken wir die Wetterdaten. Ohne Gennaker und nur mit Fock und Code Zero können wir höher am Wind segeln. Daher ändern wir unseren Plan für die ersten Tage. In zwei Tagen soll es regnen, und auch wenn das komisch klingt, ist das für uns schon nicht mehr vorstellbar. »Sag mal, Jens, wann war eigentlich der letzte Regen?« »Mmh, genau weiß ich das nicht, vielleicht in der Karibik.«

Wie bereitet man sich auf eine solche Entfernung vor? Auf jeden Fall sind wir nicht mehr so aufgeregt wie in Las Palmas. Die Erinnerung an die vielen Menschen und zahlreichen Ratgeber ist im Rückblick fast erschreckend. Inzwischen haben wir mehr Erfahrung, allerdings fast noch mehr Respekt vor dem Meer. Aufregung hilft nicht, eher ein aufgeräumtes Boot. Also haben wir vor dem Aufbruch aufgeräumt und dabei festgestellt, dass 15 Liter Saft durch die Bilge gelaufen sind. Daher die vielen Fruchtfliegen. Ausgesprochen blöd. Gestern Abend haben wir auch noch gepflegt unser letztes Glas Wein für die nächsten Wochen getrunken. Denn unterwegs herrscht Alkoholverbot. Und heute früh nach dem Auschecken haben wir uns per Skype von unseren Familien verabschiedet. Wir sind froh, dass wir heutzutage solch eine Technik nutzen können. Jetzt, drei Stunden nach dem Start ist schon wieder eine fantastische Ruhe an Bord. Endlich sind wir wieder unterwegs. Alle Gedanken kommen zur Ruhe, es ist wie eine Landung im Kopf. Dieses Gefühl ist genau das, was solche Strecken gut macht.

Tag drei auf See. Noch 2650 Seemeilen bis Hiva Oa. Endlich Wind, 15 Knoten aus Südost und wir kommen vorwärts. Der gestrige Tag war zermürbend. Es war ein Pazifik ohne Wind. Zuverlässig fließt der Humboldtstrom Richtung Westen. Dadurch werden uns circa ein bis zwei Seemeilen pro Stunde geschenkt. Alle drei sind wir noch etwas fertig. Nach der Zeit an Land müssen wir uns erst wieder an das Segelleben und an den Wachrhythmus gewöhnen. Dadurch, dass wir zu dritt an Bord sind, gestalten sich die Nachtwachen entspannter. Jens bleibt bis 24 Uhr draußen und um vier Uhr werde ich von Hanna abgelöst. Dadurch kann ich zweimal im Dunklen in die Koje krabbeln und kann nicht nachvollziehen, warum diese Wache ab Mitternacht im Seglerjargon Hundewache genannt wird.

Gegen Mittag herrscht große Aufregung an Bord. »Jens, Hanna, kommt mal an Deck. Was ist das für ein Fleck dort am Horizont?« Ein kleines Schiff nähert sich und wir haben große Bedenken. Gerade in diesen Gewässern, unweit der Küste von Ecuador, wird vor Piraten gewarnt. Ein kleines Schlauchboot kommt direkt auf uns zugerast. Das ist ein mulmiges Gefühl. Hier im endlosen Nichts des Ozeans bekommen wir Besuch von Fischern. Doch die jungen Männer sind freundlich und fragen nach Bier und Zigaretten. Doch wo kommen sie her? Sie können doch nicht mit dem Schlauchboot aus Ecuador gekommen sein. Dann sehen wir auf dem Kartenplotter 20 Seemeilen weiter das Mutterschiff. Wir sind froh, als sie mit unserem Bier wieder abziehen, gut gelaunt und fröhlich winkend. Vorher posieren sie noch mit einem riesigen Fisch für unsere Kamera. Später erfahren wir im Funk, dass sie auch bei den anderen ARC-Booten unserer Flotte gewesen sind und ihr Bierglück versucht haben.

Dann, eine Stunde später, rumpelt es unter dem Boot. Was ist denn das? Erdbeben, Tsunami, Grundberührung? Unter der GARLIX sind 3.000 Meter Wasser, und wir stehen komplett still im Pazifik. Was für ein Mist – wir sind in ein schwimmendes Fischernetz geraten. Die

Vorstellung, in dieser Unendlichkeit des Ozeans ins Wasser zu müssen, ist nicht sehr angenehm. Doch wir haben Glück und können uns herausschneiden. Nichts ist im Propeller hängen geblieben. Ansonsten ist die Stimmung sehr gut. Wir trauern jedoch unserem dicken Gennaker nach. Das wäre hier der perfekte Wind für das Monster. Aber der Code Zero vertritt es tapfer, hoffentlich hält er bis zu unserer Ankunft in Hiva Oa durch.

Vierter Tag auf See. Der Pazifik ist weder still noch ruhig. Bei uns ist er grau, squallig und stimmungsvermiesend. Dabei haben wir noch nicht einmal so viel Wind, sondern nur etwa 15 bis 25 Knoten, im Squall auch mal etwas mehr, aber es ist okay. Die Wellen sind kabbelig und nehmen eine direkte Verbindung zum Magen auf. Ein Blick in den Himmel, es ist einfach alles grau. Ein Blick Richtung Horizont – da ist nur Wasser, überall. Der Stimmung zuträglich ist auch nicht, dass sich unsere Fock nicht mehr auf- oder zurollen lässt. Aber das Problem ignorieren wir heute und konzentrieren uns darauf, uns an diese Schaukelei zu gewöhnen. Nur mit Großsegel segeln wir immer über sieben bis neun Knoten. Das reicht.

Tag fünf. Vor uns liegen noch 2.230 Seemeilen. Heute ist Sonntag und immer noch sehen wir in einen grauen Horizont. Ab und an regnet es. Graue dunkle nasse Welt hier. Der Wind kommt mit 90 Grad von der Seite, was das Leben an Bord in eine Zirkusveranstaltung verwandelt. Jeder Schritt muss bedacht werden. Bei dem ständigen Hin und Her der Wellenbewegungen krängen wir unangenehm schräg, was das normale Leben zum Erliegen bringt. Da schleicht sich schon mal der Gedanke ein: »Warum machen wir das noch mal?« Die Schaukelei zwingt uns zur Inaktivität. Die einzige sinnvolle Tätigkeit ist Lesen, wenn es der Magen zulässt. Welch ein Genuss ist das, irgendwo auf der Leeseite mit einem Buch in der Hand im Boot zu sitzen. Wir lesen und schlafen uns durch den Tag und freuen uns auf morgen. Das muss ein besserer Tag werden, denn dann wird eine Eins vor der noch zu segelnde Strecke stehen. Das motiviert.

Gegen Nachmittag reißen wir uns aus unserer Lethargie. Was ist mit unserer Rollvorrichtung am Vorsegel? Unsere Bedenken wachsen, dass wir im Falle eines Squalls das Segel nicht wegrollen können. Doch auf dem Vorschiff ist aktuell der denkbar ungünstigste Arbeitsort. Das Boot rollt hin und her, nach rechts, nach links. Ewig. Immer. Da unsere zurückgelegte Distanz in den letzten 24 Stunden 207 Seemeilen betrug, reicht uns unsere Geschwindigkeit und wir beschließen, auf eine Windpause zu warten. Zwei Stunden später stellt Jens per Fernglas eine niederschmetternde Diagnose bezüglich des Problems mit der Rollvorrichtung. Er meint, dass das Drucklager vom Furler im Mast kaputt sei. Das werden wir von hier aus nicht reparieren können. Bleibt nur unser Großsegel oder wir gehen das Risiko ein, mit offener Fock keine Möglichkeit zu haben, diese im Sturm zusammenrollen zu können. Wir sind niedergeschlagen, doch können wir daran nichts ändern. Wir benötigen ein neues Drucklager. Dieses wollen wir per Mail bestellen und beschreiben dem Lieferanten unsere aktuelle Situation hier auf dem Pazifik. Seine Antwort: »Die Bestellnummer steht oben auf dem Drucklager. Können Sie diese bitte dort abschreiben?«, macht uns sprachlos. Abschreiben, 21 Meter hoch, nur Wellen um uns. Manche Menschen haben den Bezug zur Realität verloren.

Tag sechs. Uns gibt es noch, als kleinen Punkt auf diesem großen Wasser. Hinter uns liegen schon mehr als 1.000 Seemeilen und fast 2.000 Seemeilen noch vor uns. In unserer Kajüte hängt ein Badeballglobus. Auf dem ist die Fläche des Pazifiks ausgesprochen dominierend. Jetzt können wir es mal wagen, uns auch gedanklich mit der ungeheuren Größe dieses Meeres zu beschäftigen. Der Pazifische Ozean, auch Stiller oder Großer Ozean genannt, erhielt seinen Namen vom portugiesischen Seefahrer Magellan, der auf diesem mehrfach Flauten erlebte. Seine Ausmaße sind beeindruckend und aus unserer Position heraus erschreckend. In Nord-Süd-Richtung dehnt er sich über 15.000 Kilometer aus und von West nach Ost sind es circa 16.000 Kilometer. Sämtliche Landflächen dieser Erde hätten in seinem inneren Bereich Platz. Die tiefste Stelle liegt im Marianengraben und misst etwa 11.019 Meter. Im Durchschnitt ist er circa 4.200 Meter tief. Er enthält fast 700 Millionen Kubikmeter Wasser, das sind 3,5 Trillionen volle Badewannen. Und wir sind mitten drauf, nämlich heute am 10. März 2015 um 22:00 UTC auf 06°15' S und 106°40' W. Nur Wasser ist um uns. Angesichts unserer Position fragen wir uns tatsächlich, warum die Erde nicht Wasser heißt.

Unsere Stimmung steigt. Die Sonne scheint und wir erleben weniger Squalls. Es ist schon beängstigend, wie abhängig wir von der Sonne sind. In dieser Sonnenstimmung ist Jens tatsächlich in den Mast geklettert, bei 15 Knoten Wind und zwei bis drei Meter hohen Wellen. Kein Spaß, aber notwendig. Das Ergebnis ist überaus erfreulich. Denn nicht das Drucklager ist kaputt, sondern die Schiene vom Vorstag hat sich um circa 30 Zentimeter gesenkt, da sich die drei unteren Fixierungsschrauben gelöst haben. Die Schrauben können wir ersetzen und die Schiene wieder hochschieben. Das ist erst einmal gut. Negativ ist nur, dass Jens dazu noch einmal in den Mast muss, um das obere Lager in die Schiene einzufädeln. Das verschieben wir auf später, denn so spaßig ist es da oben nicht. Jens hat sich am Vorstag hochziehen lassen. Dort kann er sich dann mit der Lifeline festbinden und damit sichern. Am Mast wäre diese Sicherung durch die Wanten und Salinge nicht möglich und er würde durch die Schiffsbewegungen hin und her schlagen. Die Möglichkeit, sich am Vorstag hochziehen zu lassen, hat er für die nächste Aufgabe jedoch nicht. Denn für diese muss das Vorsegel offen sein. Wir werden daher ein Reservevorstag ziehen müssen, welches er dann ersatzweise nutzen wird. Ich bete darum, dass er nicht mit dem Kopf irgendwo anschlagen wird. Ein Schutzhelm wäre gut. Leider haben wir keinen an Bord.

Heute ist übrigens schon vergleichsweise viel passiert. Ein japanischer Fischer ohne AIS-Signal war in Sichtweite und ein AIS-Signal auf dem Kartenplotter zu sehen. Seit unserer Begegnung vor drei Tagen mit den Fischern aus Ecuador sind wir keinem Schiff mehr begegnet. Das Segeln auf dem Pazifik ist nicht vergleichbar mit der Segelei auf der Ostsee oder im Kattegat und Skagerrak. Dort muss man ständig wachsam sein und Schiffen ausweichen. Hier begegnet man tagelang niemanden. Wir sind komplett allein. Das wiederum ist allerdings auch gefährlich. Man verfällt in eine Art Lethargie und meint leicht, es wird schon nichts sein. Im Grunde passen wir in der Nacht mit unserem festen Wachrhythmus mehr auf als am Tag.

Achter Tag. Vor uns liegen noch 1.700 Seemeilen. In unserer World-ARC-Flotte sind wir das nördlichste Boot. Alle anderen Yachten segeln weiter südlich. Diese Tatsache lässt uns unsere Segelstrategie überdenken. Warum segeln wir so weit nördlich? Es ist nicht so, dass wir das Abbiegen Richtung Süden vergessen haben. Unsere Strategie setzt sich vielmehr aus verschiedenen Punkten zusammen: erstens aus der Performance unserer Segel und den Segeleigenschaften unserer GARLIX. Bei diesem Punkt haben wir mit dem gerissenen Gennaker und dem problematischen Furler des Vorstags Minuspunkte gesammelt. Eine XP 44 benötigt nicht so viel Wind, um schnell zu segeln. Die GARLIX erreicht die beste Geschwindigkeit bei circa 130 Grad wahrem Wind (Windrichtung, aus der der Wind wirklich herkommt) bzw. 90 Grad scheinbarem Wind (Windrichtung nach Verrechnung mit der Bootsgeschwindigkeit). Laut Polardiagramm sollten wir eine Geschwindigkeit von 9,71 Knoten bei 14 Knoten Wind und 130 Grad wahrem Wind erreichen. Das schaffen wir mit unserem voll beladenen Boot natürlich nicht. Außerdem fehlt uns der Gennaker.

Als zweiter Punkt sind Wind, Wetter, Strömung und der kürzeste Weg zu nennen. Nach Auswertung der Monatsströmungskarten des Pazifiks, in die die Erfahrungen und Daten der vergangenen Jahre und Jahrzehnte von Wind und Strömung einfließen, ist am Äquator aufgrund des Kalmengürtels sehr wenig Wind. Je südlicher man kommt, umso mehr frischt der Wind auf. Diese Monatsströmungskarten vergleichen wir mit dem täglichen Wetterbericht, den wir über unser Kurzwellenfunkgerät als Gribdaten von der Firma WetterWelt bekommen. Demnach ist im Süden tatsächlich etwas mehr Wind. Aufgrund der Tatsache, dass bereits 14 Knoten Wind ausreichen, um anständig schnell zu segeln, lohnt sich der Umweg nach Süden aus unserer Sicht nicht. Laut Polardiagramm ist die XP 44 bei 16 Knoten

Wind nur 0,37 Knoten schneller als bei 14 Knoten Wind. Außerdem sind die Wellen bei 14 Knoten Wind ebenfalls geringer, dadurch wird das Leben auf dem Boot angenehmer.

Nun noch kurz zur Strömung. Der Humboldtstrom, der das kalte Wasser vom Südpol entlang der Küste von Südamerika transportiert und dann den Weg Richtung Westen entlang des Äquators einschlägt, haben wir zu schätzen gelernt. Nach unserer Recherche ist er zwischen dem fünften und achten Längengrad am stärksten, also dort, wo wir gerade sind. Dadurch, dass wir nicht so sehr in den Süden gesegelt sind, nehmen wir den kürzesten und direktesten Weg nach Hiva Oa. Zum Ende der Strecke soll der Wind auf Südost drehen, sodass wir dann anluven werden und unsere Geschwindigkeit beibehalten können.

So weit zur Theorie. Wir werden sehen, wo und wann wir am Ende ankommen. Wenn man jedoch bedenkt, dass wir an einem Tag nur mit Großsegel segeln konnten, liegen wir gar nicht so schlecht im Feld. In den letzten Tagen haben wir immer Etmale um und über 200 Seemeilen erreicht. Damit sind wir zufrieden.

Die zehnte Nacht. Vor uns liegen noch 1.200 Seemeilen. Nichts ist zu sehen, völlige Schwärze. Es ist 3:30 Uhr oder so ähnlich. Das mit der Uhrzeit an Bord ist ein ständiges Diskussionsthema. Wie spät ist es? 3:30 Uhr ist es jetzt auf den Galapagosinseln, 9:30 Uhr laut UTC und 10:30 Uhr in Deutschland. Aber hier müsste es jetzt eigentlich 1:30 Uhr sein. Hinter uns liegen 1.800 Seemeilen und ungefähr alle 900 Seemeilen verschiebt sich die Zeit um eine Stunde. Auf den Marquesas-Inseln beträgt die Zeitverschiebung UTC minus 9,5 Stunden. Alles klar? Wir müssen flexibel bleiben, aber so richtig interessieren wir uns auch gar nicht dafür. Bei uns in der Koje hängt immer noch die Funkuhr mit der deutschen Zeit. Damit wir immer wissen, wann wir zu Hause nicht anrufen dürfen. Häufig wird an Bord auf die Frage, wie spät es ist, beispielsweise geantwortet: »15 Uhr minus sieben Stunden!« Das liegt daran, dass die Ortszeit dann gerade nicht zur Hand ist und die deutsche Zeit so gut sichtbar an der Wand hängt.

Es ist jedenfalls Nacht. Das zumindest ist richtig, da es dunkel ist. Und freundlicherweise wacht der Mond seit einer Stunde über uns. Überhaupt ist der Himmel hier völlig anders als auf der Nordhalbkugel. Die Mondsichel ist andersherum als gewohnt und vor mir prangt das Kreuz des Südens. Nicht nur wir allein, sondern viele Segler sind stolz, dieses sehen zu dürfen. Immerhin sind wir dafür weit gesegelt.

Wie geht es uns so auf dem Wasser? Ich denke, der Pazifik ist freundlich zu uns. Wir rasen durch das Wasser, manchmal ist das unheimlich. Vor allem in der Nacht, wenn man mit acht bis neun Knoten durch die schwarze Dunkelheit prescht. Die Wellen zicken ein wenig rum. Wie hoch sie sind, kann man schwer einschätzen, vielleicht drei bis vier Meter. Sie kommen von schräg hinten und jede x-te Welle spielt mit uns Zirkus. Unsere Fock bzw. die Rollanlage ist noch nicht repariert, da das momentan bei den hohen Wellen zu gefährlich ist. Das hat zwar zur Folge, dass wir die Fock immer noch nicht beim Sturm einrollen können. Aber wir sind Optimisten. Ab Montag soll es weniger Wind werden. Hoffen wir, dass die Wellen das auch mitbekommen.

Noch sind es 780 Seemeilen. Seit zwölf Tagen sind wir unterwegs. Tagelang haben wir kein Boot gesehen und dann das – unser »Lieblingsgegner« ist auf dem Schirm! Der Tag geht gut los. Die blaue First 47 aus unserer WORLD-ARC-Truppe ist in Sichtweite. In der letzten Nacht hatten wir alle etwas zu kämpfen. Nicht mit viel Wind, sondern mit zu wenig Wind genau von hinten. Damit wir nicht zu weit vom Kurs abkommen, habe ich in der Nacht die Fock zusammengerollt, damit wir mit fast genau achterlichem Wind segeln können und damit besser den Kurs halten. Der Wind drehte immer mehr und wurde weniger. Äußerst unangenehmes Schlafen war das. Das Boot schaukelte wie eine bockige Ente und die Segel schlugen und krachten, absolut unangenehm. Bei Sonnenaufgang haben wir den Code Zero ausgebaumt und nun segeln wir Schmetterling, also genau platt vorm Wind, bei nun wieder zunehmendem Wind mit sieben bis acht Knoten.

Insgesamt sind wir mit unserer Geschwindigkeit zufrieden. Für die 2.200 Seemeilen von den Kapverden nach St. Lucia haben wir knapp 13 Tage und Nächte gebraucht. Jetzt sind wir im Vergleich dazu fast 48 Stunden schneller. Das Feld der ARC-Boote zieht sich weit auseinander. Zwischen dem ersten und dem letzten Schiff liegen bereits 700 Seemeilen! Diese Tatsache macht die tägliche Kommunikation über Funk schwierig. Die Meldungen werden teilweise durchgereicht. Jeder, der etwas versteht, wiederholt den Funkspruch. So kommt dieser – meistens – bei allen Booten an. Täglich werden morgens alle Positions- und Wetterdaten durchgegeben und am Abend kurz noch einmal die Frage, ob alles an Bord okay ist. Bisher gab es auf keinem Boot große Probleme. Bei den langen Entfernungen zwischen den Schiffen wäre Hilfe auch nicht spontan möglich. Aber trösten tut es schon, wenn man irgendwo berichten kann, dass etwas nicht in Ordnung ist.

Uns erreichen besorgte Mails. Vanuatu wurde am 14. März vom Zyklon Pam verwüstet. »Seid ihr davon auch betroffen?« Nein, sind wir nicht. Vanuatu liegt noch ungefähr 4.500 Seemeilen weiter westlich von uns. Unsere Gedanken beschäftigen sich sehr mit den Menschen dort. Für uns sind Windgeschwindigkeit von mehr als 300 Stundenkilometern einfach unvorstellbar. Welch ein Grauen und welch eine Zerstörung in dem armen Inselstaat. Die beste Nachricht des Tages ist, dass unsere Fockrollvorrichtung wieder in Ordnung ist. Jens war noch einmal im Mast und hat alles heil überstanden. Daneben bereiten wir uns gedanklich schon langsam auf die Ankunft vor, machen Reisepläne, welche Inseln wir besuchen werden. Bald geht die Aufregung also wieder los. Für heute brauchen wir aber keine weiteren Ereignisse mehr.

Noch 500 Seemeilen. Wieder ist es Nacht und ich denke über diese 3.000 Seemeilen lange Strecke nach. Ist das jetzt alles einfach? Alles kein Problem? Vor 255 Tagen sind wir in Deutschland gestartet. Bis dahin hatten wir kaum Erfahrung mit Langstrecken- oder Nachtsegeln. Wir wussten also gar nicht, was auf uns zukommt. Seit dem Start sind wir bis heute 55 Nächte gesegelt. Genauso wussten wir nicht, wie wir diese Wellen und das Wetter überhaupt vertragen. Mein Magen konnte die kurzen, aber hohen Ostseewellen nur schlecht ausgleichen. Großen Respekt hatten wir vor der 350 Seemeilen langen Strecke über die Biskaya oder vor den 540 Seemeilen von Lissabon nach Madeira. Das waren die bis dahin längsten Strecken, die wir gesegelt sind. Immer wieder gab es Steigerungen. Von Las Palmas zu den Kapverden über 900 Seemeilen und dann die 2.100 Seemeilen von den Kapverden in die Karibik. Und jetzt segeln wir 3.000 Seemeilen am Stück, das klingt doch gigantisch. Unvorstellbar für uns damals auf unserer Wohnzimmercouch, als wir diese lange Strecke in unsere Exceltabellen eingetragen haben. Und nun haben wir sie fast geschafft, gefühlt können wir schon die Fender rausholen.

Ist und war alles einfach? Die Antwort hat eine große Spanne von »ja, kein Problem« bis »über manches sollte man nicht nachdenken«. Cruising-Passatsegeln ist so eine 80:20-Angelegenheit. Den größten Teil der Zeit macht man nicht wirklich etwas Sinnvolles. Manchmal erfolgen Tage, vielleicht Wochen keine Segelmanöver. Kurs und Wind, alles bleibt gleich. Aber es gibt eben niemals völlige Sicherheit, jeder kleine Fehler kann zur Katastrophe führen. Das ist allerdings auf jedem Gewässer der Welt so. Nur dass man hier angesichts der Endlosigkeit einfach keinen Plan B hat. Hier ist nichts, überall nichts. Diese Weite ist einerseits unglaublich ergreifend, andererseits ist man aber auch schutzlos. Wir wissen nicht, ob theoretische Rettungsketten im Fall der Fälle funktionieren würden. Manchmal reicht ein Moment der Unaufmerksamkeit. Mit Schrecken denken wir oft an unseren Start in Las Palmas zurück, wo sich Max bei der missglückten Q-Wende an der Schulter verletzt hat. Heute wissen wir, dass damals die Schulter ausgekugelt wurde, dann in die Gelenkpfanne zurückgerutscht ist und dabei eine Sehne verletzt hat. Jetzt liegt er im Krankenhaus und wird daran operiert. Das ist nur ein kleines Beispiel, wie sich innerhalb von Sekunden die Sonnenscheinwelt ändern kann.

Auch die technischen Dinge hier an Bord müssen immer funktionieren. Ganz bestimmt weiß ich, dass ich niemals solch eine Tour mitmachen würde, wenn der Käpt'n an Bord handwerklich nichts drauf hätte. Denn irgendetwas ist immer, die Belastung für das Boot ist erheblich und kein Handwerker erreichbar! Kleine ungelöste Dinge können extreme Situationen auslösen. Ein kaputter Rutscher am Großsegel und das Segel kann nicht geborgen werden. Besonders problematisch im Sturm oder wie bei uns in der Hafeneinfahrt von Santa Marta bei viel Wind. Die Konsequenzen, die sich ergeben, wenn der Autopilot seinen Dienst einstellt, sind nicht auszudenken. Tagelanges, wochenlanges Steuern per Hand. Besonders grauenvoll, wenn man nur zu zweit an Bord ist. Die Beispiele, die ich aufzählen könnte, sind endlos. Und dann noch das Wesentliche: das Wetter, das sich immer schnell ändern kann. Bisher wurden wir von den Wettervorhersagen allerdings nicht enttäuscht. Ich klopfe auf Holz, dass das bitte weiter so bleibt.

Es ist schon wieder Nacht. Kein Mond ist zu sehen, aber Tausende Sterne. Einer von uns ist immer wach und passt auf. Gut angeleint mit Lifeline, Rettungsweste, Funkgerät und Lifesender. Dieser soll die schlafende Mannschaft wecken, wenn der Wachhabende über Bord geht. Aber bei dieser Dunkelheit und den Wellen wäre es fast unmöglich, jemanden wiederzufinden. Das ist alles nur Theorie. Auch diese Dunkelheit hätten wir so schwarz nicht erwartet. Der Blick nach vorn zeigt uns eigentlich nichts. Wir können Schiffe nur erkennen, wenn sie gut beleuchtet sind, unbeleuchtete oder schlecht beleuchtete Objekte jedoch nicht. Und die meisten Segelboote gehören zu den schlecht beleuchteten Objekten. So ist es hier also. Die Spanne reicht von »nee, ist das schön« bis »ich will jetzt dringend nach Hause«. In diesem Sinn sind wir noch die letzten 500 Seemeilen unterwegs.

Noch 230 Seemeilen sind zu segeln. Fast wird die Zeit zu knapp, denn bei uns ist der Putz- und Aufräumwahn ausgebrochen. Das Teakdeck ist geschrubbt, die Bilgen sind gereinigt, alle Backskisten ordentlich, die Wäsche ist gewaschen, die Lederpolster sind gefettet. Wir können ankommen. Das Willkommensbier liegt im Kühlschrank, auch der Wein. Vor uns liegen noch circa ein bis zwei Nächte. Wir ahnen schon, dass wir wieder in der Nacht ankommen. Aber der Wind hat abgenommen. Nur noch zwölf bis 15 Knoten aus Ost. So schlimm ist das nicht. Solch ein langsames Ankommen am Tag hat auch seinen Reiz. Nur für die Boote hinter uns ist das ein Problem. Ohne Wind noch über 800 Seemeilen zu segeln ist ausgesprochen zermürbend.

Unsere Reserven sind mittlerweile aufgebraucht. Zumindest alles, was frisches Gemüse heißt, ist alle. Jetzt sind wir froh, dass wir so viel Trockeneier an Bord haben, denn die schmecken gar nicht so schlecht. Auch ein frisch gebackenes Brot kann zum Tageshighlight werden. Dennoch freuen wir uns, bald anzukommen. Aber ein wenig schade ist es auch. Zu dritt hatten wir eine richtig gute Zeit hier draußen.

Noch 80 Seemeilen. Es herrscht Stille auf dem Stillen Ozean. Kein Wind, nur Schwell. Was sagt uns das? Mach niemals die Rechnung der Ankunftszeit ohne den Windwirt. Ohne Motor würden wir hier noch einige Zeit herumdümpeln. Also motoren wir dann doch. Die ganze Zeit konnten wir segeln, selbst bei acht bis neun Knoten Wind ging es gut voran und jetzt das. Allerdings haben wir es ja noch gut. 100 Seemeilen kann man motoren. Aber die armen Boote hinter uns, da wird es schon eng mit den Dieselvorräten. Schade ist es jedoch allemal, da wir uns durch die Motorstunden unser gutes Ergebnis vermasseln. Denn verständlicherweise werden diese Zeiten am Ende der Wertung negativ in die verrechnete Zeit einfließen. Und wir sind stolz auf unseren vorderen Platz, der ohne Gennaker nicht selbstverständlich ist.

Noch 60 Seemeilen. Mensch, Mensch, wer glaubt es denn. Wir motoren über den Pazifik. Hätten wir auch nie gedacht! Allerdings schläft es sich bei dem Krach gut. Es ist solch ein gleichmäßiges Geräusch. Gut, ich gehe jetzt in die Koje. Vielleicht wacht der Wind mit mir nachher wieder auf.

Noch 40 Seemeilen. Ich werde davon wach, dass Jens und Hanna Wasser schöpfen. Mist, was ist jetzt wieder los? Oh, es sprudelt aus dem Motorraum. Die Motorraumwanne ist voller Salzwasser. Wo kommt das denn her? Noch 35 Seemeilen. Der Schaden ist behoben, der Fehler gefunden. Jens hat die Wasserfilter beim Watermaker gewechselt und nicht ordentlich verschraubt. Das kann passieren. Nichts ist kaputt. Wir waschen noch »kurz« alle Konserven ab, da sich das Salzwasser ansonsten durch das Blech fressen würde. Ach, hatte ich es erwähnt? Es ist LAND IN SICHT! Vor uns liegt Hiva Oa. Wir haben es gefunden!!

Noch 16 Seemeilen. Wir genießen die letzten Seemeilen bei wunderbarem Segelwetter. Die Wellen sind jetzt etwas höher, da sie von über 4.000 Metern auf flachere Gebiete prallen. Die vor uns liegenden Inseln sehen aus dieser Perspektive kahl aus. Wir sind gespannt, was da kommt.

Noch vier Seemeilen. Es regnet nicht, es schüttet wie aus Eimern. Muss das jetzt sein? Wir pumpen schon mal das Dingi auf – gleich sind wir da. Die Inseln werden grün.

Die Ziellinie liegt zwischen der Insel Motu Anakee und der Landmarke Teaeoa in der Taaoa-Bucht von Hiva Oa. Und dann sind wir da! Nach 3.000 Seemeilen sind wir nach 17 Tagen und vier Stunden mit einer durchschnittlichen Geschwindigkeit von 7,2 Knoten in Hiva Oa angekommen. Eine Stunde und einen Rostocker Kümmel auf ex später haut es uns fast um. Es ist warm hier, warm und feucht. Kein Klima für uns. Wir sind stolz, hier zu sein, und versuchen, diesen Moment ein wenig festzuhalten, bevor uns die Landhektik wieder einholt. Also köpfen wir noch eine Flasche Le Chiassaie aus dem Kühlschrank, auf sinngemäß Folgendes steht: Nicht das, was wir Alltag nennen, füllt unser Leben, sondern das, was uns den Atem raubt und besonders ist.

SÜDSEE – DER KLANG DIESES NAMENS

Segeln hat den Vorteil, dass die Seele Schritt halten kann.
Dagmar Garlin

Französisch-Polynesien/Marquesas-Inseln (Hiva Oa – Nuku Hiva – Tahuata – Fatu Hiva)
21.3.–5.4.2015, Gesamtdistanz: 11.947 Seemeilen

Empfangen werden wir mit französischem Baguette und langen, rot-weißen Blumenkränzen. 17 Tage und Nächte hatten wir keinen festen Boden unter den Füßen. Es fühlt sich gut an. Kein bisschen ungewohnt. Ungewohnt ist die Zivilisation, so gering sie im ersten Eindruck auch erscheint. Für uns ist eine Stunde Landleben vorerst genug und wir paddeln in unserem Dingi zurück zur GARLIX. Hier finden wir unter unseren Bodenbrettern Kaffee aus Deutschland. Zusammen mit dem französischen Baguette ist das ein Hochgenuss der besonderen Art. Bald darauf verschwinden wir in die Kojen. Diese Nacht dürfen wir schlafen, ohne Unterbrechung und nur mit einem leichten Rollen des Schiffes in der Ankerbucht.

Für unsere Familie und Freunde zu Hause werden unsere Ziele immer abstrakter. Wir sind wie verschwunden auf dieser Welt. Die Inseln der Marquesasgruppe sind auf der Weltkarte kaum zu finden und auf unserem Badeballglobus im Boot wurden sie gänzlich ausgespart. Nur für mich gehören diese Inseln zum festen Bestandteil meiner Kindheit. An zahlreichen Nachmittagen lauschten wir den alten Tonbandaufnahmen von Thor Heyerdahl, der mit seiner markanten Stimme über seine Expeditionen berichtete. Im Rahmen seiner ersten Expeditionsreise besuchte er gemeinsam mit seiner Frau Hiva Oa und Fatu Hiva und lebte einige Monate auf diesen Inseln.

Es ist eine Wohltat, am nächsten Tag zu Fuß die Bucht von Tahauku zu umrunden und das nahegelegene Dorf Atuona zu besuchen. Denn auf den langen Segelstrecken vermisse ich zunehmend ausreichende Bewegung. Zwar befindet man sich durch die rollenden Bootsbewegungen latent immer in Bewegung, doch über 17 Tage und Nächte keine zehn Schritte hintereinander gehen zu können, hat nicht viel mit »Segelsport« zu tun. Wir rosten förmlich ein.

»Sag mal Schatz, ob wohl unser Garten zu Hause auch so ordentlich aussieht wie diese Gärten hier?« Ordentliche und sauber geschnittene Hecken vor den Häusern. Wir geben zu, dass wir uns das vorgestellt hatten. Warum eigentlich? Noch fünf Seemeilen vor der Insel hatten wir eine trockene Landschaft erwartet. Auch diesbezüglich werden wir eines Besseren belehrt. Bloß gut. Die Vegetation ist satt und strotzend grün. Es scheint, dass hier mehr frei lebende Hühner herumlaufen, als es Einwohner gibt. Auf den sechs bewohnten Inseln des Archipels leben nur etwas mehr als 9.000 Bewohner. Hier auf Hiva Oa sind es rund 2.100 Menschen. Nicht sehr viel.

Um die Insel zu erkunden, mieten wir uns einen Geländewagen und starten unser Landabenteuer. Es sind Angstschweißstraßen, die uns zur uralten, beeindruckenden Kultstätte Marae Takii unweit vom Tal Puamau führen. Dabei haben wir noch Glück. Bei Regen sind diese völlig ungesicherten, kurvenreichen Straßen direkt an den Steilhängen nicht befahrbar. Das erklärt auch die Notwendigkeit eines Geländewagens. Überrascht sind wir über die frei zugänglichen, uralten Götterfiguren der Insel. Der Schutzgeist des Tals Marae Takii ragt stolze 2,43 Meter in die Höhe. Diese Kultstätte ist im Vergleich zu anderen gut zu finden. Zu denen führen versteckte Symbole tief in den schwer zugänglichen Wald. Hanna entwickelt für diese geheimnisvollen Wegweiser eine besondere Spürnase und so entdecken wir weitere alte Kult- und Zeremonienplätze. Wahrscheinlich gehört es zum touristischen Standardprogramm, das Museum von Gauguin und des belgischen Chansonsängers Jacques Brel zu besuchen. Viel mehr Touristenattraktionen gibt es hier allerdings nicht, da diese fast vollständig fehlen. Aufgrund der Abgeschiedenheit mitten im Pazifik ist es einfach nicht möglich, die Inseln ohne großen Aufwand für einen zwei- oder dreiwöchigen Urlaub zu besuchen.

Auch vier Tage nach unserer Ankunft sind noch nicht alle Boote der World ARC angekommen. Auf dieser langen Distanz hat sich das Feld bis zu 1.000 Seemeilen weit auseinandergezogen. Für uns waren diese Tage an Land ausreichend, um kleine, notwendige Reparaturen durchzuführen, die Wäsche zu waschen, Gas aufzufüllen und uns an das Landleben zu gewöhnen. Hiva Oa ist erkundet und wir sind neugierig auf die anderen Inseln. So starten wir zur Hauptinsel des Archipels, nach Nuku Hiva. Dabei erfüllt uns ein Schaudern. Jeder Segler in dieser Gegend weiß von dem Schicksal des Weltumseglers Stefan Ramin, der auf dieser Insel ermordet wurde. Allein der Kannibalismus-Verdacht ist schrecklich. Welch unglaublicher Gedanke.

Nach nur einer Segelnacht lernen wir unweit der Kaimauer der Taiohae-Bucht von Nuku Hiva ein Begegnungszentrum mit Weltanschluss kennen. In dem kleinen Restaurant hängen gemeinsam mit Bananenstauden Steckdosen von der Decke. Zahlreiche Laptops der in der Bucht liegenden Segler sind hier eingestöpselt. Das Internet funktioniert gut. Es ist ein modernes Paradies. Wir finden einen Segelmacher, der unseren kaputten Gennaker repariert. Dieser bekommt einen großen Flicken aufgenäht. Somit ist unser tapferer Kumpel wieder einsatzbereit. Zur Belohnung und zum späteren Angeben auf heimatlichen Revieren beschriften wir den Flicken mit »beim Start in Galapagos«. Mit solch einem Schriftzug in der Ostsee zu segeln, macht viel her und unser Monster hat das verdient. Wir sind gespannt, optimistisch und gerade so gut gelaunt, dass wir denken, die »restlichen« 26.000 Seemeilen bis zur Ostsee auch noch zu schaffen, um ihn dort zeigen zu können.

Wir erkunden die Insel in der nur sechs Seemeilen entfernten Bucht Anse Hakatea. Schon bei der Einfahrt in die geschützte Bucht fühlen wir uns an die hohen Berge von Norwegen erinnert. Die Palmen passen nicht zu dieser Vorstellung, aber die hohen, schützenden Berge, die die Bucht wie ein Wall umgeben, schon. An Land werden wir von der dort wohnenden Familie begrüßt. Diese ist groß und jedes einzelne Familienmitglied begrüßt uns in seinem Haus. Wir werden beschenkt. Wieder erleben wir diese freundliche und ehrliche Geste. Pampelmusen so groß wie Köpfe wandern in unsere Taschen. Dafür bringen wir Schokolade mit und hoffen, dass sie sie erst später öffnen. Denn neun Monate alte Schokolade aus Deutschland schmeckt vielleicht etwas nach »unterm Bodenbrett«. Es ist schwer, sich von den freundlichen Bewohnern loszureißen, stellen wir für sie doch eine willkommene Abwechslung in ihrem von jeglicher Zivilisation abgeschiedenen Paradies dar. Aber wir möchten noch zum 350 Meter hohen Ahuii-Wasserfall, der mitten im Regenwald liegt. Zwei Stunden wandern wir durch eine ursprüngliche Natur, die sich nicht beschreiben lässt. Es ist Regenwald, wie ihn sich jeder vorstellt. Wir laufen durch eine Fruchtbarkeit, die kaum ihresgleichen findet. Einziger Kritikpunkt sind die Wolken, die die hohen Berge wie eine Daunendecke einhüllen. Unter der grünen Pracht finden wir alte Mauerreste, verfallenen Brunnen und historische Kultstätten aus längst vergangenen Zeiten. Dazwischen, kaum zu sehen, kleine, umgefallene Tipis. Ganze Romanvorlagen werden hier im Wald in meinem Kopf geboren. Wir sind restlos zufrieden und baden in dem Fluss, der ein Vorbote des Wasserfalls ist. Das Bad gleicht mit seiner starken Strömung einer Cellulitemassage und als wir uns abtrocknen, sehen wir im Wasser armdicke Aale. Zumindest wollen wir glauben, dass es keine Schlangen sind.

Die Bewohner im Tal hatten uns bereits gewarnt, dass der Wasserfall aufgrund der Trockenheit kaum zu finden sein wird. Leider haben sie recht und so hocken wir uns auf die Steine in mit grünen Wasserpflanzen dicht bewachsenen See. Wir essen unsere dicken Pampelmusen und beobachten die Flusskrebse. Wir sind nicht traurig, dass es keinen Wasserfall gibt. Dieser Regenwald hat uns einen einzigartigen Tag geschenkt. Es geht wieder zurück und gleich im ersten Haus im Tal werden wir freundlich zu Kaffee und Tee eingeladen. Dazu gibt es gebackene Bananen. Das Ehepaar spricht nur Französisch und wieder einmal genießen wir es, dass Hanna dabei ist. Sie ist gegenüber allem Neuen völlig aufgeschlossen und außerdem hatte sie in der Schule Französisch. Es macht einfach Spaß, Neues mit ihr zu entdecken. Das Paar beklagt sich darüber, dass sich ihre Kinder ein neues Leben in Frankreich aufbauen. Hier ist es ihnen zu einsam, sie haben kaum berufliche Perspektiven. An allen weiteren »Familienstationen« kaufen wir Obst, und Jens schleppt einen dick gefüllten Sack auf die GARLIX. Man hat uns berichtet, dass sich die Bewohner vom Tuamotu-Archipel über frisches Obst freuen. Hoffentlich ist das so, ansonsten bekommen wir einen Vitaminschock, wenn wir alles allein essen müssen.

Inzwischen ist uns die Zeit, beziehungsweise das Wasser aufgrund der Tide davongelaufen. Die Ebbe setzt ein und wir müssen uns beeilen. In den Revierführern wird davor gewarnt, auf den Marquesas-Inseln Trinkwasser in die Tanks zu füllen. Hier im Tal haben wir aber die Gelegenheit, frisches Wasser direkt aus den Bergquellen zu bekommen. Dazu geben uns die Bewohner freundlicherweise ihre Erlaubnis. Es bleibt die harte Arbeit. Mit dem Dingi transportieren wir jeden einzelnen Liter im Kanister. Nur die Anlandung wird aufgrund des mittlerweile fallenden Wassers immer schwieriger. Trotz unseres Watermakers sind wir froh über jeden Tropfen, den wir bekommen können. Wir haben kaum Energieprobleme, wenn wir unterwegs sind, da der Wassergenerator unseren Energiebedarf größtenteils ausgleicht. Doch hier, zwischen den hohen Bergen, können die Solarpanele nicht genügend laden und der Wassergenerator steht ebenfalls still, da wir nur in den Ankerbuchten liegen. Bei unserem Konzept für den Energiehaushalt haben wir nicht bedacht, dass sich über den meisten Inseln dicke Wolken befinden, die die Sonne nicht durchlassen. Dann bleibt uns noch der mobile, laute Generator, den wir allerdings als zu störend empfinden. Aus diesem Grund sind wir froh, wenn wir den energiefressenden Watermaker »im Kasten« lassen können.

Jetzt, gegen elf Uhr am nächsten Tag, sind wir platt von der Nacht, in der uns dicke Squalls schlecht haben schlafen lassen. Wir sind mittlerweile 90 Seemeilen weiter zur nächsten paradiesischen Trauminsel gesegelt, nach Tahuata. Hier in der Hapatoni Bay schauen wir erneut auf hohe, mit Palmen bewachsene Hänge. Es regnet und wir hocken unter dem Bimini und genießen diese seltene trübe Zeit. Das fühlt sich ein wenig wie zu Hause im Herbst an.

Hier auf Tahuata finden sich alle World-ARC-Boote zusammen. Das letzte kam erst zehn Tage nach uns in Hiva Oa an. Die Einheimischen organisieren für uns ein Empfangsfest; und wenn wir es nicht schon vorher gewusst hätten, dann spätestens jetzt: Wir haben uns in diese Inseln mit ihren herzlichen Menschen verliebt. Um ihre traditionellen Tänze zu bewahren, üben die Bewohner der sechs besiedelten Inseln regelmäßig miteinander und kommen zu besonderen Anlässen zusammen. Wir fühlen uns geehrt, dass wir solch ein Fest erleben dürfen. Die Kinder haben für diesen Tag schulfrei bekommen und sind die Hauptpersonen. Teilweise gemeinsam mit den Erwachsenen, aber auch allein zeigen sie uns ihre kraftvollen, rhythmischen Tänze, für die es keine ausreichend beschreibenden Worte gibt. Die Hüften der Mädchen müssen irgendwie beweglicher sein als unsere. Hundertfach wird der kleine zweijährige Junge mit seinem roten Hüfttuch über seiner dicken Windel fotografiert, der emsig die Bewegungen der großen Kinder nachzuahmen versucht. Anlässlich des Festes wurde das Essen auf traditionelle Weise in Bananenblättern gehüllt 24 Stunden im Erdofen zubereitet. Die Tafel ist voll mit Fleisch, Gemüse, Brotfrüchten und Obst. Gemeinsam mit den Bewohnern beenden wir diesen eindrucksvollen Tag. Danke. Danke für die Mühe und für die Begeisterung! Danke, dass wir daran teilhaben durften.

Es ist, als wenn wir gerade im Strudel der Belohnung wären. Gleich am nächsten Tag erleben wir ein völlig anderes Highlight in der Nachbarbucht Ivaiva. In dem glasklaren blauen Wasser dort schwimmen direkt neben unserem Boot Mantarochen. Diese riesigen Tiere stehen auf der Roten Liste der gefährdeten Tiere und sind in dieser Bucht zu Hause. In unserem Eifer gehen wir mit ihnen schnorcheln. Um uns herum ist eine ganze Herde von zehn großen Tieren, die elegant und ruhig im Wasser dahingleiten. Um sie zu sehen, hätten wir gar nicht ins Wasser gemusst. Nur ein Blick von unserem Boot ins Wasser hätte gereicht, um diesem Schauspiel genießen zu können. Ein weiteres unvergessliches Erlebnis!

Plötzlich werden wir aus unserer Schwärmerei wachgerüttelt: »GARLIX, GARLIX, bitte kommen. Ist Jens an Bord?« Ein Notruf eines anderen Seglers. Was ist passiert? Ein Albtraum! Wasser im Boot! Nach einer Reparatur des Motors hat sich die Stoffbuchse gelöst und jetzt kommt ungebremst Wasser ins Boot. Keine rettende Kaimauer ist in Sicht und unter dem Boot befinden sich elf Meter Wasser. Das Wasser steht beim Notruf bereits bis über der tiefen Bilge, die Bodenbretter schwimmen schon im Wasser. Luc von der MAKENA bringt eine leistungsstarke Pumpe. Vereint wird der Schaden behoben und die Stoffbuchse verschlossen. Glück im Unglück, denn nur durch Zufall sind die Eigner zurück zu ihrem Boot gekommen, da sie etwas vergessen hatten. Sie erleben den Albtraum eines jeden Seglers und nicht zum ersten Mal sind wir froh, gemeinsam mit unserer kleinen World-ARC-Truppe zu segeln.

Zwischen unseren langen gemeinsamen Etappen gibt es immer wieder ausgedehnte Zeiten, in denen man unabhängig von den anderen Seglern zum nächsten festgelegten Start segelt. Und so haben wir jetzt zum Beispiel sechs Wochen Zeit, um von den Marquesas-Inseln nach Tahaa, die zu den Gesellschaftsinseln gehört, zu kommen. Dort wird dann am 10. Mai der nächste Start sein. In Wahrheit segelt man zwar auch in diesen freien Zeiten zusammen, aber häufig nur vereinzelt. Doch in solchen Notsituationen stehen wir eng zusammen und jeder hilft jedem. Besonders in diesen Gebieten, die in vielerlei Hinsicht paradiesisch sind, aber bezüglich Reparaturmöglichkeiten in schützenden Häfen wenig Sicherheit bietet.

Früh am nächsten Morgen starten wir Richtung Fatu Hiva, die 40 Seemeilen südöstlich von Tahuata liegt. Bei dem herrschenden Südostpassat bedeutet das, gegen Wind und Wellen zu segeln. Wir bolzen durch die Wellen und hatten beinahe vergessen, wie unangenehm das sein kann. Der Ankergrund in der Bucht von Fatu Hiva ist schlecht. Heftige Windböen pfeifen die hohen Berge in der Hanavave-Bucht hinunter. Wir sind unruhig, ob der Anker genug Halt hat, ständig rutscht er weg. Weiter außerhalb der Bucht geht die Tiefe schnell auf 25 bis 40 Meter. Doch Hanna und ich haben zu tun. Morgen ist Ostersonntag. Extra dafür haben wir uns Eier zum Bemalen aufgehoben, was angesichts des mangelnden Drogeriemarktes für die Farbe nicht so einfach ist. Also aktivieren wir das alte Färberezept mit Zwiebelschalen meiner Oma, um die weißen Eier bunt zu bekommen. Wir basteln kleine Osternester und paddeln am nächsten Tag mit den geschmückten Nestern voller Eier an Land und beschenken die ersten Bewohner, die vorbeikommen. Spontan werden uns Blumenkränze aufs Haar gesetzt und wir sind in die Kirchengemeinde integriert. Gemeinsam erleben wir einen stimmgewaltigen, katholisch-polynesischen Gottesdienst.

Neben mir in der Kirche sitzt eine bildschöne alte Dame im gelben Kleid, mit Blumenschmuck im Haar und Perlenketten um den Hals. Sie leitet mich durch den Gottesdienst, wenn es um Gesang und gegenseitige Wünsche geht. Dieses Fest ist ein wichtiger und besonderer Anlass für die Bewohner, die sich für den heutigen Tag festlich gekleidet haben. Bisher war für uns Ostern mehr eine Zeit zwischen zwei Terminen. Hier haben wir das Glück, auf Menschen zu treffen, die diese ruhige gemeinschaftliche Freude mit uns teilen. Extra für uns Segler wird nach dem Gottesdienst der Dorfkonsum für eine Stunde geöffnet. Richtig viel ist nicht zu finden. Erhofft hatten wir uns Eier, Gemüse und Brot. Aber gut, nehmen wir eben Zwiebeln und Käse. Dennoch ist unsere Nahrungsmittelversorgung auf unserer bisherigen Strecke wesentlich besser, als wir vor unserem Start erwartet hatten. Zwar mussten wir unsere Ansprüche weit herunterschrauben, da die Auswahl wesentlich geringer als gewohnt ist. Dafür gibt es aber andere Dinge. So sind die Marquesas-Inseln und besonders Fatu Hiva zum Beispiel für ihre Holzschnitzarbeiten bekannt. Langsam wird unser Boot schwerer und schwerer von Schalen, Tipis und Teller, die ich an Bord gebracht habe.

Mein persönliches Problem ist, dass es auf Fatu Hiva keine Bank oder Geldautomat gibt. »Schatz, wie soll ich denn jetzt die Holzschale bezahlen? Wir haben kein lokales Geld mehr!« »Hier lassen«, ist die trockene Antwort von Jens, der den Wasserpass vom Boot weiter sinken sieht. Ich versuche mein Glück mit Euro. Für den Notfall haben wir Euro und US-Dollar versteckt im Boot gelagert. Diese Notfallreserven in bar sollten – nicht allein für Holzschalen – immer im Boot vorhanden sein.

Hanna und ich wandern in den dichten Wald hinein zum Haus des Schnitzers. Es ist ein eigentümliches Bild, das sich uns dort bietet. Mitten im dichtestes Grün des Waldes sitzt die Familie um ein iPad versammelt und redet per Skype mit ihrem Sohn in Paris, der dort studiert. Wunderschöne Holzschnitzarbeiten stehen in der Werkstatt. »Kann ich auch mit Euro bezahlen?« Da die Familie bisher noch nie einen Euroschein gesehen hat, zeigen wir diesen dem Sohn über Skype. Er ist hocherfreut und so wandert die nächste Schale in unseren Besitz und in den Bauch der GARLIX.

Nach zwei Tagen haben wir keine Lust mehr auf den rutschenden Anker und die Fallböen, die in die Bucht reinpfeifen. Wir sind unruhig und können trotz aktiviertem Ankeralarm nicht gut schlafen. Daher verabschieden wir uns von den Marquesas-Inseln, die bis zum Ende der Reise auf unserer Highlight-Erlebnisliste ganz weit oben stehen.

DAS MOTIV FÜR DIE FOTOTAPETE

Französisch-Polynesien/Marquesas-Inseln (Fatu Hiva) – /Tuamotu-Archipel (Fakarava)
6.–17.4.2015, Gesamtdistanz: 12.543 Seemeilen

Mittlerweile sind 540 Seemeilen ein Klacks. Kein Grund mehr, großartig besorgt zu sein. Es ist eine gute Gelegenheit, über unsere Zeit hier und über unsere Reise nachzudenken. Wind und Wetter erlauben es gerade. Seit neun Monaten sind wir unterwegs und haben rund 12.000 Seemeilen zurückgelegt. Ist das nun das Leben, wie wir es uns vorgestellt haben? Verliert man angesichts des Südseeparadieses nicht Zeit und Raum und gänzlich den Bezug zum alten Leben? Was vermissen wir eigentlich noch? Einfach ist das nicht zu benennen und nicht isoliert zu beschreiben. Es geht fließend über in »vermissen«, »nicht vermissen«, »mehr wertschätzen« und »was wir vermissen werden«. Manchmal vermissen wir ganz einfache Dinge. Genug Wasser, genug Strom, genug Tageslicht. WLAN jederzeit und damit den Zugang zu Wissen. Auch eine Waschmaschine fehlt mir häufig. Auch vermissen wir ein wenig solche Basisdinge wie die Möglichkeit, kurz noch mal in den Edeka zu fahren, wo alles Gewünschte daliegt – guter Käse, dunkles Brot, Selbstverständlichkeiten. Und diese zu vernünftigen Preisen. Aber ganz schnell gehen diese Dinge über in »mehr wertschätzen«. Unsere Zeit hier hat etwas vom Fasten, vom freiwilligen Verzichten, um gerade diese Selbstverständlichkeiten wieder mehr zu schätzen. Niemals hätten wir uns in Deutschland so sehr über ein gutes französisches Baguette gefreut wie gerade erst bei der Ankunft in Hiva Oa. Wir vermissen auch die Spontanität der Besuche von Freunden oder der Familie. Mir fehlt es sehr, dass wir unsere Erlebnisse nicht hautnah teilen können. Abenteuer gemeinsam erleben. Allerdings, so seltsam es erscheint, mit manchen lieben Menschen haben wir jetzt mehr Kontakt als früher. Trotzdem sind Mails und Skypen nicht dasselbe. Es ersetzt nicht gemeinsame Tischrunden mit Eltern, Kindern, Verwandten und Freunden. Das vermissen wir sehr. Wir vermissen auch die deutsche Sprache. Noch dazu, wo wir mit der englischen Probleme haben. Die Verständigung ist bereits wesentlich besser als zu Beginn der Reise, aber niemals werden wir uns in einer anderen Sprache so austauschen können wie in der eigenen. Außerdem, gerade jetzt spricht hier jeder Französisch!

Bei manchen Dingen hoffen wir, dass wir etwas von unserem bisherigen Leben hinüberretten können. Tradition zum Beispiel. Weihnachten, Ostern bei 30 °C … was soll das? Wir hatten wunderbare Feste. Wir hatten Zeit und Ruhe, Freude und Kleinigkeiten zu verschenken. Hatten gleichzeitig das Glück, Menschen zu begegnen, die genug Zeit und Ruhe hatten, um Freude und Kleinigkeiten zu empfangen. Trotzdem haben wir manchen lieben Menschen in diesen Tagen vermisst, neben dem gedeckten Tisch mit Weihnachtsgans und Grünkohl.

Es gibt Dinge, die vermissen wir gar nicht. Diesen zeitlichen Druck, wenn aus unwichtigen Dingen Elefanten gemacht werden und für nichts anderes mehr Zeit ist. Dadurch entstand teilweise eine Oberflächlichkeit, die jeden Sach- und Fachverstand absterben ließ. Jetzt ist Zeit, um tiefergehend über Dinge nachzudenken, besser nachzulesen. Dabei vermissen wir den regelmäßigen Zugang zum Internet, zu Zeitschriften und Büchern. Uns wird in jedem Land bewusst, wie wenig wir über dessen Geschichte wissen.

Irgendwann wird diese Zeit hier vorbei sein. Und wir wissen jetzt schon, dass es auch Dinge geben wird, die wir vermissen werden. Diese Freundlichkeit und Gastfreundschaft der allermeisten Menschen, denen wir begegnet sind. Dieses Mit-offenen Armen-empfangen-Werden. Diese freundliche Geste, ein Geschenk mitzugeben, und wenn es nur eine einzelne Banane ist. In Wirklichkeit sind es eher ganze Bananenbüschel, die wir bekommen. Dieser offene, lächelnde, herzliche Gesichtsausdruck. Wir haben uns bisher nirgends ernsthaft bedroht oder beneidet gefühlt. Auch das werden wir vermissen! Vermissen werden wir sicherlich diese Zeit auf dem Wasser, zumindest wenn es so friedlich ist wie gerade jetzt hier in der Nacht.

Die relative Bewegungsarmut auf dem Boot werde ich hingegen nicht vermissen, mehr Sport wäre gut. In dieser Hinsicht hat unser mitgebrachter Stepper gar nichts gebracht, den wir auf Fatu Hiva verschenkt haben. Denn bei den Schiffsbewegungen ähnelte seine Benutzung eher einer gefährlichen Zirkusübung. Es wird uns auch nicht fehlen, dass ständig etwas kaputtgeht. Und gar nicht vermissen werde ich den immer vorhandenen Gedanken: »Was ist, wenn es mal richtig schlimm wird?«

Ich könnte noch so einige Dinge auflisten. Denn unser Leben hier ist nicht nur eitel Sonnenschein, hat aber eine ganze Menge davon. Allerdings muss das nicht das Rezept für alle Menschen sein. Wir haben das Glück, dass wir diese Form der Reise beide wollen und mögen. Dass wir miteinander auskommen, sogar auf diesem begrenzten Raum, der bei allem Komfort klein bleibt. Letztlich ist es auch ein unbequemes Leben. Spätestens ab 15 Knoten Wind von vorn. Wenn Regen, Kälte und Müdigkeit dazukommen, dann fragt man sich schon ernsthaft, warum man das freiwillig macht. Wir sind jetzt noch so einige Monate unterwegs und hoffen, dass wir genug von unserem neuen Leben hier mitnehmen werden.

Gerade dümpeln wir auf den Weg nach Fakarava im Tuamotu-Archipel mit vier Knoten Richtung Westen. Gestern haben wir festgestellt, dass der Weg noch zu lang ist, um bei dem abnehmenden Wind rechtzeitig im Hellen anzukommen. Wieder einmal merken wir, dass gezieltes Langsamsegeln genauso schwer ist wie schnelles Segeln. Also schaukeln wir gemütlich nur mit Großsegel über das sagenhaft blaue Wasser. Rechts, links, vorn, hinten – hier gibt es nur Wasser. Das ist auf jeden Fall ein Anblick, den wir vermissen werden.

Mittlerweile ist es 6:30 Uhr am Morgen und wir segeln im Zickzack vor der Garuae-Passage am nördlichen Teil von Fakarava entlang. Im Grunde sind nur Palmen zu sehen. Das dazugehörige Land ragt kaum aus dem Wasser. Umso verständlicher ist es, dass der Tuamotu-Archipel früher den Namen »Dangerous Islands«, also »Gefährliche Inseln« trug. Ohne Kartenplotter, bei Sturm und schlechter Sicht ist diese Gegend tatsächlich ein gefährlicher Ort. Fakarava gehört mit einer Länge von etwa 32 Seemeilen zu den großen Atollen des Tuamotu-Archipels. Diese weltweit größte Inselgruppe umfasst insgesamt 78 Atolle unterschiedlicher Größe, von denen 45 von etwa 17.000 Menschen bewohnt sind.

Für uns ist es das erste Mal, dass wir durch eine Passage eines Korallenatolls fahren. Ein solches Atoll gehört wohl zu den fremdesten und abstraktesten Orten hier in der Südsee. Wie kann man sich solch ein Atoll vorstellen? Auf den Seekarten sehen sie eigenartig aus. Die gesamte Karte zeigt nur die weiße Fläche für Wasser. Dazwischen sind dünne braune Ringe eingezeichnet. Diese Ringe erinnern mich an die Mauerreste verfallener Ritterburgen. Hier bestehen diese »Mauerreste« jedoch aus Korallen um eine vor Urzeiten versunkenen Insel in der Mitte des Atolls herum, die früher die eigentliche Insel war. Die Korallenwände trotzen dem Pazifik und sind wie eine schützende und gleichzeitig gefährliche Wand im Ozean. Je nach geologischem Alter der ehemaligen, jetzt versunkenen Insel in der Mitte ist das Außenriff gewachsen. Im Fall von Fakarava ist das Außenriff so groß, dass sich dort das normale Leben mit Häusern, Straßen, Schulen und Läden abspielt. Ungefähr 800 Menschen wohnen hier auf dem vor uns liegenden einsamen Inselparadies. Immer wieder auf unserer Reise fragen wir uns, warum jemand auf diesen kleinen Inselflecken mitten im unendlichen Ozean lebt. Bei allen paradiesischen Anblicken bleibt es ein Dorf, aus dem man nur schwer flüchten kann, wenn es einem zu eng wird. Auch ein Unibesuch, eine höhere Schule, Kultur, qualifizierte medizinische Versorgung oder eine ordentliche Ausbildung werden beschwerlich.

Fakarava hat am südlichen und am nördlichen Ende jeweils eine Riffpassage, wobei die nördliche wesentlich breiter ist. Und darauf kommt es uns an, da die vorherrschenden Bedingungen von der Breite der Passage und vom Zeitpunkt der Tide abhängig sind. Bei Ebbe leert sich das Atoll und bei Flut strömt das Wasser hinein. Bei engen Passagen können dann Strömungen von bis zu sechs Knoten entstehen, da das ganze Wasser versucht, sich durch diese Enge zu zwängen. Die besten Bedingungen herrschen bei Stillwasser. Laut unseren Berechnungen ist es momentan morgens um acht Uhr am günstigsten, weshalb wir gerade kreuz und quer segeln und auf den richtigen Zeitpunkt warten. Zur errechneten Zeit flutschen wir dann ganz unspektakulär ohne Wellen und Strömung in den schützenden Korallengürtel. Fünf Seemeilen weiter lassen wir vor Rotoava bei 15 Meter Wassertiefe den Anker fallen und werden überrascht von Ruhe und einem auf dem Boot zu empfangenden WLAN.

Irgendwie hatten wir uns das Leben hier anders vorgestellt. Mehr romantische Südsee, aber dazu ist dieses Atoll wahrscheinlich zu groß. Am Land wird gerade ein Fußballturnier ausgetragen. Ein Bewohner bringt mir einen Stuhl. »Kommt, setzt euch zu uns. Schaut ein wenig zu.« Es ist das Normalste der Welt an diesem für uns unnormalen Ort. Ein Fußballturnier. Aus Solidarität zu unserem Gönner sind wir für seine Mannschaft und erleben mit seinen Kumpels einen interessanten Nachmittag. Wir für uns haben übrigens beschlossen, einfach hier in dem Atoll zu bleiben. Dann steht eben in unserer Tuamotu-Archipel-Liste nur ein Name. Doch diesen einen Namen bzw. Ort möchten wir genießen. Ohne Gehetze und ohne großes Ziel.

Nach zwei Tagen lichten wir unseren Anker, um das südliche Ende des Atolls zu besuchen. Ein Ort, der in jedes Südseeklischee passt. Schon auf dem Weg dorthin laufen in meinen Gedanken die entsprechenden Filmszenen ab. Hier kam es sicherlich her, das Motiv für die Südseefototapete, die mir aus meiner Kinder- und Jugendzeit in Erinnerung geblieben ist. Wir sitzen an Deck und staunen. Doch dann plötzlich gibt es keine beruhigend rote, wegweisende Linie mehr auf dem Kartenplotter. Der Weg zum Ankerplatz verläuft in einer Schlangenlinie durch schwarz erscheinende Korallenschatten. Zur Sicherheit krabbele ich auf die erste Saling und weise Jens den Weg von oben. »Jens, weiter nach Steuerbord. Gut so, geradeaus. Backbord, schnell backbord.« Bei dem klaren Wasser ist nicht genau auszumachen, wie tief die schwarzen Schatten der Korallen sind. Sicher ist sicher. Besser ausweichen, als einen Schaden am Boot riskieren.

Drei Tage ankern wir hier. Es könnten drei Wochen, drei Monate, drei Leben sein. Bloß nicht wegbewegen. Nie mehr! Mehr Südsee geht nicht. Wir schießen die Fotos, die später in unserem Haus hängen werden. Die uns dann motivieren sollen und uns daran erinnern werden, was für ein Zauberwerk die Natur hier geschaffen hat. Wir sind mehr unter als über dem Wasser. Alle Farbpaletten verblassen gegen dieses Farbenspiel, das wir hier erleben dürfen. Hanna und Jens tauchen mit der Strömung und mit den Haien durch die Südpassage und kommen fasziniert, doch auch erschrocken wieder zurück. Die Haie waren dicht und es ist wohl nie sicher, ob diese Tiere tatsächlich wissen, dass über sie gesagt wird: »Ach, die tun doch nichts.« Ich genieße inzwischen diese Ruhe, diese Atmosphäre, diese Klarheit, diesen Frieden. Es ist selten und auch ein wenig seltsam, einmal ganz allein an Bord zu sein. Bei Kaffee und einem frisch gebackenen Schokokuchen vollenden wir diese unvergesslichen Tage.

Von unserem Ankerplatz aus können wir die Segler beobachten, die die schmalere Südpassage von Fakarava wagen. Mit voller Motorkraft kämpfen sie sich gegen Wellen und Strömung. Fast sieht es aus, als wenn sie es nicht schaffen werden. Uns erscheint das zu heftig und so beschließen wir, die 30 Seemeilen zurück zur Nordpassage zu segeln. Sicher ist sicher. Im Morgengrauen starten wir dann am nächsten Tag die Fahrt nach Tahiti.

SESAM ÖFFNE DICH

Französisch-Polynesien/Tuamotu-Archipel (Fakarava) – /Gesellschaftsinseln (Tahiti – Moorea – Raiatea – Tahaa)
18.4.–9.5.2015, Gesamtdistanz: 12.983 Seemeilen

248 Grad Kompasskurs Richtung Steckdose, Supermarkt, Segelmacher, Trinkwasser und Friseur. Die Vorfreude darauf heilt uns vom Abschiedsschmerz aus der unwirklich paradiesischen Palmenwelt von Fakarava. 240 Seemeilen, mehr liegen nicht vor uns. Das sollte mit einer Nachtfahrt zu schaffen sein.

Gleich am Morgen ahnen wir bei der nördlichen Riffausfahrt von Fakarava, dass es hier bei schlechten Bedingungen tatsächlich ungemütlich werden kann. Unsere Berechnungen, wann das Stillwasser zu erwarten ist, stimmen offensichtlich nicht so richtig. Um uns brodelt und kocht das Wasser. Wir haben kaum Wind und doch zieht uns die Strömung mit fünf Knoten aus der Passage. Es fühlt sich an, als wenn eine fremde Macht nach uns greifen würde. »Komm GARLIX, komm, komm …«, versucht diese Macht, unsere Richtung zu bestimmen. Doch unser Yanmar ist stärker und wir sind durch. Raus aus dem Riff und jetzt geht es weiter in westliche Richtung. Empfangen werden wir von dem zuverlässigen südöstlichen Passatwind, blauem Himmel und der immer vorhandenen Wärme. Alles zusammen lässt uns gemütliches Blauwassersegeln erleben. Doch schnell bemerken wir, dass uns diese langsame Gemütlichkeit ein Problem bereitet. All unsere Segelkumpel sind im Einsatz, aber nichts hilft. Wir haben kaum Wind. Bei dieser Geschwindigkeit werden wir nicht wie geplant mit nur einer Nacht Segeln im Hellen in Tahiti ankommen. Wir beschließen, dass wir unsere Fahrzeit um eine Nacht verlängern.

Doch am nächsten Tag pfeift der Fuchs. Auf nichts ist Verlass, auch nicht aufs Wetter. Jetzt haben wir ein anderes Problem als gestern, nun sind wir zu schnell. Wir segeln ohne Vorsegel und mit zwei Reffs im Großsegel. Weniger Segelfläche geht nicht mehr. »Jens, wir haben ein Problem. Mit dieser Geschwindigkeit werden wir doch in der Dunkelheit in Tahiti ankommen. Wir müssen langsamer werden.« Doch wie können wir das erreichen? Wieder einmal kommt ein bisher nicht getestetes Equipment zum Einsatz – der Schleppanker. Wir sind skeptisch. Dieser trichterförmige Anker, mit dem wir die Geschwindigkeit reduzieren wollen, hängt für unser Gefühl mit zu viel Leinen zu dicht am Boot und ist damit zu nah am Propeller. Trotzdem versuchen wir es. Wir befestigen die Leinen an den Klampen und werfen den Anker über Bord.

Zwei Minuten später haben wir keinen Schleppanker mehr. Die Leinen sind gerissen und er hat sich ein Seemannsgrab im Pazifik gesucht. Hoffentlich ist er schnell versunken und wickelt sich nicht um den Propeller eines anderen Bootes. Unser Problem ist damit nicht gelöst. Auch ohne Segel treiben wir mit drei bis vier Knoten Richtung Tahiti. Wir beschließen, in der Dunkelheit die Passage von Papeete zu durchfahren. Immerhin schaffen das auch große Kreuzfahrtschiffe.

In tiefer Dunkelheit liegt Tahiti um 21 Uhr querab. »Yacht GARLIX, Yacht GARLIX, this is Papeete harbor. What's your plan?« Unser Plan sollte leicht zu erraten sein. »Wir wollen durch die Passage.« Fassungslos hören wir die Antwort: »Das ist nicht möglich. Wir haben keinen Platz für Sie, erst morgen früh gegen sieben Uhr.« »Was sollen wir so lange machen?« »Rumdriften«. Die Vorstellung, acht Stunden zwischen den Inseln vor der Einfahrt von Papeete abzuwarten oder in einer ungeschützten Bucht zu ankern, erscheint uns zu unangenehm. Seit drei Monaten haben wir in keiner Marina angelegt, jetzt haben wir große Sehnsucht nach einem sicheren Liegeplatz. Und auch wenn wir theoretisch keine Bevorzugung wollen, in der Praxis holen wir ihn jetzt raus, unseren Sesam-öffne-dich-Spruch: »Papeete harbor, Papeete harbor, we are participants of the World ARC.« Daraufhin kommt über Funk sofort: »Very welcome.« An der Einfahrt werden wir sogar von einem Hafenbegleitboot abgeholt und zu einem freien Platz im Hafen begleitet. Geht doch. Wir finden diese Bevorzugung gegenüber anderen Seglern ausgesprochen ungerecht, genießen in dem Moment aber die sichere Hafeneinfahrt.

Nach rund drei Monaten werfen wir das erste Mal wieder unsere Leinen rüber an Land. Vor einem Vierteljahr sind wir in Panama-Stadt gestartet. Dort war unsere letzte Marina. Es fühlt sich gut an, hier zu sein. Wir müssen nicht mehr mit iPad im Bett schlafen, das über das Navigationsprogramm iSailor eine zuverlässige Ankerwache darstellt. Wir liegen sicher am Steg und unser Hirn kann mit uns schlafen gehen. Gute Nacht.

Mit dem Sonnenschein kommt das Erwachen und damit die Erkenntnis, dass uns drei Monate Segeln im Paradies und der Besuch der Marquesas-Inseln und des Tuamotu-Archipels verdorben haben. Hier ist bereits der Geruch anders. Papeete ist die Hauptstadt von Französisch-Polynesien und die über 160.000 Einwohner sind bereits am Steg deutlich zu spüren, eher zu hören. Eine dicht befahrene Straße führt direkt am Hafen vorbei. Wir fühlen es deutlich, dass unser wahres Ankommen länger dauern wird. Wir verholen unser Boot in die benachbarte Marina und sind irgendwie enttäuscht. Hier ist es laut, eher dreckig und es wirkt europäisch. Kein Südseefeeling mehr. So schnell hatten wir den Wechsel nicht erwartet und wollen daher möglichst schnell die notwendigen Arbeiten am und im Boot erledigen, um wieder starten zu können.

Erfreulicherweise halten sich die Arbeiten an der GARLIX in Grenzen. Den Code Zero schleppen wir zum Segelmacher und hoffen auf baldige Fertigstellung. Der Bootsausrüster ist akzeptabel und wir rätseln, was wohl als Nächstes kaputtgehen könnte, damit wir es gleich ersetzen können. Viel mehr Spaß macht der Einkauf im nahen französischen Supermarkt Carrefour. Drei Einkaufswagen schieben wir zum Boot und sind erschrocken über die Summe am Ende des Kassenzettels. Jedoch ist dieser nach den drei Monaten Einkaufsentzug auch mehr als einen halben Meter lang. Als auch das Wichtigste, nämlich ein Friseurbesuch für mich, erledigt ist, warten wir nur noch auf unser Segel.

Inzwischen nutzen wir die Zeit und erkunden Tahiti. Damit wandeln wir auf den Pfaden von James Cook, der diese Insel mehrfach besucht hat. Am meisten fasziniert uns die Beobachtung des Venustransits im Jahr 1769. Am Pointe Venus, der Stelle der ehemaligen Sternwarte, steht heute ein Leuchtturm. Unsere Unwissenheit ist fast peinlich und wieder einmal wünschen wir uns mehr Literatur oder einen besseren Zugang zum Internet, um mehr in Erfahrung bringen zu können. Die Berechnungen der Umlaufbahn der Planeten waren bereits vor 246 Jahren so exakt, dass genau bestimmt werden konnte, wann die Venus sich vor die Sonne schiebt. Wir sind über unser gut funktionierendes GPS an Bord froh und nehmen uns wieder einmal vor, den Sextanten, dessen Funktion wir nur theoretisch kennen, aus seinem Kasten zu holen.

Nach zwei Tagen versammeln sich alle World-ARC-Boote zusammen mit den Offiziellen des Landes zur Eröffnungsfeier der neuen Marina von Papeete. Stolz nehmen wir bei der in diesem Rahmen stattfindenden Siegerehrung für die Strecke von den Galapagosinseln nach Hiva Oa unseren ersten Preis in Empfang. Dieses gute Ergebnis war nach dem Gennakerriss beim Start und der notwendigen Reparatur vom Vorstag nicht selbstverständlich. Daher vielen Dank, GARLIX, vielen, vielen Dank.

Am nächsten Tage bekommen wir unseren Code Zero unrepariert zurück. Offensichtlich benötigt der Segelmacher dafür mehr Zeit. Etwas verärgert wollen wir endlich starten, denn für uns war diese Woche in Papeete genug Zivilisation. Das Boot ist wieder mit einer Menge Leckereien gefüllt, die Reparaturen sind bis auf den Code Zero erledigt und Jens verkündet das neue Ziel: »Schatz, wollen wir nicht bei der Tahiti-Pearl-Regatta Ende April in Raiatea mitmachen?«

»Wir? Du bist verrückt, dafür sind wir doch viel zu schwer. Das bringt doch nichts.«

Unsere GARLIX wurde seit unserem Start in Deutschland beinahe bei jedem Landgang durch den Kauf oder das Sammeln von Andenken schwerer. Der Wasserpass am Rumpf ist eher unter als über dem Wasser und Jens möchte Regatta segeln. Es ist absurd. Trotz aller Bedenken werde ich überredet. Denn warum sollten wir uns die polynesischen Feste entgehen lassen? Wenn wir schon keine Preise gewinnen können, so versprechen diese Feten, schöne Abende zu werden.

Wir starten von Tahiti aus zum nur 15 Seemeilen entfernt liegenden nächsten Superlativ. Unser Ziel ist die Cook's Bay von Moorea. Das ist die nächste »schönste« Insel, der wir einen Besuch abstatten wollen. Obwohl James Cook in dieser Bucht gar nicht geankert hat, sondern in der benachbarten Bucht Opunohu, stimmen wir den Einschätzungen der Reiseführer zu. Empfangen werden wir von einer grünen Pracht, einer wahren Naturwucht. Rein geologisch gesehen ist Moorea älter als das benachbarte Tahiti. Daher ist der Riffgürtel hier voll ausgebildet und hat nur wenige Durchfahrten. Hinter dem Riff ankern jede Menge Yachten. Offensichtlich haben nicht nur wir die Empfehlung des Reiseführers gelesen.

»Jens, hast Du wirklich Lust, bei diesem vielen Wind hier zu ankern?« Die guten Ankerplätze sind besetzt und wir müssten den Anker bei 20 Meter fallen lassen. »Nein, hier ist es zu voll. Lass uns die Nacht nach Raiatea durchsegeln.« Außerdem haben wir keine Lust, für ein oder zwei Nächte das Schlauchboot aufzupumpen. Das Dingi ist nämlich ein Schwachpunkt bei uns an Bord. Befreundete Segler haben uns mal geraten: »Passt auf euer Schlauchboot auf, es ersetzt eure Füße.« Heute können wir dieser Einschätzung nur zustimmen. Diese Wichtigkeit des Dingis haben wir bei der Vorbereitung unterschätzt. Unseres hat keinen festen Boden, weswegen wir beim Anlanden sehr vorsichtig sein müssen. Nach der Kollision mit rostigen Eisenschrauben an der Kaimauer von Hiva Oa ist es inzwischen leicht undicht. Trotz ständiger Suche nach den Lecks und Kleben von neuen Flicken können wir die undichten Stellen nicht genau lokalisieren. Durch die hohe UV-Belastung fallen mittlerweile außerdem die Gummipads für Leine und

Paddel ab. Wenn wir das Dingi nicht benötigen, verstauen wir es in dem großen Ankerkasten vorn in unserem Boot, um es beim nächsten Stopp wieder aus dem Loch herauszuwuchten. Das ist umständlich und arbeitsintensiv. Nur selten transportieren wir es während der Fahrt auf der Kajüte. Hier besteht immer die Gefahr, dass Leinen hängen bleiben. Bei viel Wind ist es uns einfach zu gefährlich.

Langsam segeln wir durch die Bucht, drehen unseren Bug um 180 Grad und verlassen die geschützten, aber vollen Bucht wieder. Schnell knipsen wir noch ein paar Fotos und segeln friedlich bei bestem Passatwind in die Nacht Richtung nächster Insel. Mit der aufgehenden Sonne liegen Raiatea und Tahaa vor unserem Bug, zwei Inseln, die sich gemeinsam einen Riffgürtel teilen. Ruhig und ohne Probleme segeln wir durch die Passage Teavapiti bis zur Kaimauer von Uturoa. Doch was ist das dort vor uns? »Jens, da sind Muringbojen.« »Mmh.« Unsere Skepsis gegenüber Muringbojen ist seit unserem katastrophalen Tag im Rías de Corme e Laxe in Spanien nicht verschwunden. Wir bilden uns mittlerweile sogar ein, dass wir diesbezüglich das Unglück regelrecht anziehen. Wie sich herausstellt, ist unsere Angst berechtigt, und es passiert wieder. Die Bojen liegen eng aneinander und der Abstand von der Kaimauer zur Muringboje ist für unsere Bootslänge zu kurz. Beim Anlegen hören wir ein komisches Geräusch unterm Boot und haben den Eindruck, als ob vor unserem Manöver mehr Bojen vorhanden waren als danach. Dummerweise gehen wir diesem Verdacht nicht nach.

Erst am nächsten Tag bemerken wir beim Ablegen unser Versäumnis. Es rumpelt und rattert unterm Boot und wir treiben manövrierunfähig vor dem Hafenbecken. Erleichtert sind wir, als der Anker bei 25 Meter Wassertiefe hält. Hanna springt ins Wasser und holt zwei abgerissene Leinen von Muringsbojen heraus. Nicht schon wieder! Warum immer wir!? Diesmal haben wir einen richtigen Schaden am Boot. Die Abdeckung vom Saildrive unterm Boot hat sich gelöst und hängt nur noch an einer Ecke am Rumpf. Wie dankbar sind wir jetzt Birgit und Peter, die damals in Spanien darauf gedrängt haben, dass wir uns den Freediver anschaffen. Also lassen wir uns zurück zur Kaimauer schleppen und Jens versucht, in einer abenteuerlichen Aktion mit Schraubzwingen, Brettern und Sikaflex den Schaden unter Wasser zu reparieren. Wir hoffen, dass diese behelfsmäßige Reparatur bis Fidschi hält. Denn erst dort wollen und können wir die GARLIX aus dem Wasser nehmen.

Pünktlich zum Start der Tahiti-Pearl-Regatta ist der Schaden behoben. Im Nachhinein betrachtet wäre es nicht dramatisch gewesen, wenn wir an diesem Regatta-Event nicht teilgenommen hätten. Allein die gut organisierten Feste hätten ausgereicht. Ansonsten erleben wir dort eine Regattaorganisation der »anderen Art«. Bei keiner Regattabesprechung ist am Vorabend klar, welche Bootsklasse am nächsten Tag wann startet. Es wird ein heilloses Durcheinander. Doch ganz sicher haben die vielen Chartercrews, die teilweise extra aus Europa angeflogen sind, ihren Spaß. Wahrscheinlich sind diese organisatorischen Pannen nicht wichtig. Unvergesslich bleiben die Kurse innerhalb des Riffs, die für Weicheier wie mich zu dicht an den Untiefen entlangführen. Durch den beeindruckenden und beinahe lebensgefährlichen Einsatz eines Fotografenteams entstehen fantastische Fotos, die im Internet abrufbar sind.

Unvergesslich auch unser Dialog an der Wendeboje beim Bananenkurs innerhalb des Riffs: »Jens, siehst du da vorn die Kokosnuss im Wasser an der Wendeboje? Irgendwie schwimmt die nicht weg!« 20 Boote wollen möglichst dicht und gern gleichzeitig diese Boje bei dem engen Kurs umrunden. »Das ist keine Kokosnuss, das ist ein Kopf! Dort schwimmt ein Fotograf im Wasser!« Wir sind schwer beeindruckt und hoffen, dass er diese Aktion überlebt. Neben einer Menge Spaß während dieser Regattatage haben wir uns bei einem Vorwindstart erneut den Gennaker zerrissen. Doch der Segelmacher auf Raiatea ist um einiges unkomplizierter als der in Papeete. Sämtliche Segel werden schnell repariert und wir sind erneut startklar.

Bis zum nächsten Start nach Suwarrow bleiben uns noch sechs Tage. Was machen wir? Jens fragt: »Willst du nach Bora Bora segeln? 25 Seemeilen hin und zurück?« »Mmh, ob es da so anders ist als hier?« Wir haben keine Lust. Angesichts der mit Palmen bedeckten Hütten, die wir hier an der äußeren Riffkante sehen, ist mehr Paradies nicht vorstellbar. Wir machen die GARLIX in der Baie Hurepiti der Insel Tahaa an einer Muringboje fest und nutzen die Zeit, uns gedanklich auf den nächsten Start und die kommende Strecke bis Australien vorzubereiten. Auf dem Weg dorthin wollen wir fünf Länder – die Cookinseln, Niue, Tonga, Fidschi und Vanuatu – besuchen.

STURM IM EINSAMSTEN FLECK DER WELT

Französisch-Polynesien/Gesellschaftsinseln (Tahaa) – Cookinseln (Suwarrow)
10.–17.5.2015, Gesamtdistanz: 13.703 Seemeilen

Start bei spiegelglattem Wasser. Sieben Wochen nach unserer Ankunft in Hiva Oa verabschieden wir uns von Französisch-Polynesien. Dieses großflächige Land zeigt ganz unterschiedliche Gesichter und ist nicht einfach in die Kategorie »wunderbare Südseeromantik« einzuordnen. Die Marquesas-Inseln und Fakarava im Tuamotu-Archipel stehen allein schon wegen ihrer ehrlichen Gastfreundschaft, der gefühlten unverdorbenen Menschlichkeit, Freundlichkeit und der unbeschreiblichen, fast erdrückenden Natur auf unserer Hitliste weit oben. Nichts hat uns hier gestört und wir haben einmalige Momente erlebt. Die Gesellschaftsinseln und hier allen voran Tahiti empfanden wir hingegen als zu geschäftstüchtig. So manches Mal haben wir uns durch zu hohe Preise und fehlenden oder unzureichenden Service abgezockt gefühlt. Allerdings kann man es den Einwohnern nicht verdenken. Sie haben die Einzigartigkeit ihrer Natur erkannt und vermarkten diese. Alles normal in diese Welt. Nur wir hatten an diesen Orten eben mehr Südseefeeling erwartet.

Jetzt motoren wir über die Startlinie in Richtung der Paipai-Passage von Tahaa. Kein Wind ist in Sicht und so wird die Friedlichkeit durch das knatternde Motorengeräusch gestört. Wir fahren durch die schützende Korallenwand, die hellblau durch das ansonsten dunkelblaue Wasser hindurchscheint. Diese Korallenwände sind Fluch und Segen zugleich. Gefährlich für all die Boote, die keine genauen Positionsangaben haben oder bei Sturm und Nebel vom Weg abkommen. Ein Segen dann, wenn man in ihrem Schutz dahinter ankern kann. Doch bei allem Schutz vor den Wellen, es bleiben immer die Geräusche vom Wind, wenn wir dort ankern. Dieses nervtötende Heulen. Mittlerweile ordne ich diese Geräuschkulisse auf der Liste der Dinge, die ich nicht vermissen werde, ganz oben ein. Es geht nicht allein um heulendes Windpfeifen, dem man gemütlich beim Tee lauscht. Wir hängen immer am Anker mit einer acht Millimeter starken Ankerkette oder an – für uns – unsicheren Muringbojen. Etwas Unruhe bleibt immer, obwohl wir bisher keinen Grund dafür hatten. Unser Anker hat bisher gehalten.

Aktuell heult hier allerdings nichts. Wir schleichen mit Gennaker und Großsegel in Richtung Bora Bora. Der Wind kommt aus Südsüdwest mit drei Knoten. Beim gestrigen Skipperbriefing waren sich die Crews der Boote der World-ARC uneinig. Aufgrund der Wettervorhersage mit wenig Wind in den nächsten drei bis vier Tagen wollen die meisten in Bora Bora auf mehr Wind warten. Wir haben jedoch bereits aus Französisch-Polynesien ausklariert und vertrauen auf die guten Segeleigenschaften unserer GARLIX bei leichtem Wind. Daher schleichen wir jetzt dahin und sind glücklich. Endlich wieder unterwegs. Sieben Wochen mehr oder weniger Zivilisation reichen aus. Wir brauchen Zeit, um unsere Eindrücke zu verarbeiten, zu sortieren und uns auf unsere neuen Ziele vorzubereiten.

Gemeinsam mit fünf anderen Booten unserer World-ARC-Flotte segeln wir jetzt an Bora Bora vorbei in Richtung Suwarrow. Glücksgeräusche kommen aus der Kajüte. Hanna inspiziert den Kühlschrank. »Ich mach uns einen frischen Salat.« In den nächsten Tagen können wir uns entsprechend der Haltbarkeit der leckeren frischen Dinge durch den Kühlschrank essen. Essen macht glücklich, eindeutig. Ungeachtet der hohen Preise für Lebensmittel in Französisch-Polynesien haben wir uns mit gutem Käse und frischem Obst und Gemüse eingedeckt. Geht man in diesem Land in einen Supermarkt mit einem vollen Wagen an die Kasse, bekommt man schnell den Eindruck, dass man für zwei Einkaufswagen zahlt. Doch als ausgemachte Käseliebhaberin konnte ich nicht widerstehen. In vielen Ländern ist der Anblick des Käseregals einfach nur traurig. Scheibletten in jeder Variante und als Abwechslung zwei bis drei Sorten abgepackten Einerleikäse. Die gut gefüllten Supermärkte sind eindeutig ein Vorteil von Französisch-Polynesien.

Vor uns liegen 720 Seemeilen bis Suwarrow. Warum wir diesen Miniklecks im Südpazifik besuchen, wissen wir nicht so recht. Der Weg ist das Ziel, anders kann es nicht sein. Der direkte Weg nach Niue wäre erheblich kürzer. Suwarrow ist ein 15 mal 13 Kilometer großes Atoll mit einer Landfläche von gerade mal 0,4 Quadratkilometern. Es ist wie ein Versehen der Natur, komplett unwirklich im großen Pazifik. Die Insel gehört zu den Cookinseln und damit besuchen wir für ein paar Tage ein weiteres neues Land. Um ehrlich zu sein, haben wir bisher weder etwas von Suwarrow und kaum etwas von den Cookinseln gehört. Das Land bzw. die Inselkette der Cookinseln hat nur rund 18.000 Einwohner und bekam seinen Namen zu Ehren von James Cook. Unser Ziel ist die Insel mit dem russisch klingenden Name Suwarrow. Tatsächlich wurde dieses Atoll 1814 von dem russischen Schiff SUVOROV entdeckt und diente im Zweiten Weltkrieg als Stützpunkt für Marinebeobachter.

Vier Tage leben und segeln wir Richtung Nordwest im unwirklichen, sorgenfreien Blauwasserrausch. Unterbrochen wird die Zeit nur von noch größeren Glücksmomenten, wenn beispielsweise ein frisch gebackenes Brot auf den Tisch kommt. Doch dann ist es vorbei. Der Wetterbericht hat recht und schlechtes Wetter ist im Anmarsch. Das Barometer sinkt, was wir seit Monaten nicht gesehen haben. Bezüglich des Einbaus des Barometers hatte ich Jens schon Lieblosigkeit vorgeworfen. Gemeinsam mit vielem anderen Equipment kam auch das Barometer beim Start in einer Kiste verpackt an Bord und wurde erst unterwegs angebaut. Bisher hat es jedoch keinen richtigen Platz gefunden und fliegt bei starker Schräglage am Kabel hängend durch das Boot. Wesentlicher ist, dass es bisher kaum Änderungen angezeigt hat, denn der Luftdruck ändert sich in dieser Gegend kaum. Normalerweise hat das Barometer in den letzten Monaten bei 1.013 bis 1.017 Hektopascal geparkt, sodass wir jetzt über die niedrigen Werte regelrecht erschrecken. Ein Squall wird vom nächsten abgelöst. Alles ist grau.

Fünf Tage nach unserem Start erahnen wir einen flachen Klecks Land. Wir kämpfen gegen die Dunkelheit, in der es viel zu gefährlich wäre, durch die Passage des Atolls zu segeln. Sollten wir es nicht bis zum Sonnenuntergang schaffen, werden wir weitersegeln. Denn zwölf Stunden bis zum Sonnenaufgang in der Nähe der gefährlichen Riffe zu warten, wäre uns zu gefährlich. Doch unser Ziel ist es, die nächsten Tage im Schutz der Lagune zu verbringen.

Um 17:30 Uhr, nur eine halbe Stunde vor Sonnenuntergang, fällt der Anker bei 18 Meter Wassertiefe vor Anchorage Island, einer der größeren Inseln von Suwarrow. Wir sind da. Vor uns Palmen, nichts weiter. Fast sieht es so aus, als wenn sie direkt aus dem Wasser herauswüchsen. Auf dem kleinen bewohnten Teil der Insel lebt Harry von April bis Oktober mit seiner Frau. Er ist Einwanderungsbehörde, Gesundheitsbehörde, Zoll, Hausmeister, Kommunikator und ein wenig Entertainer für die ankommenden Segler in einer Person. Harry ist nun unterwegs zu uns und vertieft sich dann voller Ernsthaftigkeit in seine zahlreichen Formulare, die er auf dem Cockpittisch ausbreitet. Hinter ihm weht friedlich unsere frisch gewaschene Wäsche und wir versuchen, genauso ernsthaft zu gucken wie er. Bei einem versuchten Witz schaut er irritiert nach oben und berichtet uns von dem Stress, den er gerade hat. Wir sind heute das sechste Boot, das einklarieren möchte. Bevor nicht alle ordentlich eingecheckt haben, dürfen die Crews nicht an Land. Ordnung muss sein. Normalerweise verstehen wir diese Bürokratiegedanken, doch in dieser Gegend ist sein Bestreben irgendwie irreal. Allerdings behalten wir diese Gedanken vorsorglich für uns. Am Ende der Prozedur geht er mit einem Spray durch unsere Kajüte und sprüht in alle Ecken zum Kampf gegen etwaiges Ungeziefer. Schließlich bekommen wir unseren Stempel und dürfen an Land. Im letzten Licht paddeln wir ans nahe Ufer und betreten diese Mauer im Pazifik. Eine flache Mauer mit Palmen.

Im Schutz dieser Palmen wohnen Harry und seine Frau. Jedes Jahr im Oktober bangen sie erneut, ob sie nicht vergessen worden sind. Dann kommt ein Schiff, das sie zurück nach Rarotonga, der Hauptinsel der Cookinseln, bringt. Sie erzählen uns ein wenig über ihr Leben in der Einsamkeit, die nur durch die hier pausierenden Segler unterbrochen wird. Am nächsten Tag umrunden wir die Insel zu Fuß und fragen uns, wie es ist, in dieser Oase zwischen diesen Wassermassen zu leben. Es bleibt für uns unvorstellbar. Im dichten Palmengestrüpp sehen wir Palmendiebe. Diese riesige Krabbenart kann Kokosnüsse öffnen und erklimmt für diese sogar die Palmen. Wir haben gehörigen Respekt vor ihnen und machen einen großen Bogen um sie.

Bei Sonne und normalem Passatwind erleben wir wahre Genießermomente. Doch schon am Nachmittag fällt erneut das Barometer und der Himmel verdunkelt sich. Es liegt eindeutig etwas in der Luft. Besorgt studiert Jens die Wettervorhersage. Ein Tiefdruckgebiet ist auf dem Weg zu uns, dessen Kern weiter südlich Richtung Osten abziehen wird. Und wir liegen hier mitten zwischen den Riffen! Wenn der Anker rutscht, haben wir kaum Chancen, zu manövrieren. Bei der Wahl des Ankerplatzes hat Jens zwar bereits darauf geachtet, dass wir nach achtern möglichst viel Freiraum haben, aber wir erwarten 40 Knoten Wind. Der Himmel färbt sich tiefrot. Gefährlich rot und krank. Die HUGUR, die nur 50 Meter neben uns ankert, sieht unwirklich aus in dem farbigen Licht. Immer gefährlicher wirkt der Himmel und wir sind in tiefer Sorge um die anderen Boote draußen auf dem Wasser. Denn die restlichen neun Boote der World-ARC sind mit drei Tagen Verspätung gestartet und segeln gerade in das Zentrum des Starkwindgebietes. Es ist müßig und zu spät, darüber nachzudenken, warum sie überhaupt gestartet sind. Im Wetterbericht war der Wind deutlich vorhergesagt. Nur die Stärke nicht. Nach einer schlaflosen Nacht und vielen Wunschgebeten, dass der Anker bloß halten möge, nimmt der Wind gegen Morgen deutlich zu. Wir drehen uns in Zugrichtung des

Tiefdruckgebietes um den Anker. Alles hält. Es ist immer die gleiche Angst. Wir hängen mit unserem Boot, vielleicht mit unserem Leben an der Ankerkette. Unsere Segelfreude ist stark getrübt. Doch kaum ein Ort ist weiter weg von unserem sicheren Zuhause als diese Insel im Südpazifik. Nirgends ist ein Hafen in Sicht. Ungeschützt fühlen wir uns, völlig schutzlos.

Um neun Uhr am Morgen hören wir den Funkverkehr der draußen segelnden Boote ab. Kein Small Talk, kein Lachen, nur Durchhalten ist angesagt. Die Crews versuchen, vor dem Wind zu flüchten. Längst haben sie ihr Ziel Suwarrow aufgegeben. Doch auch der direkte südlichere Weg nach Niue bleibt ihnen versperrt, denn dort würden sie weiter in das Starkwindgebiet hineinsegeln. Wir begleiten die Boote in Gedanken jede Seemeile. Für uns ist diese Zeit ein Lehrstück der Wetterkunde: »Nimm diese Naturgewalt niemals auf die leichte Schulter. Genieße dankbar die guten Zeiten, doch fühle dich niemals zu sicher.« Diese bekannte und einfache Erkenntnis kann man in friedlichen Zeiten allzu schnell vergessen.

Wir sind froh, dass letztlich alle Anker hier in diesem paradiesischen Korallengefängnis halten. Wenn der Wind besonders stark ist, unterstützen wir den Anker mit dem Motor. Der Regen fliegt quer, das nahe Land ist nicht zu sehen. Fast zehn Stunden sind die Boote draußen im brodelnden, tobenden Pazifik in diesem Grauen gefangen. Dann nimmt der Wind etwas ab. Nur noch 30 Knoten, keine 40 bis 60 Knoten mehr. Tatsächlich wurden auf dem größten Katamaran auf seiner 30 Meter hohen Mastspitze 62 Knoten Wind gemessen. Unsere Mitsegler draußen wollen nun schnell nur noch eine geschützte Ankerbucht erreichen und entscheiden sich für den direkten und kürzeren Weg nach Niue. Und auch wir wollen los, erkundigen uns vorher aber noch, wie Harry und seine Frau die Zeit erlebt haben. Auch sie haben alles heil überstanden. Diesbezüglich sind sie wahrscheinlich mehr Profi als wir.

Nach einem weiteren Tag lichten wir gegen Mittag den Anker, um 540 Seemeilen Südwest Richtung Niue zu segeln. Anker auf. »Jens, der

Anker geht nicht weiter hoch. Es klemmt.« Jens versucht, den Anker mit dem Motor aus den Korallen herauszubrechen. Das klappt sonst immer. Heute nicht, denn die Kette hat sich bei dem drehenden Wind in großen Schlingen um die Korallen gewickelt. Wir versuchen, die Kette zu entwirren, sind jedoch chancenlos. Denn auch der Freediver, mit dem wir nur bis zehn Meter Wassertiefe tauchen können, bringt in diesem Fall nichts. Nur dank der uneigennützigen Hilfe einer schwedischen Yacht und des erfahrenen Tauchers Thomas können wir uns befreien. Seine Erfahrung und sein System sind beeindruckend. Er entwirrt die Kette und hängt einen großen Luftsack an den Anker. Somit kommt dieser nach oben und wir können nach zwei Stunden endlich starten. Gedanklich hatten wir den Anker bereits aufgegeben. Dankbar motoren wir durch die Passage und werden von einem immer noch grauen und ungemütlichen Pazifik in Empfang genommen.

1

2

1 Unsere GARLIX, (k)ein Weltumseglerboot.

2 Zu meinen erfreulichen Aufgaben gehört die Schreiberei.

3

4

3 Um uns herum nur Wasser – die gefühlte Endlosigkeit! Faszinierend und angsteinflößend gleichzeitig.

4 Unser Sohn putzt vor dem Start in Las Palmas unter Wasser den Rumpf.

5

6

5 Auf eine gute Überfahrt – vor dem Start in Las Palmas mit der Familie.

6 Ankunft Kapverden – unser privates kleines Heldenglück.

7

8

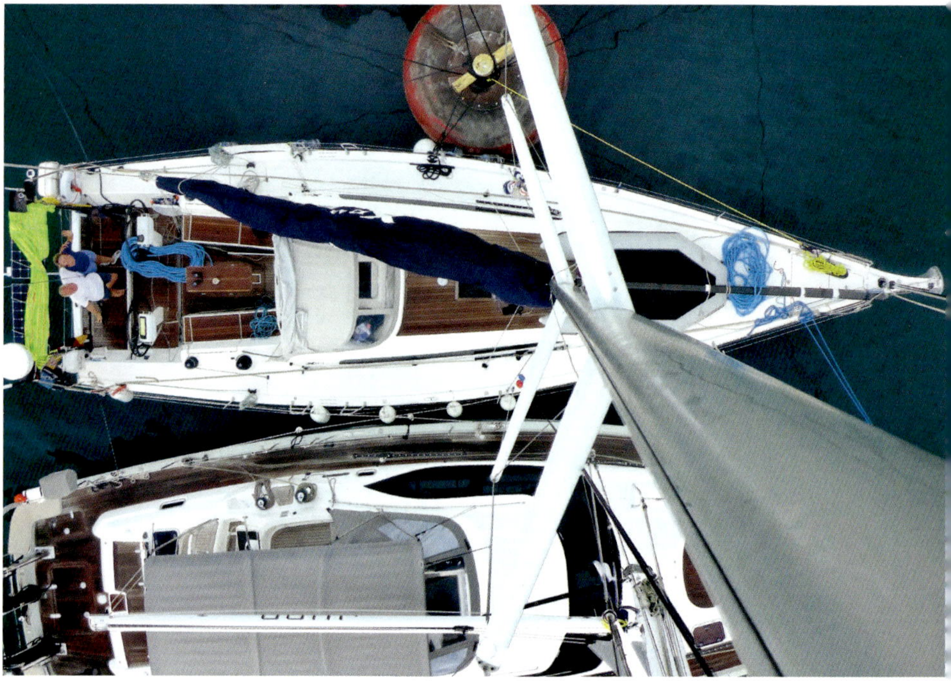

7 Kauf von Molas in San Blas – die Auswahl fällt schwer.

8 Im Panamakanal – über Nacht liegen wir an einer riesigen Mooringboje.

9 17,4 Knoten beim Surf von der Welle – pures Glücksgefühl für Hanna.

10 Mit dem Pelikan auf der Bugspitze starten wir Richtung Hiva Oa.

11 Ob dieser Bewohner von Nuku Hiva wohl mit Club Med hierher gereist ist?

9

10

11

12

13

14

15

12 Die Bewohner von Tahuata holen die Festspeise aus dem Erdofen.

13 Ostern auf Fatu Hiva – die Bewohner schmücken uns mit Blumenkränzen.

14 Unsere GARLIX geschmückt im Hafen von Tahiti.

15 Draußen tobt der Wind – doch in der Koje fühlt man sich sicher.

16 Regattabesprechung vorm nächsten Start.

17 Suwarrow – ein paradiesischer Inselklecks im Pazifik.

16

17

18

19

18 Eine endlose Treppe ins grüne Paradies in der Lou Group von Fiji.

19 Beim Start Richtung Vanuatu – ohne Wind vor der Riffausfahrt.

KLEINER GROSSER INSELFLECK

Cookinseln (Suwarrow) – Niue (Alofi)
18.–24.5.2015, Gesamtdistanz: 14.243 Seemeilen

Wieder ist unser nächstes Ziel auf unserem Badeballglobus nicht zu finden. Wieder gibt es keinen Hafen, sondern nur eine ungeschützte Ankerbucht auf der westlichen Seite der Insel und des Landes Niue. Von diesem Land hatten wir bisher tatsächlich nichts gehört. Der Internetauftritt des Minilandes mit nur rund 1.200 Einwohnern macht uns neugierig. Doch gespannt sind wir vor allem, wie es allen Crews unserer World-ARC-Familie nach dem Sturm geht, denn das sind wir inzwischen geworden: eine Familie. Diese kleine Truppe von nur 15 Booten ist mittlerweile eng zusammengeschweißt. Trotz aller kommunikativen Handicaps sind wir füreinander da. Dieser simple Satz ist in dieser Gegend ungeheuer wichtig, denn ständig geht an einem Boot etwas kaputt und selten ist das Ersatzteil oder ein fachlich ausreichend versierter Handwerker an Land verfügbar. Irgendwie werden dann die Probleme gemeinsam gelöst. So fahren die Männer in beinahe jedem Hafen mit dem Sammeltaxi von Geschäft zu Geschäft, immer auf der Suche nach Dingen, die man vielleicht einmal gebrauchen könnte. Mindestens genauso wichtig ist der Meinungsaustausch der Frauen. An Land wollen wir wieder »Frau« werden. Je nach Pflegebedürftigkeit geht es gemeinsam zum Friseur, zur Kosmetik, zur Massage. Was für ein Abenteuer und eine Mutprobe so ein Friseurbesuch in einem fremden Land werden kann, muss man selbst erleben.

Ich höre direkt die Frage: »Was, die haben nichts anderes zu tun, als zum Friseur zu gehen? Typisch!« Oft denke ich darüber nach und diskutiere mit anderen Frauen über das Problem des akuten Frauenmangels auf manchen Booten. Dieses Thema gehört wohl zu den individuellsten überhaupt. Die am häufigsten gestellte Frage vor dem Start und während unserer Reise war: »Was, auf diesem kleinen Raum sind Sie die ganze Zeit mit Ihrem Mann zusammen? Das geht? Sind Sie immer noch verheiratet?« Tatsächlich, manchmal nehmen die Dinge ihren Lauf. Jeder kennt das Geschrei bei An- oder Ablegemanövern. Man(n) schreit von hinten irgendwas. Der Wind trägt die Worte fort und Frau steht vorn und weiß nicht, was er will. Dann segelt man los und die Sache ähnelt vielem, aber nicht dem Bikinisegeln aus den Prospekten. Schlaflosigkeit, Nässe, Kälte, Unsicherheit und dünne Wände der sowieso zu kleinen Bäder können manchen Urlaub zur Hölle machen. Bei Wachübergaben in der Nacht raunt man sich noch müde ein »Gute Wache« zu und verkriecht sich allein in der knarzenden, schaukeligen Koje mit den leicht feuchten Decken. So oft sind wir Männern begegnet, die sich begeistert Geschichten über unsere Abenteuer und unsere Reise anhören und sich dann verabschieden mit den Worten: »Alles toll, aber meine Frau macht das nicht mit.« Sicher bin ich mir nicht, ob all diese Männer tatsächlich starten würden oder ob die Frauen nicht allzu häufig vorgeschoben werden. Persönlich glaube ich Letzteres eher. Wir sind 24 Stunden über Wochen und Monate zusammen. Da sind an Bord kleine Auszeiten voneinander genauso wichtig wie eine echte, gegenseitig achtende Partnerschaft an Bord. Eine Partnerschaft, bei der notfalls jeder das Boot bedienen kann und Unsicherheit nicht streitsüchtig macht. Für Männer und Frauen ist der Austausch von Erfahrungen und Erlebnissen beim Wein, Bier oder gemeinsamen Frisörtermin daher gleichermaßen immens wichtig. Wir segeln hier zusammen um die Welt. Es ist das Abenteuer unseres Lebens. Das verbindet die Crews miteinander.

Drei Tage benötigen wir für den schnellen Ritt von Suwarrow nach Niue. Ungemütlich ist es hier draußen mit bis zu 30 Knoten Wind.

Dann, fast, ist es passiert. Die Vergesslichkeit so vieler Paare … »Schatz, heute ist unser Tag!« »Unser Tag, welcher?« »Herzlichen Glückwunsch zum Hochzeitstag.« Wir können es uns gegenseitig nicht übel nehmen, dass wir dieses Datum vergessen haben. Es ist kein Wetter zum Feiern, nur zum Durchhalten. Per Funk erfahren wir von einer Yacht unserer World-ARC-Flotte, dass bei ihnen weder Motor noch Generator mehr funktionieren. Sie vermuten Dieselbakterien im Tank. Schlimmer ist, dass sie außer Motor oder Generator keine weiteren Energieerzeuger haben. Zwei Tage liegen noch vor ihnen, und das bei diesem Wetter. Unsere Gedanken und besten Wünsche sind bei ihnen. Ihr Strom für den Autopiloten reicht noch maximal 25 Stunden. Dann müssen sie per Hand steuern. Wichtiger als der Autopilot ist jedoch der Kartenplotter für die korrekte Position. Plötzlich wird uns allen wieder bewusst, wie abhängig wir von der Bordtechnik sind und wie trügerisch die Sicherheit hier draußen ist. »Müssen sie halt per Hand steuern! Na und! Sie sind doch Segler!« Schon von Sassnitz nach Rønne auf Bornholm ist es mit rund 60 Seemeilen eine lange Strecke, um die ganze Zeit hinterm Steuer zu stehen. Aber Tag und Nacht, 500 oder 1.000 Seemeilen und dann nur zu zweit bzw. wie auf diesem Boot mit drei Kindern an Bord, ist zwar möglich, aber alles andere als schön.

Inzwischen hängen wir in der Alofi Bay an einer Muringboje. Es ist, als wenn sich das Wetter mit uns versöhnen möchte. Kein Schwell und kein Wind mehr. Beste Voraussetzungen für eine Inselerkundung, denn man kann hier nur bei geringem Wellengang mit dem Dingi anlanden. Dafür fahren wir an eine flache Kaimauer, greifen den bereit hängenden Kranhaken und hängen das Schlauchboot ein. Dann springen wir sportlich aus dem schaukelnden Boot und ziehen das Dingi per Hand an Land. An sich ist das eine gute und sichere Methode. Nur wenn der Schwell zu hoch in die Bucht steht, wird ein Landgang unmöglich.

Niue gehört mit zu den weltgrößten gehobenen Atollen. Das heißt, alles was sonst dicht unter dem Wasserspiegel ist, liegt hier über dem

Wasser. Dadurch wird die Insel durch bis zu 30 Meter hohe, messerscharfe, gezackte Kalksteinriffe geschützt. Durch eingeschlossenen Löcher, sogenannte Blowholes, spritzt und pustet das Pazifikwasser meterhoch senkrecht in den Himmel. Daneben sind durch die überirdischen Riffe beeindruckende Höhlen und Grotten mit mächtigen Stalagmiten und Stalaktiten entstanden. Die perfekte Theaterkulisse.

14 Dörfer hat diese Insel. 14 Dörfer für 1.200 Einwohner, wovon rund 600 allein in dem Hauptort Alofi leben. Genauso sehen die Orte teilweise aus, leer und traurig. Die Insel leidet unter der Abwanderung der Bewohner nach Neuseeland, dessen Staatsbürgerschaft sie als Angehörige des selbstverwalteten Territoriums in freier Assoziierung mit Neuseeland automatisch haben. Doch immerhin gibt es hier einen inseleigenen Yachtclub, den »Biggest Little Yacht Club In The World«. Hier kann jeder Mitglied werden, was wir allerdings versäumt bzw. aufgrund unserer deutschen Skepsis unterlassen haben. Was passiert denn, wenn der Verein plötzlich beschließt, ein neues Vereinshaus zu bauen? Müssen wir dann aus Deutschland zahlen? Durch dieses Vorsichtsdenken haben wir uns um den netten Witz gebracht. Davon abgesehen bietet der Club jedoch wertvolle lokale Informationen.

So klein dieses Land auch ist, wir gewinnen nicht den Eindruck, als ob das Leben den Bewohnern zu langweilig wäre. Sie haben ein tolles Marketing aufgebaut, mit eigenen Briefmarken, Münzen und Tanzgruppen. An einem Abend dürfen wir diese Tänze erleben und verbringen eine schöne Zeit. Nach wenigen Tagen verabschieden wir uns dann wieder von diesem Miniland. Es geht weiter Richtung Westen nach Tonga.

UND WIR TANZEN IN DIE NACHT

Niue (Alofi) – Tonga (Vava'u)

25.5.–7.6.2015, Gesamtdistanz: 14.473 Seemeilen

»Hol das Ölzeug raus!« Nach Monaten suchen wir aus dem hintersten Spind wieder unsere wasserdichten Segelsachen raus. »Mist, der Reißverschluss geht nicht mehr hoch.« Durch die ständige Feuchtigkeit in der Südsee sind die Metallreißverschlüsse vergammelt und so läuft uns das Wasser in den Nacken. Wir fühlen uns an unsere Biskayaüberfahrt erinnert. Nass, kalt und windig ist es hier draußen. Froh sind wir, dass nur 230 Seemeilen vor uns liegen. Wir fliegen durch die ungemütliche Welt und sind viel zu schnell. Wieder kämpfen wir damit, nicht in der Dunkelheit an unserem Ziel anzukommen. Ohne Großsegel und nur mit einem handtuchgroßen Vorsegel brettern wir Richtung Westen. Kein Stern und kein Mond begleiten unseren Weg.

Mitternacht. Vor uns liegen nur noch 20 Seemeilen bis zur Insel Vava'u, einer der Haupinseln des Inselstaates Tonga. Um zwei Uhr in der Nacht sind es noch sieben Seemeilen bis zur Einfahrt. Die Insel sollte jetzt querab liegen. 2:30 Uhr. »Jens, jetzt wird mir das hier langsam unheimlich. Wo ist bloß die Insel?« Wir sind beide verunsichert. Noch drei Seemeilen und nichts ist zu sehen. Kein Licht der Zivilisation. Schwarz, alles. Sind wir hier überhaupt richtig? Um drei Uhr sind wir direkt vor der Faihava-Passage, der Einfahrt von Vava'u. Wir überlegen, ob wir hier draußen das Tageslicht abwarten sollten. Sicherer wäre es, doch es ist hier so ungemütlich. Unsere Koje und eine windstille Bucht animieren uns zur Unvorsichtigkeit. Über Funk haben wir mitbekommen, dass hier eine deutsche Yacht in der vergangenen Nacht auch in der Dunkelheit reingesegelt ist. Mit deren

Crew hatten wir Kontakt aufgenommen und wagen jetzt diese dunkle Unternehmung. Wir vertrauen unserer Navigation und schleichen langsam durch die Schwärze in die Einfahrt. Die Bojen an der Enge am Galloway Rock sind gut beleuchtet. Erleichterung pur. Wir fahren in die geschützte Ankerbucht und müssen jetzt nur noch eine freie Muringboje finden. Erleichtert fallen wir später in die Koje. Wir wissen, dass wir eben viel Glück hatten. Nichts ist passiert und wir haben die Nase voll von Regen und Nässe.

Bei aller Unsicherheit bringt eine Ankunft in der Nacht auch Vorteile, denn das Erwachen am nächsten Morgen erweckt uns im wahrsten Sinne des Wortes. Es leuchtet mehrfach. Die Sonne, ein neues Land, neue Menschen, unsere Neugierde.

Es ist still um uns herum. Kein Wind und in der geschützten Bucht vor Neiafu, der Hauptstadt von Vava'u, fühlen wir uns sicher und behütet. Endlich kein Windgeheule mehr. »Jens, lass uns hierbleiben. Einfach mal an einem Ort und nicht ständig weiter und immer weiter.« Sind wir müde vom ständigen Weiter? Seit zehn Monaten sind wir unterwegs und die Zeit wirkt lang. Zehn Monate Urlaub, wer hat das schon!? Trotzdem gibt es viele Segler, die meinen, dass wir um die Welt rasen. Die meisten Langzeitsegler, die wir getroffen haben, verbringen Jahre hier im Pazifik. Wir glauben jedem, der behauptet, dass die Südsee das schönste Segelgebiet der Welt ist. Im freundlichen Abstand von wenigen Hundert Seemeilen befinden sich die lang gezogenen Inselketten im Südpazifik. Hat man die lange Strecke von den Galapagos- zu den Marquesas-Inseln überwunden, benötigt man jeweils nur wenige Tage, um weitere Trauminseln zu entdecken. Inseln und – für uns – fremdländisches Leben überall. All das streifen wir nur kurz. Zwei Wochen Galapagosinseln, sieben Wochen Französisch-Polynesien mit den Marquesas-Inseln, dem Tuamotu-Archipel und den Gesellschaftsinseln, jeweils ein paar Tage Cookinseln und Niue. Zwei Wochen werden wir hier auf Tonga sein. Wir kratzen nur jeweils an der Oberfläche, viel mehr Zeit haben wir nicht. Doch wollen wir wirklich mehr? Wären wir dazu bereit, wenn wir es zeitlich könnten, mehrere Jahre in dieser Gegend zu verbringen? Ähneln sich die Inseln letztlich nicht doch und die abenteuerliche Abwechslung wird dann zu umständlich und zu mühsam?

Das Seglerleben in den »Hochglanzprospektbuchten« ist zweifelsohne ein Abenteuer. Wir wollen es nicht missen und sind stolz, dass wir den Mut hatten, dieses Abenteuer zu wagen. Wir saugen unsere Erlebnisse doppelt auf und doch werden wir hier in der Ferne immer mehr zu Europäern. Dieses Blauwasserleben ist schön, solange alles am Boot funktioniert, man keine großen Reparaturen oder Ersatzteile benötigt, die Behördengänge nicht zu umständlich sind und das Wetter unseren Vorstellungen entspricht. Dann bleibt immer noch, dass die Städte und Orte einfach anders aussehen als die, die wir kennen. Neben den wenigen – aus unserer Sicht – ordentlichen Häusern aus Stein gibt es vorwiegend bunt bemalte Bretterhütten. Mehr ist hier nicht nötig. Die Menschen verbringen ihre Zeit draußen auf der Straße. Wo auch sonst, bei den hohen Temperaturen. Die bunten Märkte in den Orten sind immer wieder ein Erlebnis. Überall finden wir exotisches Obst und Gemüse und mittendrin Fleisch, Fisch und Eier. Trotzdem fragen wir uns, warum die Waren meistens auf dem Boden liegen müssen. Es ist und bleibt für uns ein Abenteuer, doch wir freuen uns auch wieder auf die europäische Kultur und auf Deutschland.

In Ruhe paddeln wir nach dem Frühstück an Land. Durch die World ARC ist das Einklarieren bestens organisiert. Ein paar Formulare ausfüllen und dann: »Können Sie bitte einen Stempel druntersetzen?« »Wie, einen Stempel?« »Ihren Stempel vom Boot!« Oh. »Sag mal, Jens, haben wir einen Stempel?« »Na ja, wir hätten da einen …« Jens holt unseren Stempel und keiner der Beamten bemerkt den bedeutungsvollen Spruch. Auf Deutsch stempeln wir alle Formulare und wünschen damit jedem Leser: »Lebe Deinen Traum.« Einen anderen, offizielleren Stempel haben wir nicht. Doch alle sind froh und wir haben unser Visum.

Ursprünglich dachten wir, dass unser erster Tag hier auf Tonga der 27. wäre. Doch auf den Papieren steht der 28. Mai 2015. Mit unserer

Ankunft in Tonga haben wir die Datumsgrenze übersprungen und die Zeit hat uns wieder eingeholt. Seit Deutschland haben wir die Uhr zurückgestellt. Ab jetzt müssen wir jedoch neu denken, wenn wir künftig zu Hause anrufen wollen. In Niue waren wir noch 13 Stunden hinter Deutschland, jetzt sind wir elf Stunden voraus.

Auf Tonga haben wir knapp zwei Wochen Zeit. Das ist eine gute Gelegenheit, um das notwendige Visum für Australien zu beantragen, wo wir in zwei Monaten sein wollen. Gleich zu Beginn unseres Aufenthaltes ist das Hannas und meine Aufgabe, denn wir möchten noch einmal Hannas gute Englischkenntnisse nutzen, um das elektronische Antragsformular auszufüllen. Hanna selbst möchte hier auf Tonga versuchen, ein Boot zu finden, mit dem sie Australien früher erreichen kann. Die schlechte Internetverbindung macht diese an sich kleine Sache zum großen Plan. Nach mehreren Stunden in Restaurants und in einem Internetcafé geben wir auf. So wird das nichts. Das WLAN der öffentlichen Einrichtungen ist einfach zu schlecht. Ist irgendwo in Hafennähe eine einigermaßen gute Internetverbindung vorhanden, spricht sich diese Nachricht in Windeseile bei den Seglern herum. Schnell sind dann alle Tische besetzt. Jeder klappt sein Laptop auf und hofft auf eine gute Verbindung, um notwendige Updates, Upgrades oder Mails zu erledigen. Das Netz wird lahmer und lahmer und am Ende geht nichts mehr.

Letztlich kaufen wir ein separates Modem mit Datenkarte und versuchen erneut unser Glück. Diesmal klappt es. Nach geschlagenen sechs Stunden haben wir nicht nur unser Visum, sondern bei der Gelegenheit auch den Ort Naiafu recht gut kennengelernt. Supermärkte, Handyläden, Restaurants und Banken reihen sich aneinander. Dazwischen frei laufende Schweine. Überall. Im Markt, auf den Straßen, vor und in der Kirche. Erst vermuten wir religiöse Hintergründe. Doch nein, es sind einfach frei laufende Hausschweine, die sich hier neben den vielen Hunden tummeln und sich ihr Fressen allein suchen.

Nach drei Tagen ohne große Unternehmungen findet ein von den Einheimischen und der World ARC organisierter Empfangsabend statt. In jedem Land werden wir so von den jeweiligen Bewohnern begrüßt und bekommen einen kleinen Einblick in das Leben und die Historie des Landes. Diese Treffen gehören zu den Höhepunkten unserer Reise und wie immer sind wir gespannt, was wir erleben werden. Ein großes Büffet wird aufgebaut. Die Menge muss für mehr Personen geplant sein ... Huhn, Schwein, Goldmakrele, Thunfisch, Ananas, Papaya. Alles ist auf Bananenblättern angerichtet und ständig werden wir aufgefordert, mehr zu essen. Wir erleben feurige alte Tänze. Die Frauen und Männer sind mit traditionellen Bastmatten und Röcken aus Tapa gekleidet. Gern glauben wir ihnen ihre Lebensfreude und ihr herzliches Willkommen.

Nach drei Stunden Geselligkeit ist das offizielle Fest im Aquariumcafé vorbei und die freundlichen Kellnerinnen fangen an, das Restaurant auszufegen. Der stimmungsvolle Abend geht zu Ende. Im Hintergrund plärrt irgendeine Musik aus dem Rekorder und plötzlich nimmt eine Kellnerin ihren Besen und spielt Luftgitarre. Es dauert nicht lange und ihre Kollegin fällt ein ... dann die nächste ... und es ist klar, bei solch einer freudigen Vorlage brauchen auch wir nicht lange und schon bald tanzen wir alle gemeinsam hier in dieser beleuchteten Bucht von Vava'u. Was ist das für ein toller Abend. Keine gestellten Vorführungen, einfach nur ehrliche gemeinsame Freude. Die halbe Nacht feiern wir eine unvergessene lange Nacht der Nächte. In der Dunkelheit paddeln wir später langsam zwischen den ruhig daliegenden Boote zurück. »Schatz, diesen Abend werde ich niemals vergessen.« Jens kann das nur bestätigen. »Nein, das werde ich auch nicht. Ich denke, wir haben alles richtig gemacht.« Zufrieden kriechen wir in unsere Koje.

In den nächsten Tagen erfahren wir bei einem Besuch im botanischen Garten mehr über die Herstellung des traditionellen Tapa-Stoffes, der als Kleidung und Dekoration genutzt wird. Mühevoll fertigen die Tongaer diesen Stoff aus der Rinde des Papiermaulbeerbaumes. Es vergehen drei bis vier Jahre, ehe die schlanken Äste des Baumes geschlagen werden können. Dann werden die Äste geschält und die harte äußere Borke wird von der weichen inneren Rinde getrennt.

Dieser verbleibende weiße Bast wird in der Sonne getrocknet und zu einer Rolle aufgewickelt. Zur weiteren Verarbeitung wird der Bast dann eingeweicht und mit dicken Holzstöcken geschlagen. Die Baststreifen werden auf diese Art und Weise aneinandergefügt und breit verwoben. So entstehen stoffartige Bahnen, welche Tapa genannt werden und aus denen die traditionelle Kleidung der Frauen gefertigt wird. Teilweise werden diese Bahnen kunstvoll mit Mangrovenwurzelsaft mit beeindruckenden, großflächigen Bilder bemalt. Bis so ein Tapabild fertiggestellt ist, vergehen Monate.

Eine klitzekleine, runzelige alte Frau zeigt uns diese mühevolle Arbeit. Mit welcher Wucht sie die Baumrinde bearbeitet! Ich spüre förmlich ihre arthritischen, schmerzvollen Armgelenke. Selbstverständlich muss ein großes Stück bemalter Tapastoff in den Bauch unserer GARLIX wandern. Tapa darf in keinem tongaischen Haushalt fehlen und diente schon vor James Cooks Zeiten als Kälteschutz, Dekorationsmaterial und Kleidung. Wer in Tonga kein Tapa besitzt, gilt auch heute noch als arm.

Unsere Rundreise geht weiter und wir dürfen an einer Kava-Zeremonie teilnehmen. Das klingt im Grund sehr eindrucksvoll, ist für uns allerdings nichts anderes als gemeinsames Modderwasser-Trinken. Anders können wir den Geschmack des mit Wasser vermengten Kavapulvers nicht beschreiben und sind am Ende der Prozedur nicht überzeugter als vorher. Kava-Kava wird zumeist aus dem Wurzelstock des Rauschpfeffers gewonnen und dient als Entspannungs- und Heilmittel. Das Getränk wird hauptsächlich von Männern getrunken, soll angeblich nicht abhängig machen und ist besonders auf Tonga, Samoa, Fidschi und Vanuatu in der Südsee verbreitet. Für uns soll es vornehmlich als Geschenk beim Besuch der Lau-Inseln, unserem nächsten Ziel, dienen. Dafür kaufen wir einige Tüten und hoffen auf dankbare Abnehmer. Ansonsten finden wir für dieses Pulver keine weitere Verwendung.

Tonga ähnelt in vielem den anderen Inseln, die wir in den letzten Monaten besucht haben. Zwischen den wenigen neuen, modernen

Häusern stehen halb fertige Holzhütten. Teilweise sieht es verwahrlost aus und an der nächsten Ecke werden wir von moderner Sauberkeit empfangen. Das Königreich Tonga ist der einzige Staat Ozeaniens, der niemals von einem europäischen Staat kolonialisiert wurde. Die insgesamt 176 Inseln werden jedoch regelmäßig von Unwettern, Erdbeben und Zyklonen heimgesucht. Doch wir erleben eine Zeit der absoluten Friedlichkeit. Wir fühlen uns wohl in unserer geschützten Bucht und bewegen uns tatsächlich nicht weg von der Muringboje, obwohl es endlose Ankerbuchten und Tauchparadiese zu entdecken gäbe. Dank unseres neuen Modems haben wir endlich ausreichendes Internet, um dringende Arbeiten aus der Ferne zu erledigen. Dafür müssen wir die Zeit hier nutzen.

Um uns herum füllt sich die Bucht langsam mit den Booten der ICA-Rally (www.islandcruising.co.nz). Diese 20 Boote, die in Neuseeland gestartet sind, vereinigen sich hier für kurze Zeit mit den Booten der World ARC. Gemeinsam werden wir nach Vanua Balavu, der Hauptinsel der Lau-Inseln, segeln. Die etwa 100 Lau-Inseln bilden einen circa 1.000 Kilometer langen Archipel, der zu Fidschi gehört und ungefähr 100 Seemeilen östlich der Hauptinseln liegt. Die notwendige Genehmigung für einen Besuch ist normalerweise nur auf den Hauptinseln Viti Levu oder Vanua Levu zu bekommen. Von dort müsste man dann wieder zurück, also gegen den Passat segeln, um diese Inseln zu besuchen. Für uns als Gruppe wurde jedoch das Einklarieren direkt auf der Insel Vanua Balavu organisiert.

Kurz vor unserer Abfahrt müssen wir uns nach fünf Monaten von unserer Backpackertochter Hanna verabschieden. Einerseits sind wir ein wenig froh, dass wir unser Boot dann wieder für uns allein haben, andererseits sind wir auch traurig. Denn wir sind seit St. Lucia auf engstem Raum über 8.000 Seemeilen miteinander gesegelt. Im Nachhinein sind wir überrascht, dass das so gut geklappt hat, da wir uns zu Beginn ja völlig fremd waren. Unterwegs wurden wir dann aber zu Freunden. Es ist nur ein Abschied auf Zeit. Ganz sicher werden wir sie in ihrem neuen Zuhause besuchen, wo auch immer das sein wird.

Wir bereiten uns nach zwei Wochen auf Tonga auf unseren Abschied von diesem Land vor. Echtes Bedauern macht sich breit. Hier hätten wir gern mehr Zeit gehabt, um noch einige der vielen Buchten und Inseln zu erkunden. Doch unser Zeitplan wird vom Hurrikankalender bestimmt. Da wir uns entschlossen haben, die Welt von St. Lucia nach St. Lucia in 15 Monaten zu umrunden und kein Jahr dazwischen zu pausieren, ist der vorgegebene Zeitplan der World ARC ideal, um außerhalb der gefährlichen Saison zu segeln.

BULA FIDSCHI

»Es hat geregnet, heute können wir keine Wäsche waschen.«
Aussage der Dame in der Wäscherei in Savusavu

Tonga (Vava'u) - Fidschi/Lau-Inseln (Vanua Balavu) - /Vanua Levu (Savusavu Bay) - /Viti Levu (Viseisei) - /Musket Cove
8.6.-4.7.2015, Gesamtdistanz: 15.113 Seemeilen

Motor an, Instrumente an. Instrumente an! Stille und ein schwarzes Display. Was ist denn jetzt wieder? Jähes Erwachen aus unserer Glückseligkeit. Solch ein schwarzes Display erzeugt direkt Unbehagen. Raymarine-Service hier in Vava'u? Chancenlos, Fehlanzeige. Jens taucht schweigend in die Tiefen der Backskisten und versucht, an den Kabeln und verschiedenen Switchen der Raymarine-Installation den Fehler zu finden. Wir haben einen Verdacht. »Rost, Gammel und Grünspan«, lautet dieser. Dieses feuchte, warme, blaue Katalogwetter der Südsee ist gnadenlos gegenüber allen Dingen, die nur näherungsweise metallisch sind. Zu den wichtigsten Alltagsdingen gehören in dieser Gegend Zipp-Tüten, wasserdichte Taschen und Boxen sowie WD-40.

WD-40 gibt es hier überall, in jedem Laden und in jedem Land der Südsee haben wir es bekommen. Meistens steht es direkt neben Nutella, vielleicht weil Schokolade beruhigt? Denn beruhigt werden muss man. Regelmäßig. Es nervt einfach, wenn jeder zweite USB-Stick seine Funktion aufgibt und nicht mehr lesbar ist, nur weil er leicht angerostet ist. Laptops oder Fotoapparate einfach so rumliegen lassen? Machen wir nicht. Sie kommen immer in eine Tasche und trotzdem sind die Anschlüsse leicht rostig. Metallene Reißverschlüsse geben vergammelt ihren Dienst auf und selten hilft ölendes Spray. Was ist die beste Getränkeverpackung? Metallbüchsen? Vielleicht, aber nur, wenn sie in verschlossenen Kisten stehen. Nur der Hauch von Salzwasser bringt großen Ärger. Richtig sauer war ich, als ich einmal sorgsam aufgehobene Proseccobüchsen geschlossen, aber leer aus der Versenkung geholt habe. Neben der enttäuschten Vorfreude stank unser Boot wie eine Destillerie. Auch sogenannter nicht rostender Stahl hält fast nie, was er verspricht. Auch der rostet, mal mehr, mal weniger. Kein Segler sieht gern Rost an seinen Relingstützen. Es gibt zwei Möglichkeiten. Putzen, und zwar täglich und am besten mit Zahnbürste oder Nutella essen und sich damit abfinden. Wahrscheinlich genau deswegen wird immer WD-40 neben Nutella stehen. Fakt ist, die technische Südseewelt würde ohne WD-40 leicht angefressen und mit einem Rostschimmer überzogen ihren Dienst quittieren. Ständige Pflege ist existenziell.

Nach fünf Stunden hellt sich Jens' Gesicht auf und er spricht wieder. Es war nur ein Switch, dessen Anschlüsse leicht angegammelt aussehen, der das schwarze Display verursacht hat. Noch besser, Jens hatte die Lösung im Ersatzteilkasten. Bloß gut. Also Motor an, Instrumente an, Anker auf! Wir starten am Nachmittag die rund 300 Seemeilen Richtung Westen nach Vanua Balavu.

Im Hellen und bei bestem Wetter verabschieden wir uns von dem im Horizont verschwindenden Tonga und segeln in den Sonnenuntergang. Durch die Vereinigung mit den Booten der ICA-Rally segeln jetzt 35 Yachten Richtung Westen. Das ist ungewohnt. Zu viel Boote sind um uns herum. In der Nacht kann ich fünf Lichter sehen, aber nur zwei AIS-Signale auf unserem Kartenplotter entdecken. Ein ungutes Gefühl, um in die Dunkelheit hineinzusegeln. Doch alle Yachten bleiben im sicheren Abstand zueinander, sodass keine gefährliche Situation entsteht.

Pünktlich morgens um neun Uhr des zweiten Tages sind wir an der Riffeinfahrt. Wir wissen, dass mitten in der Einfahrt der Tongan-Passage ein großer, für uns unsichtbarer Stein liegt. Dennoch ist und bleibt so eine Einfahrt in eine Riffpassage ein beunruhigendes Unterfangen. In Tonga haben wir vorsorglich noch die letzten Updates für die Karten dieser Gegend auf den Plotter geladen. Bisher hatten wir mit Navionics auch noch nie Probleme und immer eine gute Orientierung. Zusätzlich haben wir uns auch noch die Google-Earth-Karten der Gegend auf den Rechner geladen. Dennoch ist uns etwas mulmig.

Nach dem Einklarieren fahren wir langsam östlich um die Insel zu der bestens geschützten Bucht Mbavatu. Nicht viele Boote haben sich entschlossen, noch heute diesen schönen Platz anzusteuern. So genießen wir diese Bucht fast allein. Was ist jetzt mit unserem Kavapulver, das wir als Geschenk aus Tonga mitgebracht haben? Können wir es hier übergeben? Wir sind verunsichert. Unsere bisherige Bordkommunikatorin Hanna ist nicht mehr da. Jetzt müssen wir allein ran und unsere sprachlichen Probleme lösen.

»Sag mal, Jens, da drüben ist so etwas wie ein Steg. Wollen wir mal versuchen, dort an Land zu gehen?« Wir bringen unser Dingi ins Wasser und erkunden die Gegend. Das Land ist geschützt von dichten Mangrovenbäumen. »Stell dir vor, du bist vor einigen Hundert Jahren der ersten Entdecker dieser Gegend. Hast die Riff- und Korallenbänke erfolgreich überwunden, was an sich schon eine beeindruckende Leistung ist, und dann findest du dich vor dieser dichten grünen Baummauer wieder.« Sehr einladend sieht das hier für erste Landgänge nicht gerade aus. Wir paddeln zu der Lichtung mit dem kleinen Steg. Ein junger Mann nimmt uns unsere Leine ab und zeigt auf eine hohe Treppe, die scheinbar direkt in die Baumkronen führt. Wir erklimmen die 271 Stufen, die uns durch den dichten Wald in den sicheren Schutz der Berge führt. Hier oben werden wir von frei laufenden Pferden begrüßt. Ungefähr einen Kilometer weiter finden wir ein paar Häuser, mitten im dichten Wald. Unheimlich ist das. Doch werden wir dort von einer friedlich aussehenden alten Frau freundlich begrüßt. Die ganze Familie wird zusammengerufen. Wir sollen uns in einem Gästebuch verewigen und werden eingeladen, ihr Gelände zu betreten und die Gegend zu erkunden. Vor lauter Aufregung vergessen wir, unser Kavapulver zu übergeben.

In diesem kleinen Minidorf mitten im dichten Wald leben nur elf Menschen. Zugegeben, in einer einzigartigen Landschaft. »Jens, bei aller Schönheit, aber dauerhaft leben möchte ich hier nicht. Das wäre dann doch zu einsam.« Wir sind uns einig, dass das für uns nur ein Paradies für die Durchreise ist. Wir finden den Aussichtspunkt, den die Bewohner uns empfohlen haben, und sehen die hohen Klippen hinunter. Blau und grün in allen Facetten leuchtet das Wasser und mittendrin die von hier friedlich aussehenden Riffe. Kleine Inseln, die keine mehr sind, oder noch welche werden wollen. Von unseren sicheren Aussichtspunkt aus können wir uns an dieser Landschaft nicht sattsehen. Jedem Maler, der diese Farbenpracht malen würde, würde der Vorwurf gemacht werden, dass er übertreibt. Fast kitschig ist es, was wir hier sehen dürfen.

Wir kehren zur GARLIX zurück und sind ein wenig traurig, dass sich unsere friedliche Bucht mittlerweile gefüllt hat. Inzwischen haben alle Boote die Einreiseprozedur hinter sich gebracht und den Weg hierher gefunden. Gemeinsam erleben wir am Abend eine traditionelle Kavazeremonie, die der von Tonga ähnlich ist. Selbstverständlich behaupten die Bewohner, dass ihr Kavapulver wesentlich besser sei als das der Nachbarinsel. Ganz offensichtlich mögen die Bewohner den eigentümlichen Geschmack dieses Getränks. »Sag mal Schatz, wie findest du diese große Kavaschüssel?« Jens ahnt bereits, was kommen wird. »Ganz nett, aber die ist viel zu groß und zu schwer für unser Boot!« Das Getränk mag für uns ungenießbar sein, aber solch eine kunstvoll gefertigte große Holzschale könnte ich mir sehr gut in unserem Wohnzimmer vorstellen.

Am nächste Tag segeln und motoren wir alle gemeinsam durch die verwinkelte und verworrene Landschaft von Vanua Balavu. Normalerweise sind wir gern in einer kleineren Gemeinschaft. Unsere 15 Boote der World ARC sind eine angenehme Größe. Maximal sind wir ungefähr 40 bis 45 Segler. Das ist eine ideale Größe, damit keine Grüppchenbildung stattfindet. Durch die Boote der ICA bilden wir jetzt eine lange Schlange, die sich durch die schluchtartige Landschaft schlängelt. Wie Pilze wachsen die Steine hier aus dem Wasser mit einer grünen Krone oben drauf. Ist das schön. »Jens, ein klein wenig erinnert mich das an die Schären vor Stockholm.« Er pflichtet mir bei: »Du hast recht, nur ist es dort nicht so warm.«

Irgendwo zwischen den Steinen halten wir an, werfen den Anker. Was nun? Hier ist ein Dorf. Ach. Wo? Westlich des kleinen Flugplatzes wohnen tatsächlich einige Menschen in einem kleinen Ort. Nächstes Land, nächster Empfang. Liebevoll wird erneut ein großes Buffet aufgebaut, das dem von Vava'u in nichts nachsteht. Tanz, Essen und viel quatschen. Wieder erleben wir ein neues Land in einer unwirklichen paradiesischen Inselwelt.

Nach einigen Tagen geht es für uns weiter in Richtung Savusavu auf Vanua Levu. Auf dem Weg dorthin segeln wir in der Nacht in unsere heimatliche Halbkugel hinein. Nach elf Monaten auf der westlichen Halbkugel steht jetzt wieder ein Ost hinter dem Längengrad. Doch ehe wir zu Hause sein werden, liegt noch ein weiter Weg vor uns. Wir sind froh darüber. Bevor wir in einer Woche unserer GARLIX in der Vuda-Marina in Viseisei auf der Hauptinsel Viti Levu einen neuen Unterwasseranstrich gönnen, wollen wir noch in Savusavu gemeinsam mit den anderen Booten der World ARC für Vanuatu einkaufen. Denn als wir auf dem Weg von den Galapagosinseln nach Hiva Oa waren, hat der Zyklon Pam mit bis zu 300 Stundenkilometer und acht Meter hohen Wellen dermaßen über Vanuatu getobt, dass der Notstand ausgerufen werden musste. Daher wollen die Organisation der ARC und wir Segler den Bewohnern dieses Landes helfen und möglichst die Dinge mitbringen, die benötigt werden. Die ARC stellt dafür unter anderem eine Spende von 5.000 US-Dollar zur Verfügung.

Mit einigen Yachten der World ARC treffen wir uns deswegen in Savusavu und versuchen, diese Aufgabe zu lösen. Das ist bei der Liste der Bewohner von Tanna, deren Insel wir in Vanuatu zuerst anlaufen werden, gar nicht so einfach. Wünsche wie 150 Kilo Nägel, 20 Äxte, 20 Hämmer, 20 Schaufeln, Bettwäsche, Decken, Kissen, 200 Meter

Kabel und unterschiedliche Haushaltsgegenstände sind leicht zu erfüllen. Bei zehn Matratzen und zwei Kühlschränken stutzen wir aber. Matratzen und Kühlschränke sprengen den vorhandenen Stauraum auf unseren Yachten. »Wie bitte sollen wir das transportieren?« Doch da kommt unser größter Katamaran MAKENA mit 62 Fuß ins Spiel und wir können freudig weiter einkaufen.

Zwei Tage sind wir damit beschäftigt und kurbeln die Wirtschaft kräftig an. Die Händler der Warenhäuser sind ganz verzückt von diesem ungeplanten Kaufrausch und liefern uns alle Waren zum Hafen. Interessant ist dabei das internationale Währungsdenken der einzelnen Crews. Gespendet wurde die Summe von der ARC in US-Dollar. Ausgelegt wird es von einem Schweizer Paar, das in Schweizer Franken denkt. Einkaufen gehen wir (Euro) gemeinsam mit Briten (Britischer Pfund), Schweden (Schwedische Kronen), Isländern (Isländische Krone) und bezahlen mit Fidschi-Dollar. Das verursacht zwischenzeitlich Diskussionen und führt zu langen Tabellen, um genau zu berechnen, wie viel Geld noch zur Verfügung steht. Bis auf den letzten Cent wollen wir die Summe ausgeben und den Menschen in Vanuatu damit helfen. Hocherfreut sind wir, als wir nach zwei Tagen unsere Aufgabe erfüllt haben. Bis auf die Kühlschränke haben wir alles bekommen. Bleibt noch die Spende, die wir uns als Segler überlegt haben: Jedes Boot der World ARC soll dafür einen 55 Zentimeter großen Topf mitbringen, den wir mit Gebrauchsgegenständen füllen werden. Allein diese riesigen Töpfe überfordern beinahe die freien Kapazitäten unserer Boote.

Die Kauforgie in Savusavu hat den weiteren Vorteil, dass wir in den Läden des Ortes bereits gut bekannt sind. Geschickt kann ich Jens mehrfach an dem Laden mit den Kavaschüsseln vorbeiführen. »Schatz, wie findest du die Schüsseln?« Er lässt sich erweichen und ich muss kräftig aufräumen, um einen Platz für die große Schüssel in unserer GARLIX zu finden. Leider wird uns die Zeit dann auch langsam knapp, denn unser Sliptermin in der Vuda-Marina ist fest vereinbart. In zwei Tagen wollen wir aus dem Wasser sein. Doch das aktuelle Tiefdruckgebiet, das sich über Neuseeland austobt, hat dauerhafte

35 bis 40 Knoten Wind in unsere Gegend geschickt. Kein verlockendes Wetter, um aus der geschützten Bucht herauszukommen. Es gibt zwei Wege. Wir können durch den Kanal segeln, der zwischen den beiden Hauptinseln entlangführt, oder südlich um Viti Levu herumsegeln. Das wäre entschieden länger. Wir holen uns einen ganz speziellen Rat. »Good morning, Savusavu!«, ruft Curly jeden Morgen um acht Uhr auf Kanal 68. Curly wohnt in einem auffällig aussehenden Boot in der Bucht von Savusavu und rät uns bei dem Starkwind dringend von dem Weg zwischen den Inseln ab. Die Trichterwirkung zwischen den Inseln würde den Wind erheblich verstärken und der Weg in die Passage hinein wird dann zu gefährlich.

Also starten wir am nächsten Morgen mit der Sonne. 220 Seemeilen liegen vor uns, die in keiner Minute an Passatsegeln erinnern. Im Gegenteil, Biskayasegeln ist angesagt. Jedoch schaffen wir es pünktlich zum Sliptermin in die kleine Marina. Wir fahren gleich weiter zur Krananlage, unterschreiben schnell den Werftvertrag und keine halbe Stunde später sind wir aus dem Wasser. Hier ist alles bestens organisiert und wir sind mit dem Service mehr als zufrieden. Zum ersten Mal streichen wir unser Boot nicht allein. Mit einem kleinen schlechten Gewissen gegenüber unserer GARLIX suchen wir uns im nahen Hotel ein Zimmer für die Zeit, in der sie gepflegt wird. »Schau mal, Jens, wir können aus unserem Bungalow sogar den Mast der GARLIX sehen.« Ein beruhigendes Gefühl. Und nach elf Monaten Bootsleben endlich mal wieder ein unbewegtes Bett. Empfangen werden wir mit einem »Bula« aus Blumen auf der Bettdecke. »Herzlich willkommen« und später zum Abschied singen uns die Kellner am Restauranttisch noch ein Ständchen. Vielleicht ist solch ein Hotelurlaub doch nicht so verkehrt …

Nach drei Tagen kommt die GARLIX zurück ins Wasser und wir sind mit den Arbeiten an unserem Boot inklusive dem Motorservice sehr zufrieden. So langsam haben wir uns von unserem Denken verabschiedet, dass qualifizierte Arbeiten am Boot nur in Deutschland ausführbar sind. Mittlerweile sind wir alte Hasen und wissen, dass man an vielen Orten auf der Welt gute Arbeiten erhält. Im Notfall kann man sein Boot hier beruhigt liegen lassen. Zur Hurrikansaison wird der Kiel bei längeren Standzeiten sogar in die Erde eingebuddelt. Nach einer Woche Aufenthalt fahren wir bei Flut langsam aus der flachen Ausfahrt. Weiter geht es zur nächsten Insel, nur 15 Seemeilen nach Musket Cove. Das ist eine Insel, auf der weit und breit nur Hotelanlagen zu finden sind. Von hier verabschieden wir uns nach insgesamt drei Wochen von den Fidschi-Inseln und starten Richtung Vanuatu, um dort unsere großen Spendenladungen abzuliefern.

VANUATU – EIN LAND AUS DIESER ZEIT?

Fidschi/Musket Cove - Vanuatu/Tanna (Port Resolution) - /Efate (Port Vila)

5.–15.7.15, Gesamtdistanz: 15.705 Seemeilen

Nachdem wir uns mit hängendem Gennaker vorsichtig durch die Korallenbänke von Musket Cove geschlichen haben, liegen 460 Seemeilen bis nach Tanna vor uns. Drei Tage planen wir für diese Strecke nach Vanuatu ein, dieser rund 1.300 Kilometer lang gezogenen Inselkette, zu der 83 Inseln gehören, von denen rund 67 bewohnt sind. Langsam nähern wir uns auf unserem Badeballglobus dem Sehnsuchtskontinent Australien. Schon 7.400 Seemeilen Pazifikwasser liegen hinter uns.

Es ist wie immer kurz nach dem Start. Das Hirn geht in Ruhestellung, so fühlt es sich an. Dieses langsame Dahingleiten ist Erholung pur. Weg vom Land, weg von neuen Eindrücken und weg von der immer vorhandenen latenten Anspannung, alles verstehen zu wollen. Es tut uns gut, dass wir allein, ohne unsere persönliche Dolmetscherin, zurechtkommen müssen. Denn bisher haben wir zu sehr dazu geneigt, Hanna die kommunikativen Probleme lösen zu lassen. Wir gleiten außen am Riffgürtel entlang und genießen dieses unbeschreibliche Blau in all seinen Facetten. Niemals werden wir eine Antwort auf die Frage geben können, welcher Ort auf unserem Weg der schönste war. Automatisch benachteiligt man alle anderen Orte, wenn man sich auf nur einen festlegt. Immer ist solch eine Einschätzung subjektiv und kann zu einem anderen Zeitpunkt und mit anderen Menschen völlig anders ausfallen. Doch meistens ist dieser Reiz auf dem Wasser da. Hassliebe ist nicht das richtige Wort, »Achtungsliebe«, »Auf-der-Hut-sein-Liebe«, »Immer-wieder-gern-hinwollen-Liebe«, mit der Tendenz zu einem unsicheren Frieden, den wir hier auf dem Wasser erleben. Meistens rächt sich diese völlige Entspannung, da man unaufmerksam wird oder sich das Wetter plötzlich ändert. Und doch tut man es immer wieder. Diese tiefe Entspannung und Friedlichkeit saugen wir jedes Mal in uns auf. Ohne fremden Reiz, nur das Wasser und wir. Wenn es eine Liste gibt mit den schönsten Augenblicken, dann gehört diese Wasser-genießen-Zeit ganz sicher dazu.

In einem unaufmerksamen Moment rauscht mir das Gennakerfall durch die Hand. Blöder Mist. Eine tiefe Schnittwunde geht quer über meine Hand. Hoffentlich heilt das wieder. Diese Bedenken hätten wir in Deutschland nicht. Natürlich heilen Wunden, meistens zumindest. Doch hier in der Südsee ist das völlig anders. Beinahe auf jedem Boot der World ARC hat mindestens ein Crewmitglied eine schlecht heilende Wunde. Jens ist wochenlang mit großflächigen offenen Wunden am Bein herumgelaufen. Stößt man sich an einer Koralle, hat man garantiert danach Probleme. Keime, gegen die wir keine Abwehrkräfte besitzen, kombiniert mit der ständig salzigen Feuchtigkeit lassen die Wunden nicht heilen. Zum wichtigsten Equipment im Erste-Hilfe-Kasten gehören in dieser Gegend daher Desinfektionsmittel und Antibiotikasalbe. Ich verarzte meine Hand und draußen verschwindet langsam die Friedlichkeit. Schade, gern wären wir drei Tage genauso weitergesegelt.

Nur wenige Stunden nach dem Start rufen wir laut: »Hallo Neptun, Pazifiksegeln heißt Passatsegeln!« Kein Blauwassersegeln mehr, wieder ist Biskayasegeln angesagt. Grau, wellig, nass, kotzig, blöd. Mitten in der grauen Welt bohrt sich nach zwei Tagen ein nervendes Geräusch in mein Ohr. »Sag mal, Jens, was klackt denn hier so komisch?« »Klacken? Ich hör nichts!« »Aber es klackt, hör doch.« Es klackt, leider. Böse Rudergeräusche schleichen sich in Hirn und

Bauch. Da stimmt was nicht! Nach dem obligatorischen Tauchgang in die Backskisten zum Ruderlager glättet sich Jens' Stirn nicht mehr. Er hat Bedenken, dass das Ruder langsam rausrutscht. Oh. Das klingt fürchterlich. 100 Seemeilen vor Tanna bei einer Wassertiefe von 3.000 Metern. Klack, klack, klack. Wir können die Ursache nicht finden und das Geräusch nicht genau lokalisieren. Es überträgt sich jedoch im Boot wie in einem Klangkörper. Schließlich sichern wir das Ruder mit einer Leine am Großbaum und motoren die restlichen Seemeilen.

Die Chance, dass wir einmal irgendwo im Hellen ankommen, liegt theoretisch bei 50 Prozent. Doch wir wählen offensichtlich gern die dunklen 50 Prozent. Im strömenden Regen, bei tiefer, rot leuchtender Dunkelheit sind wir vor der Einfahrt zur Bucht Port Resolution von Tanna. Vor uns spukt der Vulkan Mount Yasur seinen Feuerschein in die Luft. Dieser Vulkan gehört zu den aktivsten der Welt und schon James Cook erlebte dieses Schauspiel, als er vor 241 Jahren mit seinem Boot RESOLUTION in diese Bucht einfuhr. Unsere Navigationsprogramme zeigen hier nur eine Ankerbucht, ohne nähere Details. Jens ist es aber nach einem hilfreichen Tipp anderer Segler gelungen, die Google-Earth-Karten über den Kartenausschnitt von OpenCPN zu legen. Damit müssen wir uns nicht vollständig blind zum Ankerplatz tasten. Zusammen mit den Wegpunkten, die uns die ARC vorher zur Verfügung gestellt hat, und mit Luc von der MAKENA am Funk navigieren wir sicher in die dunkle Bucht. Der Anker fällt und gleich darauf fallen auch wir in unsere Koje.

Morgens gegen sechs Uhr hören wir Stimmen um die GARLIX und paddelnde Boote. Als wir aus den Seitenfenstern unserer Koje schauen, entdecken wir 15 bis 20 meist bärtige Fischer in schmalen Holzbooten. Aufgeregt paddeln sie um uns herum und haben uns wohl als Mittelpunkt ihres Interesses erkoren. Puh, jetzt schon. Also raus. Freundlich winken sie uns zu, begrüßen uns und fragen nach Batterien. Batterien? Diese aus einem Baum geschlagenen Boote mit ihrem mit Leinen angebundenen seitlichen Ausleger sehen nicht so aus, als wenn es hier irgendwo ein technisches Gerät geben könnte, das Batterien benötigt. Wir sind uns sicher, dass auch James Cook 1774 als erster Europäer ein sehr ähnliches Bild zu sehen bekam. Aus unserer Perspektive wirkt es nicht so, als wenn hier bisher wesentlicher Fortschritt Einzug genommen hätte. Wir finden Batterien und sie ziehen glücklich zum nächsten Boot.

Froh sind wir, dass die ARC das Einklarieren hier im Ort organisiert hat. Kompliziert ist es nicht, Formulare, Formulare, Formulare und dann unser Stempel »Lebe deinen Traum«. In dieser Gegend mögen sie Stempel. Für den Umtausch von US-Dollar in heimische Vatu wird eine Wechselbank im sogenannten Yachtclub eröffnet. Schnell wird dafür an der bisherigen »Bar« die Beschriftung geändert. Jetzt ist sie eben für ein paar Stunden die Bank. So einfach ist das.

Wir nutzen unseren Landgang für einen ersten Besuch im Dorf, das aus Stroh- und Basthäusern besteht. Diese Unterkünfte sehen aus, als ob sie jeder ordentliche Herbststurm umschmeißen würde. Es braucht ganz sicher keinen Zyklon, um hier eine Verwüstung anzurichten. Zwischen den Hütten gibt es nur festgetretene Lehmwege, die vom vorherigen Regen noch völlig durchweicht und schlammig sind. In einem Waschzuber, der in unserer Welt aus der Zeit meiner Großmutter stammt, wird auf diesem dreckigen Boden die Wäsche gewaschen. An schiefen Holzstangen sind Leinen gespannt, an denen die nasse Wäsche im warmen Wind trocknen kann.

Im vergangenen Jahr haben wir viele unterschiedliche und zu unserem gewohnten Leben im scharfen Kontrast stehende Kulturen und Lebensgewohnheiten gesehen. Fast verschämt sind wir jetzt, dass wir so dankbar sind, in Deutschland geboren worden zu sein. Im Vergleich zu dem Lebenskomfort, den wir hier sehen, geht es uns unglaublich gut. Nur eines ist gleich, wie wohl auf der ganzen Welt: Eine ganze Schar Kinder mit großen braunen Augen und scheinbar noch mehr Händen steht mir gegenüber. Und ich stehe da mit zwei Tüten Lutscher und dem einzigen Gedanken: »Hoffentlich reicht das. Hoffentlich bekommt jedes Kind einen Lutscher.« Die traurigen Kinderaugen möchte ich mir nicht vorstellen, noch weniger sehen, wenn ein Kind leer ausgeht. Glücklich sprinten sie los, eine lange Reihe Lutscherpapiere hinter sich herziehend. Ich sammle das Papier wieder auf, nicht dass es diese einzigartige grüne Natur verschandelt.

Auf unserem Weg durch das Dorf lernen wir Sarah kennen, die ein Café eröffnet hat. Ihr altes Café wurde beim Zyklon zerstört. Wie alle Häuser bestand es aus Bast, Stroh und einem Holzgerüst. Jetzt hat sie neu begonnen, mit nicht viel mehr als einem Tisch. Sie versprüht Zuversicht und wechselt beneidenswerterweise fließend zwischen Französisch und Englisch hin und her. Das liegt daran, dass Vanuatu bis 1980 von England und Frankreich gemeinsam verwaltet wurde. Neben diesen Sprachen spricht sie noch eine der vielen lokalen Sprachen. Wir trinken ihren kalten Kaffee und zahlen einen stolzen Preis.

Viele Hütten wurden durch den Zyklon zerstört. Doch die alte Schule im Dorf hat das Unwetter überstanden, da sie als einziges Gebäude aus Stein erbaut worden ist. Der Zyklon ist inzwischen zwar mehr als drei Monate her, doch sieht es hier nach wie vor aus, als ob der Wind und das Wasser erst gestern durchgefegt wären. UNICEF hat daher inzwischen ein großes Zelt für den Schulunterricht aufgestellt. Wir fragen uns heimlich, warum der Unterricht nicht im alten Gebäude stattfinden kann. Man müsste dafür nur aufräumen. Es ist nicht schwer, die Schulbänke zu trocknen und die Wände zu streichen. Gern hätten wir die Farbe mitgebracht.

Überall ist die Zerstörung sichtbar. Drei Dorfbewohner sind bei dem Zyklon ums Leben gekommen. Wir sehen aber keine Hoffnungslosigkeit, nur eine Art Dauerlächeln auf den Gesichtern. Wie auch immer Glück messbar ist, so soll Vanuatu laut der britischen Stiftung New Economics Foundation 2006 das glücklichste Land der Welt gewesen sein. Ob so etwas Subjektives überhaupt messbar ist, ist mir unklar. Doch Tatsache ist, dass die Menschen glücklich wirken. Bei einem großen Fest, bei dem gegenseitig Geschenke und unsere mitgebrachten Spenden überreicht werden, singen und tanzen die Bewohner und wir bekommen einen kleinen Einblick in ihr Leben. Es ist ein Leben, das uns bei aller Freundlichkeit fremd bleibt. Überrascht und irgendwie beruhigt sind wir, als die Einheimischen die Tanzaufführungen genau wie wir mit iPads und Mobiltelefonen filmen.

Unter den Sachspenden finden sich auch 200 Meter Elektrokabel und sämtliches Zubehör, um den Sanitärbereich des Yachtclubs mit Licht zu versorgen. Dieser Yachtclub ist ein gut erhaltenes Haus aus Brettern. Die Männer der Yachten der World ARC tun sich für diese Aufgabe zusammen, erarbeiten einen Elektroplan, verlegen Kabel und bringen Lampen an. Verwundert sind wir, dass die Männer allein bei dieser Arbeit sind. Ob es mangelndes Interesse oder Schüchternheit ist, wissen wir nicht. Jedenfalls hat sich kein Insulaner bei den Arbeiten gezeigt.

In unseren Landerlebnispausen kümmert sich Jens um unser Ruder. Weiterhin ist unklar, woher die unheimlich klackenden Geräusche gekommen sind. Nach einer mehrstündigen Inspektion der Ruderinstallation und der Ruderlager kommt er zu dem Schluss, dass alles in Ordnung ist. Da rutscht nichts raus. Gut, wenn das bloß auch der Bauch glauben würde. Letztlich wissen wir nicht, woher die Geräusche kommen.

Gerade sitzen wir in unserem Cockpit und beobachten die Fischer bei ihrer Arbeit. Ein friedliches, einfaches Bild. Die Fischereimethode wirkt nicht gerade modern. Einer der Männer ist auf einen Berg geklettert und beobachtet das Wasser. Sieht er von oben Bewegungen im Wasser, informiert er die anderen in ihren Booten, die dann gleichzeitig den vermeintlichen Fischschwarm einkreisen. Plötzlich endet diese Friedlichkeit abrupt. Innerhalb weniger Minuten dreht der Wind um 180 Grad von Ost auf West und weht damit aus der Bucht hinaus. 25 bis 30 Knoten Wind pfeifen plötzlich von den Bergen hinunter raus aufs Meer. Das ist Höchstleistung für unsere Anker. Da ruft Jens: »Schau, der Kat fährt los.« »Wie, das glaube ich nicht, die sind doch gar nicht an Bord!« Der große Katamaran mit 44 Fuß Länge liegt in der Bucht vor uns und treibt plötzlich an uns vorbei. Sein Anker findet keinen neuen Halt nach der Winddrehung und so treibt das Boot unkontrolliert direkt in Richtung der noch größeren MAKENA.

Die Leine der Ankerboje des ersten Katamarans wickelt sich um das Ruder und die beiden Propeller der MAKENA und zieht mit dem vollen Gewicht daran. So miteinander verbunden driftet auch die MAKENA in Richtung des nächsten Katamarans. Letztlich haben alle Glück im Unglück. Propeller und Ruder sind nicht beschädigt. Die Boote haben allerdings tiefe Scharten bis unter den Gelcoat. Nicht auszudenken, wenn das Gleiche in der Nacht und bei 20 Meter Wassertiefe passiert wäre. Zwei weitere Boote hatten ebenfalls Probleme mit ihrem rutschenden Anker, doch hier waren die Crews an Bord und konnten schnell eingreifen. Und obwohl wir in den letzten Monaten vorwiegend geankert haben, werden wir nach diesem Erlebnis ganz sicher keine Freunde der Ankerei, ganz bestimmt nicht.

Gewundert hat uns, dass die Einheimischen in ihren Minibooten das Wetter auch nicht rechtzeitig erkannt haben. Ein Fischer ging bei dem starken Wind über Bord und hatte große Mühe, wieder reinzukommen. Er konnte offensichtlich nicht schwimmen. Wir konnten dem dramatischen Schauspiel nur aus unserer Plicht zusehen, da wir kein aufgebautes Dingi parat hatten. Ein komisches Gefühl, so hilflos dazustehen und nicht helfen zu können.

Für die nächsten zwei Tage ist ein Ausflug zum Vulkan Mount Yasur organisiert. Gut, dass wir mehr als 200 Jahre nach James Cook hier angekommen sind. Denn damals galt der Vulkan als heiliger Ort und durfte nicht betreten werden. »Sag mal, Jens, wollen wir wirklich beide gleichzeitig zum Vulkan fahren?« Nein, wir sind gewarnt. Auch wenn Ähnliches in jeder Bucht und zu jeder Zeit passieren kann, so wollen wir in dieser Bucht unsere GARLIX nicht allein lassen. Wir erleben das eindrucksvolle Spektakel daher getrennt.

Dicht gedrängt fahren wir in zwei der wenigen Autos der Insel mit rasender Geschwindigkeit auf Straßen, die keine sind, und besuchen zunächst ein einheimisches Dorf. Dieser Besuch ist ein weiteres Kontrastprogramm. Einerseits werden wir wie im letzten Ort mit Mobiltelefonen gefilmt, andererseits erleben wir hier einen nackten Tanz, der uns die Schamröte ins Gesicht treibt. In dem sogenannten

Kastom-Dorf lebt eine Gemeinschaft, die zur John-Frum-Bewegung gehört. Dieser Kult soll eine Mischung aus Christentum und einer Verehrung materieller westlicher Güter sein. Danach geht es weiter zum Vulkan. Langsam wird es dunkel und die rot schimmernde Glut im Himmel empfängt uns schon von Weitem. Mount Yasur ist im wahrsten Sinn aktiv, gruselig und ursprünglich. Ständig spuckt der Berg sein rot glühendes Inneres aus. In Deutschland wäre es undenkbar, so nah an den Ort des Geschehens zu kommen. Hier hingegen gibt es noch nicht mal ein sicherndes Geländer.

Nach knapp einer Woche verlassen wir Tanna und segeln 130 Seemeilen weiter zur Hauptinsel Efate mit der Hauptstadt von Vanuatu, Port Vila. Port Vila liegt nicht nur weiter nördlich, sondern scheint auch aus einem anderen Zeitalter als Tanna zu stammen. Bereits der Empfang überrascht uns. Kaum nähern wir uns dem Hafen, springt ein junger Mann von der Marina auf unser Boot und hilft uns beim Anlegen. So professionell wurden wir bisher noch nirgendwo empfangen. In der Stadt sind die verbliebenen Zyklonschäden zu erkennen und die Armut ist überall sichtbar. Trotzdem fühlen wir uns hier wohler. Ein wenig ist es so, als wenn das Leben mit der Zeit mitgegangen wäre. Hier auf Efate wollen wir der britischen Studie vom Glück der Menschen in diesem Land gern Glauben schenken. Trotz der großen, deutlich sichtbaren Armut erleben wir eine tolle Unbeschwertheit.

Beim Besuch eines nahe gelegenen Dorfes zeigen uns die Frauen voller Stolz ihre Küche. Wir sind komplett entsetzt. Ein sogenannter Herd als Kochstelle auf dem Boden, ein grob gezimmerter Tisch auf dem blanken Boden und mehr nicht. Und doch sind die Frauen stolz und haben für uns liebevoll ein Buffet mit einheimischen Speisen aufgebaut. Schnell kommen wir in Kontakt und kaufen alle angebotenen Souvenirs, allein, um ihnen zu helfen. Ihre Freude und Begeisterung bei der Vorführung eines traditionellen Tanzes ist ansteckend. Beeindruckt fahren wir zurück zur GARLIX. Vanuatu werden wir nicht vergessen. Kontrastreicher und an unserem Gewissen rührender haben wir bisher keinen Besuch erlebt.

GRUSS AUS DER WASCHMASCHINE

Vanuatu/Efate (Port Vila) – Australien/Mackay
16.–22.7.15, Gesamtdistanz: 16.855 Seemeilen

1.150 Seemeilen bis Australien liegen vor uns. Seit unserer langen Tour von den Galapagos-Inseln nach Hiva Oa ist das unsere erste vierstellige Etappe. Die über 1.000 Seemeilen weiten Strecken sind lang, alles darunter ist irgendwie okay. Bis 1.000 Seemeilen ist keine Woche. Die Zeit geht schnell vorüber zwischen Abfahrtsaufregung, die ersten zwei Nächte sind sowieso blöd und müde und Ankommensaufregung und -vorbereitung. Zack ist man da, so haben sich unsere Welt und unsere Vorstellung geändert. 1.000 Seemeilen bringen Ruhe, Zeit und Gleichgewicht. 1.000 Seemeilen können richtig gut sein. Sind sie auch, meistens.

Unsere 1.150 Seemeilen lange Strecke nach Australien geht gut los. Besonders die Abfahrtsaufregung. Emotionaler Höhenflug. »Wir segeln nach Australien!« Warum mich das dermaßen emotional bewegt, ist mir unklar. Aber Australien klingt gut. Australien ist halb herum. Australien ist ein ähnliches Leben wie in Europa, hört sich vertraut an. Australien bedeutet große Käseregale, Bootsausrüster, Reparaturmöglichkeiten, Sicherheit.

Seit zwei Tagen sind wir nun unterwegs nach Australien. Ich schreibe es gern, ich sage es gern: »Australien.« Zwei Nächte liegen hinter uns, genauso wie das zu Neukaledonien gehörende Atoll Huon. Gegen neun Uhr sitzen wir gemütlich am Kartentisch, trinken unseren Kaffee und warten auf die morgendliche Funkrunde. Drei Boote liegen vor uns. Alphabetisch werden die Boote vom jeweiligen Netcontroller aufgerufen, die dann die eigene Position und das aktuelle Wetter durchgeben.

APLUS2: »South east thirty knots.« »Schatz, sagten die jetzt ›thirteen‹ oder ›thirty‹«? Man, es ist doch nicht so schwer, die Zahlen einzeln zu nennen. Im rauschenden Funk verstehen wir die englische Kommunikation nur sehr schlecht. One three oder three zero sind wesentlich deutlicher … neben dem immensen Unterschied der Windstärke. Die APLUS2 ist nur vier Seemeilen, die BRIZO nur zwei Seemeilen vor uns. »Thirty knots.« Oh. Wir haben nur sechs Knoten Wind, was geht hier vor? Vorsorglich will Jens ein Reff ins Großsegel binden, doch dazu ist es zu spät. Innerhalb von Sekunden ändert sich das Wetter, die Kaffeetassen fliegen. Tatsächlich pfeift jetzt der Fuchs, von sechs auf 30 Knoten Wind. Und das alles ohne für uns erkennbare Ankündigung. Wir düsen nur mit gerefftem Vorsegel durch die ungemütliche See weiter Richtung Westsüdwest zur Hydrographers Passage des Great Barrier Reef. Es ist die Fahrt der Hörbücher und nach vier Tagen haben wir einen Kajütenkoller. Der Regen fliegt quer durch die Luft und bei den seltenen Regenpausen werden wir von den Wellen umspült. Der Wind pfeift mit bis zu 45 Knoten. Mistwetter. Wir vergleichen unser Leben hier draußen mit dem Leben in einer Waschmaschine. Waschmaschine im Spülgang. Die Geräuschkulisse stimmt exakt, nur mit noch mehr Wasser.

Wieder müssen wir unsere Geschwindigkeit drosseln, da wir nur bei Tageslicht durch das Riff wollen. Am sechsten Tag passieren wir morgens um acht Uhr die Einfahrt zum Great Barrier Reef. Das mit dem Tageslicht hätten wir uns allerdings sparen können. Die Einfahrt ist zwar keine eineinhalb Seemeilen breit, aber am Tag sieht man auch nicht mehr als Wasser. Kein Australien, keine kleinen Inseln, keine Palmen. Nur Wasser.

Das Wetter bessert sich. Danke, Neptun, für dein Einsehen. Wir müssen putzen und das wäre bei dem Sauwetter nicht gegangen. Von der Riffeinfahrt bis nach Mackay sind es gut 100 Seemeilen. Diese müssen wir nutzen, um die strengen australischen Einreisevorschriften zu erfüllen. Jedes Brett kommt hoch, sämtliche Bilgen werden ausgewischt, sorgfältig gesammelte Muscheln werden gut versteckt, hölzerne »Sollbruchstellen« hingestellt. Laut der schriftlichen Information dürfen keine Schnitzereien eingeführt werden. Mmh, auf den Marquesas-Inseln habe ich natürlich nicht daran gedacht, dass es mit den wunderschönen Schalen irgendwo Probleme geben könnte. Also holen wir eine Schale ans Tageslicht, um zu sondieren, was die Beamten dazu sagen werden. Nach vielen Stunden sind wir vorbereitet, Australien kann kommen.

17 Uhr, noch 35 Seemeilen. Kein Australien ist zu sehen. Dafür ist es hier draußen empfindlich kalt. Es ist deutlich zu spüren, dass wir auf 20 Grad südlicher Breite segeln. Wir sind weit weg vom Äquator.

19 Uhr, Licht am Horizont! Australisches Zivilisationslicht, welch ein heller, klarer Schein. Bei unseren nächtlichen Anfahrten von Tonga und Vanuatu sah das ganz anders aus. Wenige Seemeilen vor den Inseln war alles schwarz. An der Helligkeit der Länder ist deutlich deren Wohlstand abzulesen. Wir sind glücklich, fast euphorisch. Australien! Es war klar, dass wir es finden. Nicht klar war, dass wir es erreichen. Bei aller Euphorie, bei allem Bisher-ist-ja-alles-gut-Gegangen ist zwischendurch und unterwegs nicht immer alles klar. Zwischendurch verliert man ab und zu die Lust und manchmal, selten, auch den Mut. Um 21 Uhr haben wir dann endlich die Hafeneinfahrt von Mackay erreicht und fahren stolz zum Quarantänesteg. Hier werden wir schon von den Crews der ARETHA und der FIREFLY empfangen. Alle sind wir froh, dass wir diesen Höllentrip überstanden haben. »Kommt ihr rüber zum Wein?« »Ja, wir kommen gern, aber bei der Kälte ist Grog das bessere Getränk!« »Grog, was ist denn das?« Glaubt man es! Die Engländer kennen keinen Grog. »Rum muss, Wasser kann …!« Puh, ein toller, langer Dicker-Kopf-Abend.

6:30 Uhr am Morgen. Es klopft. Ach nee! Uniformierte mit Hund. »Oh sorry, wait a moment, please.« 6:45 Uhr, Hund in unserem Bett. Unsere morgendlich zerknitterte Stirn glättet sich bei diesem Anblick nicht. Es gibt Hausschuhe für Hunde, bloß gut. Die Beamten müssen auch denken, dass Segler zu viel trinken. Bei dem Anblick, den wir hier versammelt bieten.

Warum bringen die eigentlich diese großen, rollenden Müllkübel mit? Jedes Schott, jeder Schrank, jedes Bodenbrett wird geöffnet. Mit einer Taschenlampe werden die Ecken ausgeleuchtet. Bloß gut, dass wir geputzt haben. Sie suchen alles, scheint es. Vor allem Würmer in den Ritzen, frische Pflanzen, Fleisch und eigentlich alles, außer Konserven. Sämtliche Lebensmittel, die den Anschein von frisch haben, fliegen in diese Müllkübel. Bei uns ist nichts mehr frisch. Eine Kühltruhe haben wir nicht, sodass auch keine heimlichen Fleischreserven da sind. Sogar unsere aufgestellte Holzschale besteht den Test. Keine Würmer. Nur die sind wichtig. Gegen acht Uhr ist der Spuk vorbei und wir verholen unser Boot zu einem ordentlichen Stegplatz mit Strom und Wasser. Welch toller Luxus nach sechs Monaten Pazifik.

»Komm, lass uns einen Kaffee trinken gehen.« Unseren ersten Kaffee in Australien. Wir suchen einen Geldautomaten für die australischen Dollar, entdecken einen Tisch mit Hafenblick und tun das, was alle Segler gern tun: Wir schauen verliebt auf unser Boot. »Well done!« Wir sind in Australien. Seit unserem Start vor zwölf Monaten liegen 16.855 Seemeilen hinter uns. Doch mehr noch: Dieser große, reizvolle, anziehende und in seiner Größe gleichzeitig abstoßende Pazifik ist geschafft. Er ist ersegelt, er ist erlebt und in jeder Seemeile haben wir ihn erfühlt. Vor zwölf Monaten waren wir noch Ostseesegler, die Skandinavien besucht hatten. Und nun besuchen wir mit Australien das 20. Land. 20 Länder und noch mehr Flaggen, da sich die Individualität jeder einzelnen Insel in einer eigenen Flagge ausdrückt.

In keinem der Länder und Inseln im Pazifik haben wir uns unsicher oder bedroht gefühlt. Ganz sicher haben wir nicht nur eine heile Welt erlebt, auf jeden Fall aber ehrliche Gastfreundschaft. Auch wenn wir zahlreiche Mini-Inseln im ungeschützten Pazifik besucht haben, so bleibt uns das dortige Leben doch unbegreiflich. Es ist und bleibt ein Paradies mit Tücken, in der ständigen Bedrohung durch den nächsten

Hurrikan, den nächsten Sturm, das nächsten Erdbeben oder den nächsten Tsunami. Für jedes Land dieser Erde sind Naturkatastrophen wirtschaftlich und emotional hohe Herausforderungen. Doch hier ist beinahe jedes Land wesentlich ärmer als Deutschland. Schnell kann ein Hurrikan existenzbedrohend für das jeweilige Land und für die dort lebenden Menschen werden. Und jetzt sitzen wir im Café in Mackay und genießen das Gefühl, erfolgreich um die halbe Welt gesegelt zu sein. Doch dieser kleine eigene Erfolg ist nicht nur der unsrige. Auch unserer wichtigsten Gefährtin gebührt ein großer Dank. GARLIX, danke für deine Tapferkeit. Wir sind mit der Qualität und der Stabilität unseres Bootes mehr als zufrieden. Wir fühlen uns auf ihr sicher. Für uns steht fest, dass wir weitersegeln werden. Noch sind wir neugierig und haben nicht die Nase voll vom Campingseglerleben. Nur für heute machen wir eine Pause und lassen das große Land langsam auf uns zukommen.

WO IST DER NÄCHSTE BÄCKER?

Australien/Mackay – /Airlie Beach – /Townsville – /Hinchinbrook Channel – /Cairns – /Low Island – /Flattery Bay – /Flinders Island – / Lloyd Bay – /Escape River – /Darwin
23.7.–31.8.2015, Gesamtdistanz: 18.478 Seemeilen

Sechs Wochen Zeit haben wir für die nächsten 1.600 Seemeilen bis Darwin. Von dort werden wir am 1. September nach Lombok in Indonesien starten. »Sydney! Lass uns nach Sydney fliegen! Wenn wir schon nicht mit dem eigenen Boot an der berühmten Oper vorbeisegeln können ...!« Es ist doch klar, von wem dieser Satz kommt. Nach Sydney segeln, ein Männertraum! Also fliegen wir für drei Tage in diese Metropole, in die größte Stadt Australiens. Die Stadt ist jung. Überall brodelt, rennt und telefoniert es. Die Baufirmen haben Hochkonjunktur. Alte Häuser, wenn man sie überhaupt alt nennen kann, behaupten sich nur schwer vor den neuen Kulissen der Wolkenkratzer. Aufgrund der im Vergleich zu Europa jungen Geschichte Australiens werden uns hier bereits 100 Jahre alte Häuser als alt angepriesen. Wir sind fasziniert von dem jungen und frischen Leben um uns herum. Gleichzeitig fühlen wir uns wie Publikum im Theater. Sechs Monate Pazifik liegen hinter uns. Zwölf Monate Seglerleben und fast 17.000 Seemeilen seit unserem Start aus Deutschland wirken auf uns. Für uns wird es noch eine Weile dauern, ehe diese Schnelligkeit wieder normal für uns ist. Fast dankbar flüchten wir uns zurück aufs Boot. Hier müssen wir leider von einigen Yachten der World ARC Abschied nehmen. Für zwei Crews ist die Reise in Australien beendet, da sie zu Hause angekommen sind. Ein weiteres Boot der Flotte wird planmäßig auf einem Containerschiff ins Mittelmeer zurückgebracht. Der Abschied fühlt sich an, als ob ein Teil unserer Familie ginge.

Wir verbringen noch einige Tage in der modernen Marina von Mackay. Mit der World ARC besuchen wir den Eungella-Nationalpark, wo uns besonders das Schnabeltier im Broken River ans Herz gelegt wird. Für uns sieht dieses Eier legende Säugetier eher wie eine schwimmende, große, nasse Ratte aus. Ob die Aufregung der zahlreichen Menschen auf den Aussichtsplattformen wohl ehrlich ist? So richtig abgewinnen können wir diesem Tier nichts. Wir fühlen uns wie Naturbanausen. Die Landschaft direkt um Mackay ist sogar eher ernüchternd. Zuckerrohr, nichts als Zuckerrohr wird hier angebaut. Entsprechend trist und öde sieht es aus. Insgesamt sind wir darüber verwundert, dass wir weder bei unserem Besuch in Sydney noch hier in Mackay Aborigines sehen. Wo sind die Ureinwohner Australiens? Nicht einmal in den Läden, in denen die traditionelle Punktmalerei oder Didgeridoos verkauft werden, sind sie zu finden.

Für uns ist es nach zehn Tagen Landleben Zeit. Ehrlich gesagt haben wir wieder genug von der ursprünglich lang herbeigesehnten Zivilisation und starten Richtung Norden zu den Whitsunday Islands. Wir wissen nicht, in wie vielen Prospekten das jeweils beschriebene Gebiet als das schönste Segelrevier der Welt bezeichnet wird. Diese Gegend hier mit den zahlreichen Inseln ist jedoch zweifelsohne ein Segelparadies. Unser erstes Ziel ist die kleine Hook Island. Wenn wir in der Stadt schon keine Aborigines kennenlernen konnten, möchten wir uns wenigstens hier in der Bucht Nara Inlet alte Malereien der Ureinwohner ansehen. Wir haben Glück, dass der Südostpassat heute nicht so stark weht, denn die Bucht ist zum Süden nur durch die davorliegende Insel geschützt. Die Malereien sind glücklicherweise ausgeschildert, ansonsten wären wir sicherlich an ihnen vorbeigelaufen. Eventuell hätten wir uns sogar über die Kinderschmierereien an der Felsenwand aufgeregt. Es sind eben nur dünne Strichmännchen, viel mehr kann man nicht darüber sagen. Am Nachmittag dreht der Wind und nimmt etwas zu. Da es damit in unserer Bucht ungemütlich wird, segeln wir bei bestem Wetter Richtung Airlie Beach weiter.

Angenehm ungewohnt ist es, nach nur wenigen Seemeilen das nächste Ziel zu erreichen. In den letzten Monaten gab es nur Ziele, die mehrere Tage und Nächte entfernt lagen. Leider fällt uns nun aber unser schlechtes Englisch auf die Füße. Hier in Australien verstehen wir einfach gar nichts. Aus diesem Grund versuchen wir auch erst gar nicht, mit der Marina vor unserer Ankunft Kontakt per Funk aufzunehmen. Wir suchen uns in der Marina einfach einen freien Liegeplatz, gehen ins Marinebüro und fragen vor Ort nach, ob wir für eine Nacht dort liegen können. »Dort draußen warten die Yachten auf einen Liegeplatz. Ihr könnt nicht einfach reinfahren und bleiben.« »Aber es sind noch so viele Liegeplätze frei. Belegt diese doch erst einmal.« Nach diesem kurzen Wortwechsel lässt sich die Dame im Hafenmeisterbüro erweichen. Ausnahmsweise dürfen wir bleiben und sind überzeugt, dass noch mindestens 15 weitere Boote Platz finden würden.

Der Ort und die Marina von Airlie Beach sind nur dann nett, wenn man eine Menge Menschen in Touristenorten mag. Davon haben wir durch unseren Besuch in Sydney und Mackay vorerst jedoch genug und starten am nächsten Morgen weiter Richtung Norden. Wir haben uns vorgenommen, die 850 Seemeilen lange Strecke bis zu Australiens nördlichstem Kap, Cape York, möglichst in Tagesfahrten zu bewältigen. Für uns ist es ein Genuss, am Abend den Anker fallen zu lassen oder – noch besser – in einer Marina anzulegen. Fahrten über mehrere Tage oder Wochen mit den unzähligen Nachtfahrten hatten wir in den letzten Monaten genug. Es sind Jens-Freutage, die wir hier erleben dürfen. Geschützt segeln wir innerhalb des Riffs bei idealem Gennakerwind zwischen den Inseln und genießen diese friedlichen Tage.

Unser Segelglück wird nur etwas getrübt von unseren falschen Erwartungen, die wir an das Segeln in Australien hatten. Wir verwöhnten Ostseesegler haben uns auf einen – möglichst täglichen –

morgendlichen Bäckerbesuch, WLAN in jedem Ort und einen abendlichen Hafen gefreut. Diese Erwartungen werden hier leider jedoch nicht sehr häufig erfüllt. Die Häfen sind ausgesprochen spärlich angelegt bis nicht vorhanden. Umso nördlicher wir kommen, umso karger wird die Zivilisation. Dabei ist Australien groß und die Tagesetappen von 60 bis 100 Seemeilen entsprechen einer täglichen Fahrt von Sassnitz auf Rügen nach Bornholm. Diese anspruchsvollen Entfernungen müssen in nur knapp zwölf Stunden Helligkeit bewältigt werden. Genau genommen können wir nach Airlie Beach nur zwei nennenswerte Häfen anlaufen, und zwar Townsville und Cairns.

In Townsville haben wir uns erst auf den zweiten Blick verliebt. Dem ersten Blick bietet sich nur ein großer Industriehafen, der nicht zum Bleiben einlädt. Doch der Besuch lohnt sich. Nicht nur wegen der ausgesprochen freundlichen Hafenmitarbeiter. Ein wunderschöner Park zieht sich entlang der Küste und erfreulicherweise sind sogar ältere und gut erhaltene Häuser in der City zu finden. Diese Stadt hat Charme. Besonders erfreut sind wir, als wir in der Stadt einen Irish Pub entdecken. Genau so mögen wir es. Atmosphäre spüren, Leute gucken, Livemusik hören, Guiness trinken. »Schatz, hier könnte ich länger bleiben!« Jens nippt glücklich an seinem Bier und stimmt mir zu. Für diesen Ort nehmen wir uns gern ein wenig mehr Zeit.

Gleich an der Ausfahrt von Townsville schauen wir gespannt auf unsere Kompassnadel. Alles im grünen Bereich. Wir segeln an Magnetic Island vorbei. Diese Insel heißt so, da der Kompass von James Cook in die falsche Richtung gezeigt haben soll, als er an ihr vorbeigesegelt ist. Unser Tagesziel ist anspruchsvoll, denn wir möchten heute Nacht im 70 Seemeilen entfernten Hinchinbrook Channel ankern. Dessen Einfahrt können wir aber nur bei Hochwasser passieren. Eine Stunde vor Sonnenuntergang haben wir es tatsächlich geschafft und erleben Urwald pur. Wir fahren mit unserer GARLIX durch dichtes Mangrovengestrüpp und sind wieder einmal von der Undurchdringbarkeit und dem dichten Schutz überwältigt, den diese Bäume bieten. Fast ist es wie eine Mauer. Eine dichte Baummauer.

In der Nacht ankern wir mitten im Fluss hinter einer kleinen Insel. Wir sind allein in dieser rabenschwarzen Nacht, doch die uns umgebende Geräuschkulisse lässt uns erahnen, dass wir doch nicht so allein sind. Viel mehr sind wir Störenfriede in einer ganz eigenen, anderen Welt. Am nächsten Morgen werden wir in die Wirklichkeit zurückgeholt, denn einer meiner Zähne macht sich zum wiederholten Mal schmerzhaft bemerkbar. Wir brauchen unbedingt einen Zahnarzt! Und auch Jens gesteht, dass er ebenfalls seit längerer Zeit Zahnschmerzen hat. Männer! Zu feige, etwas zu sagen. Wir machen uns eilig auf den Weg nach Cairns, dem nächsten größeren Ort entlang unserer Route. Eigentlich hat Cairns nur 100.000 Einwohner. Gefühlt sind es mit den Touristen aber mindestens 300.000. Hier lösen wir unsere Zahnprobleme und erneuern unsere Antibiotikavorräte.

Cairns ist für uns der letzte Hafen bis Darwin. Dazwischen liegen noch 1.100 zu segelnde Seemeilen. Unser nächstes Ziel ist aber nur 40 Seemeilen entfernt. Wir sind froh, dass wir dort eine der drei Muringbojen erwischen, und genießen am Abend den Anblick der paar Palmen auf der Insel. Low Island ist ein beliebtes Ausflugsziel für Dampfertouristen, die allesamt am Abend die Insel verlassen. Der Wind nimmt über Nacht immer stärker zu und wir fühlen uns in der Koje wie auf offener See. Es schaukelt. Am Morgen erkennen wir den Grund. Auch nach über einem Jahr Segeln bei Ebbe und Flut sind wir überrascht: Die Insel ist weg und wir verstehen den Namen »Low Island«. Nur die Palmen schauen noch aus dem Wasser. Daher die ungebremsten Wellen.

Wir starten zeitig, um die anspruchsvollen Tagesetappen zu bewältigen. 92 Seemeilen zur Flattery Bay und am nächsten Tag 84 Seemeilen nach Flinders Island heißt segeln, segeln, segeln. Vorsichtig revidieren wir unsere Einschätzung des geschützten Segelns innerhalb des Great Barrier Reef. 25 bis 30 Knoten Wind verursachen auch hier hohe Wellen. Doch wenigstens stimmt die Windrichtung. Unsere GARLIX fliegt nur unter Groß Richtung Norden und scheinbar bildet sie sich ein, ein Flugzeug geworden zu sein. Erst kurz vorm Abheben erkennt sie ihren

Irrtum und geht wieder auf normale Geschwindigkeit zurück. Damit versteht sie sich fantastisch mit dem Flugzeugkapitän Jens. Aber nein, er ist auch »nur« ein Segelbootkapitän. Schade für beide, aber die Segelfreude ist ungebremst. Da ist es ein Genuss, zwischen den beiden hohen Inseln von Flinders Island zu ankern. Diese Inseln können nicht einfach in der Flut verschwinden. Wir sind geschützt vor Wind und Wellen.

Je nördlicher wir kommen, desto mehr wandelt sich die Landschaft. Bei den Whitesunday Islands fühlten wir uns an Schweden erinnert, nun wirkt es eher wie auf Lanzarote. Es wird immer karger und trockener. Mittlerweile sind wir wieder bei zwölf Grad südlicher Breite, also neun Breitengrade nördlicher als Mackay. Bis Cape York sind es noch 230 Seemeilen.

Morgens um 5:30 Uhr starten wir von Flinders Island Richtung Lloyd Bay. 102 Seemeilen wollen wir im Tageslicht schaffen. Das wird knapp. Jens' Ton ist etwas vorwurfsvoll, als wir um 18:30 Uhr noch keine geschützte Bucht sehen. Für die Navigation bin ich zuständig und kann nur schüchtern einwerfen: »Tja, hier soll es sein. Gleich querab. Wir müssen nur um dieses Riff herumfahren, dann ist der Ankerplatz dahinter.« Laut Navionics ist hier unter dem Punkt »Marina« der Platz markiert. Also fahren wir um das Riff, das unter Wasser nicht zu sehen ist, und lassen um 19 Uhr bei schwindendem Licht an der markierten Stelle den Anker fallen. »Hier stimmt doch was nicht, das ist doch niemals eine Marina«. Am nächsten Morgen wirkt unsere Welt noch unwirklicher als am Abend. Rein optisch sieht es so aus, als ob wir mitten im Greifswalder Bodden hinter dem Großen Stubber ankern würden und Rügen in Sichtweite läge. Erst später können wir unsere Verwirrung aufklären. Im Englischen ist eine Marina zwar durchaus ein Hafen, bezeichnet aber auch einen Zufluchtsort. Damit ist alles klar. Immerhin hat unser Anker Halt gefunden, eine Art Zuflucht war es also.

Unser letzter Stopp vor Cape York wird sich tief in unsere Segel-Katastrophen-Erinnerungen eingraben. Wir erleben wieder einen Tag, den man eher vergessen sollte. Die Einfahrt zum Escape River ist nur bei Hochwasser zu befahren und wir sind froh, diese glücklich überwunden zu haben. Unsere Freude wird jedoch gleich nach der Einfahrt jäh gebremst, und zwar im wörtlichen Sinn. Mit voller Wucht donnern wir in mehrere Steine, rutschen drüber und fahren uns im dahinterliegenden Sand fest. Bei uns macht sich Panik breit, denn aktuell haben wir noch Hochwasser. In den nächsten Stunden wird der Wasserstand jedoch um eineinhalb Meter sinken. Verzweifelt versuchen wir, über Kanal 16 die hiesige Muschelfarm zu erreichen. Keine Antwort. Unser Dingi haben wir bereits verstaut. Wir sind verzweifelt. Weder mit Motorkraft noch mit seitlicher Krängung des Bootes können wir uns aus dieser misslichen Lage befreien. Per Funk warnen wir die uns nachfolgenden Boote. Helfen können sie uns nicht, dafür ist der Wasserstand zu niedrig.

Schnell pumpen wir unser Dingi auf. Es fühlt sich wie eine Ewigkeit an, bevor wir es – gerade so schwimmend – ins Wasser lassen können. Jens versucht, unseren 20-Kilo-Reserveanker mit einer 50-Meter-Leine weit in Luv zu befestigen. Mit Winde und Motor schaffen wir es, uns bei abnehmendem Wasserstand aus dem Steinloch herauszuziehen. Unsere Knie flattern buchstäblich und uns ist ganz flau zumute. Viele Dankgebete gehen in den Himmel. Vorsichtig motoren wir in tiefere Gewässer und versuchen zu verstehen, was passiert ist.

Wir haben uns nach der flachen Einfahrt sicher gefühlt und sind mithilfe der Sonarcharts von Navionics weitergefahren. Wahrscheinlich haben wir diese nicht richtig gedeutet, denn wir benutzen sie hier zum ersten Mal. Erst in Mackay haben wir ein neues iPad als Reserve gekauft und auf diesem das Navigationsprogramm Navionics installiert. Die Sonarcharts, die letztlich mehr Tiefenlinien anzeigen, sind für uns ungewohnt. Auf den normalen, gewohnten Navionics-Karten können wir deutlich unser Missgeschick nachvollziehen: Wir sind direkt in die dort markierten Steine gefahren. Nur leider haben wir diese Karten während der Fahrt nicht genutzt. Das war eine Sekunde der Unachtsamkeit. Nur ganz dicht sind wir an einer Katastrophe vorbeigeschliddert.

Dankbar ankern wir in der wunderschönen, geschützten, ruhigen Flussmündung. Bei einem Glas Rotwein werden wir langsam ruhiger. Da wir wissen möchten, wie unsere GARLIX den Zusammenstoß überstanden hat, probieren wir, ob mit GoPro-Kamera und Verlängerungsstange im trüben Wasser unterm Boot etwas zu erkennen ist. Vergeblich. Ins Wasser können wir leider wegen der Krokodile nicht gehen. Da das Ruder jedoch die gesamte Zeit über frei und nicht blockiert war, sind wir nicht allzu besorgt. Unter unserem Kiel hängt eine 3,6 Tonnen schwere Bleibombe. Die wird das ausgehalten haben.

Gleich am nächsten Tag geht es – immer noch mit wackligen Knien – weiter. Ein Tag Pause mehr wäre gut gewesen. Doch wir haben inzwischen das dringende Bedürfnis, einen Hafen anzulaufen, der diesen Namen in unseren Augen auch verdient hat. Unsere Startzeit wird wie immer nicht von uns, sondern in dieser Gegend von der Torres-Straße bestimmt. Im Revierführer wird empfohlen, dass wir Cape York nur bei absolutem Hochwasser passieren sollen, um mit der Strömung durch die Enge zu segeln. Es geht den inneren Weg der Torres-Straße entlang, dann weiter durch den Albany Pass, durch die Endeavour-Straße zur Arafurasee. Dabei spuckt uns der Pazifik regelrecht aus und treibt uns mit bis zu drei Knoten Strömung zum nächsten Abenteuer, in den nächsten Ozean hinein. Heute verlassen wir also den Pazifik. 10.030 Seemeilen sind wir auf diesem größten Ozean gesegelt. Überwiegend haben wir dabei wohl eher die guten Seiten des Gewässers erlebt. Wir sind froh, dass wir nur ansatzweise erleben mussten, was wir nicht erleben wollten. Hier zur falschen Zeit am falschen Ort wäre nichts für uns kleine Segler gewesen. Ob wir jemals in dieses Segelgebiet zurückkommen werden, wissen wir heute nicht. Doch eines ist sicher, niemals werden wir die vielen Inseln mit ihren freundlichen Menschen vergessen.

Mit einem Schluck und einem Dank an Neptun verabschieden wir uns am nördlichen Kap von diesem Abenteuer und bitten um gutes Wetter im Indischen Ozean. Cape York ist denkbar unspektakulär. Da hat Arkona, das nördliche Kap von Rügen, landschaftlich mehr zu bieten. Von hier aus lassen wir sämtliche Zwischenstopps ausfallen und segeln direkt die 770 Seemeilen weiter Richtung Darwin. Doch unsere Hoffnung auf eine Marina sofort nach der Ankunft wird enttäuscht. Bevor wir in die – übrigens bei Ebbe hinter Land liegende – Tipperary Marina fahren dürfen, müssen sämtliche Bordauslässe desinfiziert werden, damit wir keine Muscheln einschleppen, die die Schleusentore beschädigen könnten. Alle Boote, die aus internationalem Gewässer kommen und in eine Marina in Darwin einlaufen wollen, müssen diese Prozedur über sich ergehen lassen. An der Entmuschelungspier kommen dafür zwei Fischereibehördenmitarbeiter an Bord und gießen in sämtliche Auslässe eine blaue Flüssigkeit. Nach 24 Stunden dürfen wir dann bei absolutem Wasserhöchststand durch die Schleuse in die Tipperary Marina einfahren. Aber auch dann ist das noch denkbar knapp. Unter unserem Kiel sind nur zehn Zentimeter Freiraum.

In der Marina fühlen wir uns wie in einem heißen, feuchten Kochtopf. Wir sind elf Grad nördlicher als Mackay und schwitzen bei 90 Prozent Luftfeuchtigkeit und 30 °C. Wir mieten uns dennoch ein Auto und besuchen den Kakadu-Nationalpark. Mannshohe Termitenhügel, abgebrannte Bäume, alte und ehrfürchtig aussehende Felsmalereien in der schwirrenden Hitze faszinieren und erschöpfen uns gleichzeitig. Die Luft ist so heiß, dass wir sie sehen können, während wir bei 30 bis 37 °C die Berge zu den Wasserfällen hochkeuchen. An den Straßenrändern warnen Schilder vor Kängurus. Wie große, aufrechte Hasen hüpfen sie vor unser Auto. Spätestens nach der ersten Notbremsung glauben wir den Schildern und fahren vorsichtig. Endlich lernen wir hier auch einen Aborigine kennen, der uns als Guide die Natur am Yellow River erklärt. Leider haben wir nur zwei Tage Zeit für den Nationalpark. Schade. Diese unwirklich, heiße Welt bedarf mehr Zeit, um sie nur ansatzweise kennenzulernen. Unsere beinahe zwei Monate, die wir für Australien hatten, gehen jedoch leider zu Ende. Ewig in Erinnerung bleibt uns die endlos wirkende Größe dieses Kontinents sowie Bäcker, WLAN, Marina als Ausnahme und nicht die Regel.

Vor uns liegen wieder lange Strecken im Indischen Ozean. Indischer Ozean! Meine Erwartungen sind nicht positiv. Hätte ich nur vorher mehr darüber gelesen. Jens' Bemerkung: »Was soll da schon sein, ist auch nur ein Ozean«, beruhigt mich nicht sonderlich. 6.000 Seemeilen bis Südafrika sind in den nächsten zwei Monaten zu bewältigen. Erfreulich ist, dass sich neben einem englischen Boot, zwei deutsche Boote neu der World ARC angeschlossen haben. Nachdem wir tapfer seit über einem Jahr die englische Sprache erlernen, ist die Freude über künftige deutsche Gespräche zwar groß, aber längst nicht mehr so sehnsüchtig wie bei unserem Start in St. Lucia.

IHR HABT KINOS ... WIR MACHEN KINDER

Australien/Darwin – Indonesien/Lombok
1.–12.9.2015, Gesamtdistanz: 19.428 Seemeilen

Wieder einmal bestimmt die Natur den Start des Tages. Ab 6:30 Uhr beginnt das Schleusenpersonal, die 15 Boote der World ARC aus der Tipperary Marina herauszudirigieren, aus der man selbst bei Flut und Wasserhöchststand nur mit genauen Anweisungen sicher herauskommt. In der Ankerbucht lassen wir die Anker fallen und brüten in der Hitze. Bei windstillen 30 bis 35 °C kocht das Hirn und wir verfallen alle in Lethargie. Kein Wind, nur diese schwirrende Hitze liegt in der Luft. Es wird gefrühstückt, Wäsche gewaschen und eine Dusche wäre auch gut. Ist das heiß. Erst um elf Uhr ist der Start.

10:15 Uhr, ein erster Hauch Wind ist zu spüren. Nordostwind. Gegen 10:30 Uhr sind es zwei Knoten mehr. Her damit, komm zu mir! Gleich ist das Leben angenehmer. Der Wind kommt von vorn. »Sag mal, Jens, wann hatten wir zuletzt den Wind von vorn? Das muss doch ewig her sein!« Er überlegt lange. »Vielleicht irgendwann bei Portugal?« Tatsächlich sind wir es nicht mehr gewohnt. Wir sind verwöhnte Passatsegler geworden.

Immer noch schläft das Ankerfeld. Keine Bewegung oder Vorbereitung ist zu sehen. 10:45 Uhr, endlich erwacht das Seglergen bei meinem Käpt'n. »So geht das nicht, wir müssen ordentlich starten!« Wegen des spitzen Windwinkels reicht uns der anstehende geringe Wind und wir werden schnell aus der Bucht von Darwin segeln können. Nicht, dass das besonders wichtig wäre; mindestens sechs Tage

Segeln liegen vor uns. Trotzdem sucht Jens auf dem iPad das Programm iRegatta. Dieses Programm errechnet exakt, wann man an der Startlinie sein muss, um optimal zu starten. Vorher muss dafür allerdings die Startlinie abgefahren werden. Heute wäre das Ziel, als erstes Boot über die Startlinie zu segeln, allerdings auch ohne optimierende Programme möglich. Denn bei keinem anderen Boot sehen wir bisher irgendeine vorbereitende Aktivität.

Geschafft. Jens grinst glücklich. Schleichend bewegt sich das Feld über die Startlinie. Unsere Bugspitze liegt gleichauf mit der CIRCE. Die müssen heimlich an ihren Leinen hantiert haben. Ich bin beruhigt. Doch im Ernst, ein klein wenig lässt unser Aktionismus nach der halben Welt nach. Jetzt kreuzen wir aus der Funny Bay und nehmen Kurs auf die Timorsee. 1.000 Seemeilen liegen bis Lombok vor uns und die Wetterprognose verspricht ruhiges Wetter. Lombok gehört zu Indonesien und ist eine von rund 17.500 Inseln dieses weltgrößten Inselstaates. Jens und ich waren vorher noch nie in Asien und sind gespannt auf diesen leider zu kurzen Abstecher.

Es ist schade, dass wir nicht mehr Zeit haben, um Land und Leute näher kennenzulernen. Doch wir sind und bleiben abhängig vom Hurrikan- bzw. Zyklonkalender der einzelnen Gebiete. Jetzt Anfang September besteht kaum die Gefahr eines Zyklons. Doch bis Mitte November sollten wir den Indischen Ozean überquert haben. Immerhin liegen bis Südafrika noch 6.000 Seemeilen vor uns. Da sind keine längeren Pausen möglich.

Wir segeln an Inseln mit den abenteuerlichsten Namen vorbei – Timor, Sawu, Pulau Sumba. Doch den besten Klang hat Papua-Neuguinea, auch wenn wir genau genommen an diesem Inselstaat gar nicht vorbeisegeln, liegt er doch 400 Seemeilen östlich von uns. Diese Namen klingen für uns jedenfalls unglaublich fremdländisch und reizvoll. Vielleicht kommen wir eines Tages hierher zurück.

Nach knapp drei Tagen liegt Roti vor uns. Das ist eine kleine Insel vor der Westküste Timors. Immer noch bekommen wir den wenigen Wind auf die Nase und müssen jetzt aufpassen, dass wir diese Insel nicht rammen. Der Wind schläft immer mehr ein und selbst unsere leichte GARLIX schleicht durch die Zeit. Die Gegend ist bekannt für wenig Wind und so wird das hier wohl unsere langsamste Etappe seit unserem Start in St. Lucia werden. Die ruhige und fast langweilige Zeit wird unterbrochen durch australische Grenzschutzkontrollen aus der Luft. »Jens, hoffentlich können die Piloten die Höhe unseres Mastes richtig einschätzen. Von hier sieht es aus, als wenn sie uns streifen werden.« Bei der geringen Überflughöhe könnte man annehmen, dass sie noch einmal unseren Kühlschrankinhalt überprüfen wollen. Tatsächlich fragen sie neben Herkunft und Zielort auch die Krankheiten, Todesfälle und unsere Ladung ab. Unsere Ladung. Was für eine Witzfrage bei Segelbooten.

Nach vier Tagen Schleichfahrt reicht es auch uns. Irgendwann müssen wir doch ankommen. Vorsichtig frage ich: »Vielleicht sollten wir doch den Motor starten? Dafür ist er schließlich da.« Immer wieder führen wir die gleichen Diskussionen. Jens' Abneigung gegen den Motorkrach bleibt. Dadurch können wir aber zurecht behaupten, dass wir um die Welt segeln. Unsere bisherigen Motorstunden sind sehr gering. Doch hier lässt es sich nicht vermeiden. Gern möchten wir etwas von dem Land und den dort lebenden Menschen sehen. Unser Abfahrtstermin von Lombok zu den Weihnachtsinseln steht jedoch bereits fest und wir würden unsere dortige Aufenthaltszeit verkürzen, wenn wir hier weiter rumdümpeln. So knattern wir durch die letzte Nacht vor der Ankunft. Es schläft sich ruhig bei dem gleichbleibenden Lärm.

Um fünf Uhr morgens übernimmt Jens die Wache. Die Nacht wurde nur durch die zunehmenden Fischerboote, die keine AIS-Signale senden, gestört. Allerdings sind sie ausgesprochen gut beleuchtet und schon von Weitem zu sehen. Natürlich muss Jens bei der Wachübergabe testen, ob der Wind zum Segeln reicht. Motor aus und Segel hoch. Nach diesem hoffnungsvollen, aber vergeblichen Windtest bleibt unser Yanmar still. Er springt nicht wieder an. Aus. Einfach so. 50 Seemeilen vor der Einfahrt von Lombok stehen wir wieder in der Flaute und kommen mit lediglich drei Knoten vorwärts. Jens überprüft sämtliche Kabel und Anschlüsse des Motors, während ich Lampenhalterin und Bedienungsanleitungssucherin spiele. »Was ist das für eine Farbe? Grün-Schwarz oder Braun-Schwarz?« Nicht so einfach bei der Schaukelei zu erkennen. Langsam werden wir unruhig. Es ist unmöglich, ohne Motor die Einfahrt von Lombok zwischen den Inseln Bali und Lombok zu befahren. Durch die vielen eng beieinanderliegenden Inseln baut sich dort ein Strom auf, der bis zu fünf bis sechs Knoten stark werden kann.

Können wir nicht irgendeine Hotline in Deutschland anrufen? Die Zeitverschiebung beträgt sieben Stunden. Erst am Nachmittag können wir also versuchen, in Deutschland einen Yanmar-Service zu kontaktieren. Doch welchen Fehler haben wir eigentlich? »Unser Motor geht nicht an, können Sie uns helfen?« Um die richtigen Fragen zu stellen, überprüft Jens noch einmal alle Anschlüsse und findet dann endlich den Fehler. Nach zehn Stunden verzweifelter Suche stellt sich heraus, dass der Anlasser nicht genug Strom bekommt. »Ich denke, das hast du vorhin schon getestet?« »Hatte ich auch, dachte ich ...!« Kleiner blöder Fehler. Mit Vollgas rasen wir bei schwindendem Licht in die Einfahrt der Marina Del Ray, die übrigens wieder nur eine Art Zufluchtsort ist. Es ist ein schöner Ankerplatz zwischen den Inseln. Mit dem letzten Licht finden wir eine Muringboje und voller Genuss setzen wir uns in unsere Plicht und trinken ein Bier und ein Cider aus dem Kühlschrank. Das ist ein Fest. Wir haben es verdient.

Bei Sonnenaufgang werden wir vom lauten Gebetsruf eines Muezzins geweckt. Warum muss das nur so früh sein? Jedoch sind annähernd 87 Prozent der Indonesier Muslime. Auch das ist ein Grund, warum wir auf dieses Land so gespannt sind. Mit einem Spickzettel in der Hand wollen wir zunächst einen Geldautomaten suchen. Eigentlich sind wir in Bezug auf fremden Währungen schon alte Hasen, doch hier kostet es uns Überwindung, 1.000.000 Rupiah in den Automaten zu tippen. Umgerechnet sind das nur 65 Euro. Gegenüber Deutschland ist das Preisniveau in Indonesien äußerst niedrig.

Es ist voll hier. Niemals zuvor haben wir derartig viele Menschen auf einmal gesehen. Auf einem Markt wird bunt gemixt alles angeboten, was man sich vorstellen kann. Gemüse, Obst, Gewürze, Schmuck, Fisch, Fleisch, Gold. Wir schieben uns zwischen den Waren durch. Meistens liegen die Dinge auf dem Boden und werden von Fliegen umschwärmt. Jens zeigt mir einen alten, offenen Transporter, auf dem meterhohe Kisten mit Eiern gestapelt sind. Mitten in der Sonne. Wir beschließen, weiterhin unsere Trockeneier zu essen.

Motorroller sind das Transportmittel der Insel. Sie dienen als Familienlimousine und Kleintransporter zugleich. Wir fühlen uns wie auf einem dicht gedrängten Weihnachtsmarkt bei uns zu Hause. Die Temperatur passt nicht, aber die freundlich lächelnden Menschen. Jeder versprüht eine freundliche Geschäftigkeit. Hier bekommt das Thema Überbevölkerung eine praktische Bedeutung für uns. Unser Taxifahrer und Führer, der sogar einige Worte Deutsch kann, gibt uns dafür seine eigene Erklärung: »Ihr in Europa habt Kinos und Cafés, wir machen Kinder.« Ob die Politiker der Welt diese einfache Problemlösung kennen? Hier müssten Kinos und Cafés gebaut werden. Möglichst viele und möglichst schnell, denn die Straßen der Orte scheinen von dem Menschengewusel zu kollabieren.

In einer nahen Ziegelei sehen wir uns die Fertigung von Tonziegeln an. Unfassbar. Mit Gummistiefeln, manche Frauen sind barfuß, stehen die Frauen in der Tongrube und treten und mischen den Ton. Dann schaufeln sie die schwere Tonmasse in Ziegelformen, die auf dem Boden liegen. Hier wird der Ton getrocknet und von den Männern in abenteuerliche Ofenkonstruktionen aufgestapelt. Sollte nur eins der vielen herumlaufenden Kinder dagegen stoßen, wird alles zusammenbrechen. Die Menschen erklären uns gern und freundlich ihre Arbeit. Es ist ein starker, fast peinlicher Kontrast. Wir stehen hier und sind uns bewusst, dass allein unsere Kameras und unser Gepäck mehr wert sind, als diese Menschen insgesamt besitzen.

Trotz der unübersehbaren Armut fühlen wir uns in dieser allgegenwärtigen Geschäftigkeit sauwohl und wollen in der verbleibenden Zeit mehr von dem Leben und der Insel sehen. Gemeinsam mit den Crews zweier anderer Boote unternehmen wir daher eine zweitägige Rundreise in einem modernen Kleinbus. Begleitet werden wir von einem Fahrer und einem Reiseführer, der uns voller Stolz seine Insel zeigt. Ihm ist der Kontrast zwischen dem Leben und dem Glauben der indonesischen Menschen und unserer europäischen Denkweise bewusst. Er geht völlig locker damit um: »Die meisten Menschen hier nehmen das mit dem Glauben auch nicht so ernst.« Wir stoppen vor riesigen Reisfeldern und besuchen eine dort lebende Familie. Der Reisanbau in dem unwegsamen Gelände ist sehr mühselig. Geschützt von großen Pilzhüten hacken die kleinen, zarten Frauen das Unkraut zwischen den Pflanzen und sehen genauso aus wie ansonsten nur im Fernsehen. 30.000 Rupiah verdienen sie pro Tag, das sind keine drei Euro. Stolz und gleichzeitig verschämt lassen sie sich gern mit uns fotografieren.

Mehrere Stunden laufen wir durch die zahlreichen Felder der Insel und am Ende ist unser Reiseführer fast enttäuscht, als wir ihm berichten, dass das fast alles auch in Deutschland angebaut wird. Nur sind die Felder bei uns um ein Vielfaches größer. Keine Menschen mit Pilzhüten arbeiten dort, sondern große Maschinen. Er möchte es nicht glauben. Die Felder sehen ordentlicher und sorgfältiger gepflegt aus als die Häuser in den Orten. Diese sind meistens nicht fertig gebaut und werden von zu vielen Menschen umlagert. Doch in keinem Ort darf die Moschee fehlen. Es scheint eine Art Konkurrenzkampf zu sein. Welcher Ort baut eine größere? Kaum ist eine Moschee fertig, wird mit der nächsten begonnen. Welch eine Verschwendung, bei der allgegenwärtigen Armut. Das passt einfach nicht zu unserem Verständnis.

Gemeinsam besuchen wir den Pura-Lingsar-Tempel, der allen in Lombok praktizierten Glaubensrichtungen offensteht. Ein beruhigendes Beispiel in der heutigen politischen Situation. Im Tempel holen wir uns den Segen für unsere weitere Reise. Für einen kleinen Obolus hat der Priester den heiligen Fisch herausgelockt. Bloß gut, dass er aus seinem Versteck kam … Segler sind abergläubisch. Dann neigt sich der Tag dem Ende zu und irgendwie sind wir skeptisch: »Jens, ich bin so gespannt, wo wir übernachten. Hoffentlich ist es ordentlich.« Am Fuß des Vulkans Mount Rinjani erleben wir jedoch eine positive Überraschung. Europäischer Standard empfängt uns zwischen den Hütten der Einheimischen. Erleichterung bei uns, so egoistisch es auch klingt. »Eine richtige Toilette gibt es auch!« Spätestens, wenn wir in dieser Gegend mal müssen, wünschen wir uns nach Europa zurück oder hoffen auf eine spontane Verstopfung. Mit den Bodentoiletten können wir uns einfach nicht anfreunden.

Hier treffen wir andere europäische Urlauber, die sich zur Vulkanbesteigung rüsten. Lombok ist eindeutig touristisch nicht überlaufen, obwohl für die Besucher gut gesorgt wird. Unweit der ärmlichen Dörfer stehen moderne Hotelanlagen, welch ein krasser Widerspruch. Nach zwei Tagen tippen wir für sechs Personen den Betrag von 12.000.000 Rupiah in den Automaten und schämen uns fast über den günstigen Preis. Inklusive Übernachtung, Verpflegung, Fahrer und Reiseführer bezahlen wir umgerechnet 140 Euro pro Person für diese zwei Tage.

Ein klein wenig erinnert uns Lombok an die frühere DDR-Zeit. Auch hier gilt: »Es wird schon irgendwie gehen. Die Lösung kommt nicht zu mir, ich muss sie finden.« Beispielsweise war es uns in ganz Australien nicht möglich, unsere blauen Butangasflaschen zu füllen. Trotz vorhandenem Adapter durften diese laut Vorschrift nicht befüllt werden. Hier in Lombok wird es möglich gemacht, denn was muss, das muss. Darüber sind wir sehr froh, da wir seit mehreren Wochen mit unseren Gasvorräten sparen mussten. Unvergessen bleibt auch die Dieselbetankung unserer Boote. Im Grunde ist das Tanken an diesem Ort, ohne festen Steg und ohne Tankboot nicht möglich. Eigentlich. Doch es wurde möglich gemacht. Aus einem großen Tankwagen wurden an Land Fässer gefüllt. Diese wurden dann zum Steg gebracht, an dem unsere Boote allerdings nicht anlegen konnten. Daher wurde ein circa 200 Meter langer Gartenschlauch, der für diesen Gebrauch völlig unbrauchbar und deswegen immer poröser wurde, durchs Wasser zum jeweiligen Boot gelegt. Dazwischen lagen kleine Boote zum Stützen des Schlauches. So bekamen wir ohne Rücksicht auf die Umwelt unseren Diesel. Es wurde eine riesige Sauerei, sowohl für das Wasser als auch die Boote. Als Krönung hatten einige Boote nach dieser Aktion sogar Wasser im Dieseltank. Für uns bedeutete unser Motorausfall auf dem Weg nach Lombok allerdings Glück im Unglück. Dadurch hatten wir kaum Diesel verbraucht und konnten nun ordentlich mit Kanister tanken.

Nach einer Woche Lombok sind wir gefesselt von diesem Land. Die Bewohner sprühen vor frischer Energie und Kontaktfreudigkeit. Es ist leicht, mit ihnen ins Gespräch zu kommen. Allerdings bleibt auch eine leichte Beklemmung. Ausgelöst wird diese durch die hier herrschenden Lebensumstände und die offensichtliche Ungerechtigkeit. Es ist einfach unwürdig, an einem harten Arbeitstag nur 2,50 Euro zu verdienen. Doch es bringt nichts, den Kindern, den Frauen mit den Pilzhüten oder den Taxifahrern mehr Geld zu geben. Damit ändern wir nichts nachhaltig. Es bleibt eine himmelschreiende Ungerechtigkeit. Gleichzeitig nehmen wir großartige Erlebnisse mit. Mitten in dieser sprudelnden freundlichen Emsigkeit haben wir uns sauwohl gefühlt.

DIE EHRLICHKEIT DER NACHT

Indonesien/Lombok – Australien/Weihnachtsinsel – /Kokosinseln 13.–27.9.2015, Gesamtdistanz: 20.573 Seemeilen

Meine gesamte berufliche Laufbahn war von Zahlen geprägt. Ich liebe Zahlen. Sehe ich eine Zahl, vergesse ich sie selten. Solch eine Weltumseglung bringt diesbezüglich viele Highlights. Viertel rum, halb rum, Wind minimal, größtes Etmal, höchste Wellen, die gern immer höher werden. Es scheint endlos. Zahlen überall. Nur warum diese Fixierung auf Zahlen? Es klingt wie abhetzen, wie nie ankommen. Doch es gibt eine Zeit an Bord, die lässt uns ankommen. Das sind Nächte. Eine Nacht auf dem Ozean ist glasklar, wahr und ehrlich. Ohne Ausreden im ewig gleichen Spiel. Viel zu kurz ist der Moment, wo alles gut ist im schwindenden Licht. Alles kommt zur Ruhe, auch unser Gemüt. Jetzt beginnt aber auch das leichte Kribbeln, diese Zeit des Ausgeliefertseins, dieser Wunsch, dass es wieder hell wird. Nur eine Idee später ist es tiefschwarz. Nichts ist mehr zu sehen. Keine zwei Meter, geschweige denn die Bugspitze. Alles ist in die Schwärze der Nacht gehüllt.

Jede Nacht bringt Neues, niemals ist es gleich. Die erste Freude ist, wenn sich über uns der Sternenhimmel zeigt. Diese zuverlässigen Begleiter lassen sich nur selten vertreiben. Sie blitzen auch ab und zu durch eine dichte Wolkendecke und zeigen, dass sie noch da sind. Manchmal lassen sie den Horizont erahnen und dann wieder verwirren sie uns. Ist das dort am Horizont ein Stern oder ein Schiff? Oh, ein Schiff, aber ohne AIS. Gleich klettert der Adrenalinspiegel höher. Da bemühen wir schon einmal das Radar und versuchen angestrengt, etwas darauf zu erkennen. Aber das ist wohl eher Glücksspiel als absolute Zuverlässigkeit. Manche Schiffe geben kaum Signale ab, weil sie zu klein oder aus Holz sind. Da sehe ich dann ein Licht, aber kein Signal. Und ja, es schleicht sich der Gedanke ein, was ist eigentlich mit den Schiffen, die vielleicht kein Licht und kein AIS haben? Schiffe mit gutem Licht sind auch gute Begleiter. Solch ein erahntes Schiff kann mich ewig beschäftigen. Dann stehe ich so da und beobachte diese tanzende Helligkeit und denke: »Hoffentlich ist es bald weg.« Dann lieber allein sein.

Dann gibt es die Zeit, wo wir bei zu viel Wind durch die Schwärze brettern. Wie ein Auto ohne Bremsen. Es ist der Moment, in dem wir uns einreden, die Kontrolle zu haben, sie aber tatsächlich nicht mehr besitzen. Wir brausen ins Nichts. Das sind nicht die guten und ruhigen Nächte. Das sind die Nächte, in denen ich mir die Zeit schneller wünsche. Wo ist der Tag!?

Meistens – immer zur anderen Zeit – kommt der beste Kumpel der Segler, der Mond. Wenn der richtig scheint, können wir alles sehen. Dann wird jede nächtliche Sorge klein. Und so fliegt und schleicht die dunkle Zeit dahin. Auf meiner Wohnzimmercouch zu Hause dachte ich, dass die Nächte die Zeit der Hörbücher wären. Ruhig dasitzen, die Lichter suchen, die nicht da sein sollen, und Hörbücher hören. Fehlanzeige. Das Gehör ist das Einzige, das wie am Tag ist. Die Geräusche sind gleich, das mit dem Sehen-Wollen kann man eher lassen. Also bleiben die Hörbücher ungehört.

Insgesamt hatten wir bisher eher gute als schlechte Nächte. Nächte sind auch immer die Zeit, wo Monster und Monsterchen schlafen dürfen. In der Nacht geht es nicht vordergründig um Schnelligkeit. Die Nacht ist ehrlicher, wichtiger. Hier geht es darum, dass es morgens wieder hell wird. Je nachdem, wo wir gerade sind, haben wir mindestens zwölf Stunden Dunkelheit. Zwölf Stunden sind so lang wie ein ganzer Tag! Wir wechseln uns in der Nacht alle fünf Stunden ab. Jens bis Mitternacht, ich bis morgens um fünf. Dann darf Jens den Tag begrüßen. Das geht genauso unerhört schnell, wie sich am Abend die Sonne davonmacht. Kaum schafft man es, die Kamera zu holen. Da ist sie wieder – grell und hell wie eh und je. War irgendwas? Es ist wieder hell, immer wieder gut. Und soweit das hier draußen überhaupt geht, fühlt man sich tatsächlich wieder etwas sicherer in dieser unglaublich endlosen Weite.

Heute segeln wir die 101. Nacht seit unserem Start aus Deutschland. Weltumseglung bedeutet, dass man sich vorm Nachtsegeln nicht drücken kann. Vor zwei Tagen sind wir aus Lombok gestartet. Eine starke Strömung hat uns mit zwei bis drei Knoten Richtung Weihnachtsinsel getrieben. Mit diesem Ziel segeln wir sozusagen zurück nach Australien, da diese Indonesien vorgelagerte Insel zum australischen Territorium gehört. Sollte man das vorher nicht gewusst haben, erfährt man es spätestens von den dominanten Grenzkontrollen aus der Luft. »Todesfälle, Krankheiten, Ladung, Herkunft, Ziel.« Nur dreieinhalb Tage nach unserem Start segeln wir zum ersten Mal seit dem Beginn der World ARC als erstes Boot über die Ziellinie. Das heißt zwar nicht, dass wir einen Preis gewinnen, da unser Verrechnungsfaktor sehr anspruchsvoll ist, trotzdem ist es ein gutes Gefühl. Einziger Wermutstropfen dabei ist, dass wir die gesamte englische Begrüßungswucht allein über uns ergehen lassen müssen. Doch mittlerweile fühlen wir uns sicherer mit der Sprache, wenn es um die gewohnten Themen geht. Wir motoren die letzten Meter zur Muringtonne in der Bucht vor Flying Fish Cove und befinden uns rein optisch im Industriehafen. Ein großer Phosphattagebau ist mit seinen langen Förderbändern zu sehen.

Diese nördliche Bucht ist die einzige halbwegs geschützte Bucht der Insel. Ankern ist zum Schutz der Korallen nicht erlaubt. Dafür gibt es sieben Muringtonnen für die ankommenden Boote. Da wir insgesamt 15 Boote sind, binden wir uns in Päckchen an die Bojen. Bei dem immer vorhandenen Schwell ist das kein leichtes Unterfangen. Vier unserer Boote tragen dabei teilweise schwerwiegende Schäden davon. Für die Bewohner der Weihnachtsinsel ist die Ankunft der World-ARC-Yachten ein Highlight des Jahres. Denn ansonsten verirren sich nicht allzu viele Boote in dieser Bucht.

Auf der Weihnachtsinsel, die im Übrigen nicht viel mit Weihnachten zu tun hat – sie wurde lediglich Weihnachten 1643 vom Seefahrer William Mynors entdeckt –, leben nur rund 2.100 Menschen. 70 Prozent von diesen sind Chinesen, die eher dem Buddhismus als dem christlichen Glauben angehören, sodass das Weihnachtsfest hier keine herausragende Bedeutung hat. In dem kleinen Hauptort der Insel ist der Buddhatempel am Duft der Räucherstäbchen auszumachen. Gleichzeitig ruft mehrmals am Tag ein Muezzin die Muslime zum Gebet. Mit den wenigen australischen Bewohnern kommt man schnell in Kontakt. Sie sind auskunftsfreudig und bei Bedarf ein bereitwilliges Taxi.

Wir werden an das pazifische Inselchen Niue mit seinen knapp 1.300 Einwohnern erinnert, das wir im Mai besucht haben. Die Weihnachtsinsel ist gerade einmal ein Drittel größer als Sylt, allerdings verkürzt hier keine Eisenbahnlinie den Weg zum Festland. Immerhin liegen hier ungefähr 2.500 Kilometer zwischen der Insel und dem australischen Perth. Kürzer ist es zum indonesischen Java mit 400 Kilometern. Ein weiter Weg, um Freunde zu besuchen. Das Leben hier scheint prädestiniert, um einen Inselkoller zu bekommen. Die Wohnhäuser unweit des Tagebaus sehen mit der rumhängenden Wäsche eher wie Singleunterkünfte als wie Familienheime aus. Auch am Abend kommt in den Kneipen nicht gerade Stimmung auf. Irgendwie wirkt das Leben hier langweilig. Der Alkohol ist günstig, da steuerfrei, und die eine oder andere Flasche wird zu viel konsumiert. Ein Schild lockt mit täglicher Happy Hour.

Bei unserer Rundtour am folgenden Tag sehen wir in der Ferne das Aufnahmelager für Flüchtlinge. Dieses ist in die äußerste Inselecke verbannt. Nicht umsonst wird die australische Küste so gut geschützt. Sämtliche Flüchtlinge, die ihr Glück in der Flucht auf dem Wasserweg versuchen und dabei aufgegriffen werden, werden hier so lange untergebracht, bis sie wieder in ihr Ursprungsland zurückgebracht werden. Von der australischen Küstenwache haben wir ein Infoblatt bekommen, wie die Flüchtlingsboote aussehen. Es ist bedrückend, sich vorzustellen, dass diese zum Teil stark überfüllten Boote auf dem riesigen Indischen Ozean Richtung Australien fahren. Jederzeit könnten sie unseren Weg kreuzen. Wir haben schon allein deswegen Gewissensbisse, da wir uns überlegen, was wir im Fall der Fälle täten. Es ist etwas anderes, über das Flüchtlingsproblem in der Zeitung zu lesen, als es hier so hautnah zu erleben. Unser Reiseführer möchte übrigens nicht über die im Lager lebenden Menschen reden. Es wirkt, als ob es kein Zufall wäre, dass die Flüchtlinge weit weg von menschlicher Zivilisation untergebracht sind. Hier soll keiner integriert werden.

Es geht weiter in den tropischen Regenwald, der einen großen Teil der Insel bedeckt, und wir können die riesigen, leuchtend roten Weihnachtsinsel-Krabben bewundern. Leider sind wir für die jährliche große Krabbenwanderung ungefähr zwei Monate zu früh hier. Mehrere Millionen (!) Weihnachtsinsel-Krabben wandern dann im November zu Vollmond vom Land ins Meer, um dort ihre Eier abzulegen. Dann steht hier auf der Insel alles still, denn die Krabben dürfen nicht gestört werden. Diese Krabbenart, deren Population in den letzten Jahren leider immer weiter abnimmt, gibt es ansonsten nur noch auf den Kokosinseln. Ein weiteres einmaliges Erlebnis ist auch das Abenteuer unter Wasser. Dank des Ankerverbots in der Bucht ist die Korallenwelt nahezu ungestört. Ungeachtet des für uns widersprüchlichen Lebens am Land eröffnet sich hier eine farbenfrohe, heile Welt.

Nach knapp vier Tagen lösen wir dann unsere Leine von der Muringtonne, um zur nächsten vorgelagerten australischen Inselgruppe, den Kokosinseln, zu segeln. Die geschichtliche Entwicklung dieser zwei Atolle mitten im Indischen Ozean lässt uns irgendwie etwas Großes erwarten. Ganz sicher nicht diese flachen, kleinen Inselchen, auf denen keine 600 Menschen wohnen, die wir knapp drei Tage später erreichen. Dort biegen wir zum Ankerplatz vor Direction Island inmitten des Atolls ab. Ganz vorsichtig und langsam versuchen wir, die schwarzen Schatten im Wasser, die gefährliche Korallenbänke vermuten lassen, zu umfahren. Das Wasser ist so klar, dass die Schatten ganz nah erscheinen. »Jens, wo sind wir noch einmal? Zurück in Fakarava, im Tuamotu-Archipel?« Genauso blau, genauso viele Palmen, genauso dem Urlaubskatalog entsprungen.

Unvorbereitet trifft uns das kleine Paradies und völlig unwirklich erscheinen die Beamten fürs Einklarieren. Diese warten unter den Palmen an Land. Wieder, besser gesagt, immer noch befinden wir uns in Australien. Beinahe unvorstellbar, dass vor diesem Inselparadies die ersten Kriegshandlungen des Ersten Weltkrieges stattfanden. Auf diesem Stück Friedlichkeit der Erste Weltkrieg! Die Insulaner vermarkten dieses Stück Kriegsgeschichte wie ein großes Event. Sticker, Fotos, Taschen, Aufkleber, alles, was das Herz oder das Portemonnaie begehren, ist hier zu finden.

Eine weitere Besonderheit dieser Inseln ist die Tatsache, dass hier noch bis 1978 ein Familienclan autoritär mit eigenen Gesetzen und eigenem Geld geherrscht hat. Die Gelddruckmaschine haben wir uns im Museum angesehen. Die australische Regierung hat dieser Familie die Inseln dann 1978 abgekauft. Diese australische Zugehörigkeit und die daraus resultierenden Subventionen sind das Glück der Bewohner. Denn die Arbeitslosigkeit ist hoch und es gibt nur Importe, aber keine Exporte.

Wir sind immer wieder fasziniert, was für schwerwiegende und interessante Ereignisse im Lauf der Jahrhunderte auf den weit abgelegenen Inselorten passiert sind. Heute ist davon – außer im Museum – nichts mehr zu spüren. Das südliche Atoll besteht aus 26 Inseln, die eine circa sechs Seemeilen lange und viereinhalb Seemeilen breite Lagune umschließen. Dabei sind nur Home Island und West Island bewohnt. Direction Island, wo wir liegen, ist hingegen nicht besiedelt und das Ideal des Blauwasserlebens. An Land findet man unzählige Erinnerungsschilder mit den jeweiligen Namen der besuchenden Schiffe. Erfreulicherweise gibt es in diesem Paradies Internetkontakt. Unser Aufenthalt hier ist nicht überfrachtet mit Aktivitäten an Land und wir genießen diese ruhige Zeit vor der blauen Palmeninsel.

Vorerst zum letzten Mal für lange Zeit tauchen wir in die Unterwasserwelt ab. Eine wahrhaft heile Welt. Einfach am südlichen Ende von Direction Island Brille und Schnorchel aufsetzen und sich dann mit der Strömung treiben lassen. Eindeutig besser als im Ozeaneum. Bis Brasilien bzw. bis zur Karibik wird es aufgrund des zunehmenden Haivorkommens kein Schnorchelvergnügen mehr geben.

Doch dann wird der Seelenbootsfrieden gestört. Ein Boot unserer ARC-Flotte hat ein massives Problem mit seinem Autopiloten und seinen GPS-Daten. Der zweite Autopilot war schon vorher ausgefallen und jetzt musste das Pärchen die letzten 300 Seemeilen per Hand steuern. Es ist der Fluch der Abgeschiedenheit. Hier gibt es keinen Raymarine-Service und angesichts der vor uns liegenden 2.300 Seemeilen bis nach Mauritius lässt dieser Schaden die Crew nicht gut schlafen. Doch aus mehreren Dummen wird bekanntlich ein Schlauer. Vereint und mit viel Zeit wird der Schaden von den Männern unser Flotte in Teamarbeit behoben.

Unsere paar Tage im Paradies sind schnell vorbei. Wir müssen daran denken, dass wir bis Mauritius ungefähr zwei Wochen auf See sein werden. Unseren wenigen notwendigen Proviant hatten wir bereits von Lombok aus bestellt. Da auf diesen Inseln sämtliche Lebensmittel eingeflogen werden, wäre der zusätzliche Bedarf von 15 Booten und circa 45 Menschen zu groß gewesen. Wir gehen in den kleinen Laden nach West Island und kommen mit einem übersichtlichen Karton zurück. Der Unterschied zu dem Großeinkauf in Las Palmas, wo der Proviant mit Autos und Bussen herangekarrt wurde, kann nicht größer sein. 2.300 Seemeilen liegen vor uns. Es ist die gleiche Distanz wie damals von den Kapverden nach St. Lucia.

ZWISCHEN PEST UND CHOLERA – 2.300 SEEMEILEN INDISCHER OZEAN

Australien/Kokosinseln – Mauritius/Port Louis

28.9.–10.10.2015, Gesamtdistanz: 22.893 Seemeilen

Och, eigentlich würde ich gern liegen bleiben. »Jens, der Wind pfeift doch viel zu kräftig!« Es heult schon wieder und rein psychisch sind das keine guten Startbedingungen, um derartig weit über den Indischen Ozean zu segeln. Die Antwort kommt umgehend: »Draußen sind 20 bis 22 Knoten Wind aus Südost. Das ist ein normaler Passatwind! Alles kein Problem, wir können starten.« Wir sind entwöhnt. Besser, ich bin entwöhnt von den langen Segelstrecken. Unsere letzte richtig lange Distanz mit fast 3.000 Seemeilen liegt ein halbes Jahr zurück. Segelfreude sieht anders aus. Rational gibt es keinen Grund, nicht zu starten. Das angesagte Wetter ist nicht optimal, aber auch nicht so schlimm, um in der Ankerbucht zu bleiben. Immerhin scheint die Sonne. Also befreien uns wieder einmal aus einem wunderschönen, unvergesslichen Korallengefängnis und richten unseren Bug Richtung Westsüdwest mit 258 Grad gen Mauritius. 2.340 Seemeilen Wasser liegen vor uns.

Inzwischen ist der Start Vergangenheit. 400 Seemeilen und ungefähr 80 Fische sind geschafft. Unsere GARLIX entwickelt sich zum Mörderboot und es gehört zu den spannendsten Abenteuern, momentan nachts im Cockpit zu sitzen. Klatsch, landet ein Fisch neben uns, bisher jedoch noch nie auf uns. Am Morgen sammelt Jens, ist ja Männerarbeit, die toten stinkenden Fische vom Boot. Eine komische Entwicklung der Natur. Fische mit Flügeln. »Sag mal Schatz, hast Du tatsächlich alle Fische eingesammelt? Hier stinkt es immer noch!« Immer, wenn wir den Niedergang hochgehen, liegt ein gammeliger Fischgeruch in der Luft. Lange müssen wir suchen, um den halb verrotteten Fisch im Leinenkanal unterm Decksaufbau zu finden. Nur mit viel Wasser konnten wir ihn rausspülen. Es bleibt jedoch ein latenter Geruch zurück. Als Krönung der Fischsauerei fliegt ein Exemplar ins offene Badfenster und erleidet dort einen heldenhaften, schlagkräftigen Todeskampf. Die Fischschuppen kleben sogar an der Decke.

Per Funk diskutieren wir seit Tagen mit den anderen Schiffen, welche Route wohl die günstigste ist. Jeder interpretiert die Wettersituation anders. Laut Wettervorhersage entwickelt sich im Norden eine verstärkte Konvektion mit Schauern, Squalls und Gewitterclustern. Wind bis 35 Knoten wird erwartet. Im Süden hingegen entwickelt sich durch das über Australien abgezogene Tiefdruckgebiet eine hohe Dünungs- und Windseewelle. Es besteht die Gefahr einer Kreuzsee. Was bleibt, ist die Wahl zwischen Pest und Cholera. Beide Optionen stehen auf der Liste der schönen Dinge ganz weit unten. Nein, sie gehören da gar nicht hin. Wir wählen den südlichen Weg.

Um ehrlich zu sein, ist der Wind bereits jetzt ausreichend für uns. Mit unseren 10 Tonnen und 44 Fuß Länge sind wir längst an der Rumpfgeschwindigkeit und können nur noch weiter reffen. Die Wellen, die mit vier bis fünf Meter Höhe als Kreuzsee vorausgesagt werden, haben uns bisher am wenigsten Sorgen bereitet. Daher trennen wir uns nun von dem einzigen in Reichweite befindlichen Boot TULASI, das mit 64 Fuß Länge die vorausgesagte höhere Windgeschwindigkeit im Norden wählt. Schade, es war schön, ein Schiff in der Nähe zu wissen.

Einsam geht es weiter. Diesmal fühlt es sich angesichts der ganzen Ungemütlichkeit tatsächlich einsam an. Am Morgen des fünften Tages werde ich zur Funkrunde wach und finde das Boot vollständig verschlossen vor, obwohl wir meistens die oberen 20 Zentimeter des Niedergangs offen haben. Ein besorgter Jens begrüßt mich, der in der Nacht ein beeindruckendes Phänomen erlebt hat. Mitten auf dem Indischen Ozean hat uns eine fünf Knoten starke Strömung um 40 Grad in eine andere Richtung versetzt. Was und wieso bleibt ungeklärt, auch nach dem Check der Monatsströmungskarten dieser Gegend. Jens befürchtet einen Tsunami oder ein Seebeben. Es ist unheimlich, allein hier draußen mit solch einem Geschehen. Nach einer Stunde ist der Spuk dann allerdings vorbei und wir segeln wieder weiter Richtung Westen.

In der nächsten Nacht weckt mich Jens um Mitternacht zum Wachwechsel mit den Worten: »Momentan ist alles ruhig.« Ich krieche aus der Koje, pflücke mir die Stöpsel aus den Ohren und schwanke, mich mit beiden Händen festhaltend, ins Bad. Dort empfängt mich eine Geräuschkulisse wie in einer Autowaschstraße und heimlich denke ich: »Der spinnt, von wegen alles ruhig.« Draußen sind 25 Knoten Wind und kein Mond. Erfreulicherweise werde ich von ein paar Sternen am Himmel begrüßt, die aber die hohen Wellenbrecher von hinten nicht ausreichend beleuchten. Der Autopilot kommt mit den Wellen gut klar. Die Plicht ist von den überkommenden Wellen komplett nass und zur Krönung der »ruhigen Nacht« fahren wir offensichtlich in einer Schifffahrtslinie. So viele AIS-Signale auf dem Kartenplotter haben wir lange nicht mehr gesehen. Alle haben sie als Ziel Singapur und kreuzen damit direkt unseren Weg.

Dank der vielen Schiffe signalisiert der Echomax ständig, dass Schiffe in der Nähe sind. Der Echomax fängt die Radarsignale der fahrenden Schiffe auf und meist erscheint dieses Signal vor dem AIS-Signal, falls Letzteres überhaupt vorhanden ist. Ich bin beschäftigt, die Zeit verfliegt. Jedes Schiff, das sich uns auf eine Seemeile nähert, funke ich vorsichtshalber an. »Can you see us on your radar?« Warum bloß habe ich so oft das Gefühl, dass der jeweilige Schiffsführer uns erst auf seinen Instrumenten suchen muss. Noch vor neun Monaten wäre es undenkbar gewesen, dass wir die Schiffe hemmungslos anfunken. Jetzt ist häufig das Englisch meines Funkpartners schlechter als meins.

Nach fünf Stunden wecke ich Jens mit den Worten: »Hallo Schatz, es ist ganz ruhig hier draußen! Keine Veränderungen gewesen.« Er drückt mich kurz; heute ist ein Feiertag. Zum zweiten Mal verbringe ich meinen Geburtstag auf dem Meer. Vor genau einem Jahr waren wir vor der portugiesischen Insel Selvagem Grande zwischen Madeira und den Kanaren im Atlantik. Seitdem sind wir 18.000 Seemeilen und drei Ozeane weiter. So unschön und ungemütlich es gerade ist, es ist kein schlechter Ort, um ein Jahr älter zu werden. Am Morgen versuche ich sogar, einen Geburtstagskuchen zu backen. Ein wenig Ritual muss sein.

Nur noch 600 Seemeilen liegen vor uns. Diesmal fühlt sich die Strecke lang an. Es gibt einfach keine Windpause, die uns verschnaufen lässt. Wir erfreuen uns trotzdem an den Highlights des Tages, die kein Mensch an Land verstehen würde. Einfach gesund und ohne Schaden durch den Tag kommen. Duschen, ohne über Bord zu gehen. Nudeln kochen, ohne sich zu verbrühen. Brot essen, ohne dass es vom Teller springt. Kaffee kochen, ohne dass er in den Kühlschrank fließt. Oder im Bad nicht durch die geschlossene Tür fallen.

Sehr abwechslungsreich sind die neu eingeführten Kinderfunkrunden. Unser englisches »Kinderboot« stellt Quizfragen, die wir innerhalb eines Tages lösen müssen. »Wie lange kann ein erwachsenes Krokodil die Luft anhalten? Wie viel Länder gibt es, die mit P anfangen? Wer war der zweite Mann auf dem Mond?« Schnell im Internet nachgesehen? Fehlanzeige. Wir haben kein Internet! Aber Jens war schlau. Er hat sich vorher Wikipedia offline auf den Rechner gezogen. Auf diese Art fallen uns die Antworten leichter. Nur das mit dem Krokodil ist etwas kniffliger.

Toi, toi, toi. Wir sind 250 Seemeilen vorm Ziel und die GARLIX hat bisher keinen nennenswerten Schaden. Besser noch, wir führen das Feld der Boote an, das sich auf dieser langen Distanz weit auseinandergezogen hat. Einige Hundert Seemeilen liegen zwischen uns und den letzten Booten. Wir sind ein wenig stolz auf unseren vorderen Platz. Bei dem starken Wind müssten normalerweise die längeren Boote schneller sein, da allein schon ihre Rumpfgeschwindigkeit höher ist.

Es geht in die letzte Nacht. Der Schiffsverkehr wird immer dichter und wir müssen der Küstenwache von Mauritius per Funk die Ladung unserer GARLIX erklären. Tote und Kranke interessieren diesmal nicht. Morgens um drei Uhr flattert das Vorsegel dann so komisch. Mist, es rutscht langsam ins Wasser. Wir können es gerade noch zusammenrollen und fragen uns, ob der Schäkel gebrochen oder das Fall gerissen ist. Wir tippen auf den Schäkel.

Die letzten Stunden vorm Ziel vergehen in Spannung. Kleine Fischerboote verschwinden vor Mauritius in den Wellentälern und erhöhen unsere Aufmerksamkeit. Schließlich segeln wir durch den Kanal zwischen Gunner's Coin und Mauritius. Nur vier Seemeilen hinter uns kommt die TULASI. Das ist unfassbar. Manfred und Anneliese haben die nördliche Route gewählt, wo der Wind stärker war. Trotzdem kommen wir jetzt nach über 2.300 Seemeilen mit diesem knappen Abstand ins Ziel. Gegen Mittag segeln wir schließlich nach zwölf Tagen, sieben Stunden und 2.340 Seemeilen in das Hafenbecken von Port Louis. Das bedeutet eine Durchschnittsgeschwindigkeit von 7,9 Knoten. Ruhig war es nicht, keine Minute.

Es ist nicht zu früh, um bei 28 °C einen Ankommensschnaps zu trinken. Und genau damit werden wir im Hafen von der ARC-Organisation empfangen. Ankommen ist ein Heldengefühl, auch wenn dazu kein Heldenmut gehört. Immer wieder. Wir haben es geschafft. Danke Neptun, wir wissen, du kannst es schlimmer. Schön war es trotzdem nicht. Danke GARLIX, du bist unsere Heldin.

HER MIT DEM SEGEN

Lee ist an Steuerbord ...
Dagmar Garlin

Mauritius/Port Louis - Frankreich/Réunion (Le Port)
11.-30.10.2015, Gesamtdistanz: 23.023 Seemeilen

Rückblick - Ärmelkanal vor mehr als einem Jahr. Fast waren wir aus dem Empfangsbereich unseres Handys heraus, als das Telefon klingelte. Gute Freunde riefen an. »Sagt mal, ihr meintet doch, wir könnten euch unterwegs mal besuchen. Was haltet ihr von Mauritius?« »Mauritius? Das ist noch ewig hin. Was ist, wenn wir da nie ankommen?« »Macht nichts, dann kann man dort auch so Urlaub machen. Wir machen das jetzt mit dem Reisebüro klar.« Wow, was für eine Ansage. Bis Mauritius lagen damals noch der Atlantik, der Pazifik und der Indische Ozean vor uns. Noch keine Nacht waren wir gesegelt und luden uns Besuch nach Mauritius ein. Wir fühlten uns etwas größenwahnsinnig ...

22.000 Seemeilen und 14 Monate später sind wir jetzt voller Vorfreude auf Kerstin und Herbert. Viele Seemeilen sind wir schon gemeinsam in unseren heimatlichen Revieren gesegelt, die von hier aus unwirklich weit entfernt sind. Jens und Herbert lieferten sich schon als Kinder heiße Matches im Opti und später mit der O-Jolle. Dank des Zeitplanes der ARC sind Besuche auch lange im Voraus gut planbar. Sicherlich, wetter- oder reparaturbedingt kann sich zeitlich immer etwas verschieben. Aber der grobe Plan ist lange vorher bekannt. Für uns war diese Besuchsankündigung damals eine Überraschung und ein klein wenig waren wir auch stolz über das Vertrauen, das in uns gesetzt wurde. Fast unerhört und frech ist die Anreisedauer der beiden. 15 Stunden! Länger brauchen sie nicht für unsere

22.000 Seemeilen in 14 Monaten! Bei unserer Geschwindigkeit kommt allerdings das Hirn besser mit und so wundert es uns nicht, dass Kerstin und Herbert bei ihrer Ankunft deutlich erschöpfter als wir aussehen.

Wir lassen ihnen jedoch keine Zeit zur Erholung. 14 Monate und Erlebnisse aus mittlerweile 22 Länder müssen erst einmal erzählt werden. Interessant und herausfordernd sind die Diskussionen über die Veränderungen, die in Europa stattgefunden haben. Aus der Ferne wagen wir nicht, uns eine abschließende Meinung zur ganzen Flüchtlingsthematik zu bilden. Doch wir beobachten gern, wie sich die anfängliche Unsicherheit unseres Besuchs zwischen den zahlreichen schwarzen Menschen auflöst und Herbert schon am zweiten Tag ohne besondere Englischkenntnisse auf den lokalen Markt geht und beim morgendlichen Brötchen-Besorgen bei den Einheimischen Kaffee trinkt. Das klingt einfacher und selbstverständlicher, als es ist. Denn tatsächlich ist der Markt eine wahre Herausforderung. Man wird von wirklich jedem Verkäufer angesprochen, immer begleitet von der Hoffnung, etwas verkaufen zu können. An sieben Tagen in der Woche wird hier alles angeboten, was irgendwie möglich erscheint. Gemüse, Obst, Eisenwaren, Kaschmir, Gold, Schmuck, Gewürze. Der Markt ist nur wenige Querstraßen von der Marina entfernt und stellt eine völlig andere Welt dar. Vor allem die Menschenfülle ist fast erschreckend, obwohl wir uns in keinem Augenblick unsicher oder bedroht fühlen.

Seit über einem Jahr sind wir die Ausländer und leben zwischen Menschen mit dunklerer Haut und anderer Muttersprache. Für uns ist das Alltag geworden und tatsächlich müssen wir inzwischen bei der Beschreibung eines Menschen überlegen, welche Hautfarbe er hat. Es ist unwichtig geworden. Allerdings stellt Mauritius eine besondere Herausforderung dar, denn hier ist alles bunt gemischt. Auffallend ist die saubere, gepflegte Einkaufsstraße mit modernen Läden und Hotels gleich am Hafen. Fast langweilig mit den immer gleichen Geschäften dieser Welt. Überquert man diese Straße, dann empfängt einen ein völlig anderes Bild. Ein buntes Durcheinander an Waren, Läden, Menschen, Essen. Es ist ein Tücher- und Kaschmir-Einkaufsparadies. Allerdings werden hier auch überall gefälschte Markenprodukte angeboten. Es gibt alles, was keiner braucht. Auf unserer ganzen bisherigen Reise war es noch nie so bunt. Verstehen kann man das nur, wenn man kurz einen Ausflug in die Geschichte des Landes macht.

Im Lauf der Jahrhunderte war Mauritius portugiesisch, niederländisch, französisch und britisch. Und obwohl die Briten die letzten 150 Jahre vor der Unabhängigkeit 1968 das Sagen hatten, ist die Insel französisch geprägt. Die gängige Sprache Morisyen basiert auf dem Französischen und wird von der überwiegenden Mehrheit der Bevölkerung gesprochen. Fast 70 Prozent der Einwohner sind indischen Ursprungs und rund 27 Prozent Nachfahren von Sklaven. Weiße sind die absoluten Minderheit. Neben dem Hinduismus und dem Christentum gehören auch der Islam und der Buddhismus zu den hier praktizierten Religionen.

Bedingt durch dieses Gemisch gibt es viele interessante Stätten, die wir besuchen können. Völlig überrascht und beeindruckt sind wir von der buddhistischen Shiva-Statue, an deren Fuß der Kratersee Ganga Talao 550 Meter über dem Meeresspiegel liegt. Hier befindet sich die heiligste hinduistische Pilgerstätte auf Mauritius und außerhalb Indiens. Jährlich kommen im Februar und März rund 450.000 gläubige Hindus auf die Insel und laufen barfuß den 70 Kilometer langen Pilgerweg zu der 33 Meter hohen Statue und zum See. Eine 33 Meter hohe Statue! Wir sehen auf unseren Fotos davor winzig aus und finden diese heilige Verehrung völlig übertrieben.

Allein und ohne weitere Besucher besichtigen wir Heiligentempel, die von der typischen, immer gleichen Musik beschallt werden. Die heiligen Kühe haben wahrscheinlich aus ihrer Sicht den besten Platz der Welt. Sie stehen bei ständiger Musik in einem kitschig bunt geschmückten Stall, in dem der Trog niemals leer wird. Uns ist das alles äußerst fremd. Den für uns größeren Charme haben die alten

Häuser aus der französischen Kolonialzeit mit ihren einzigartigen Parkanlagen. Sie sind wie geschaffen als Drehorte für romantische Filme. Im Château de Labourdonnais zum Beispiel lebte Mitte des 19. Jahrhunderts der Deutsche Christian Wiehe. Heute ist das Haus erstklassig renoviert und in der angrenzenden Rumdestillerie müssen wir einfach ein paar Flaschen erstehen.

Mit unserem gemieteten Ford, bei dem weder der Rückwärtsgang noch der erste Gang freiwillig funktionieren, fahren wir über die abwechslungsreiche, widersprüchliche Insel. In der Inselmitte liegen die armen, teilweise dreckigen Dörfer mit den unfertigen Häusern. Die Küstenstreifen hingegen werden von Hotelanlagen gesäumt. Es gibt eine Verordnung, nachdem diese nicht höher als die Palmen sein dürfen. Daher fallen sie nicht störend auf. Unsere Freunde sind ganz verzückt von den weitestgehend ruhigen Stränden. »Lasst uns irgendwo schnorcheln gehen!« Jens und ich zögern etwas: »Geht nur, wir passen auf die Sachen auf.« Inzwischen eignen wir uns für die Bewertung von Schnorchelgebieten nicht mehr, denn mit den San-Blas-Inseln, dem Tuamotu-Archipel oder den Kokosinseln im Hinterkopf wird jeder Vergleich schwierig und beinahe unfair. Aber wir sind keine Spielverderber. Also suchen wir die schönsten Strände und schlürfen verträumt bunte Cocktails miteinander. Wir sind froh, dass unsere Freundschaft die lange Zeit der Trennung unbeschadet überstanden hat.

Am Abend bieten wir Kerstin und Herbert dann noch ein unerwartetes, aber typisches Seglererlebnis. Es ist die Siegerehrung für die Strecke von den Kokosinseln nach Mauritius. Und egal, wie lang die Strecke ist, ob zehn, 1.000 oder 3.000 Seemeilen, es ist immer ernst. Wir wussten bereits bei der Ankunft, dass wir keinen Preis bekommen würden, obwohl wir das erste Boot im Ziel waren. Dafür erhalten wir einen Wanderpreis, mit dem wir uns kurz fotografieren lassen und ihn wieder abgeben. Geplant ist, dass wir den Preis in fünf Jahren zugeschickt bekommen, geschmückt mit einer Plakette jedes Boots, das die Strecke als schnellstes absolviert hat. Wir sind gespannt und skeptisch, ob das klappen wird.

Zum Abschluss dürfen wir noch etwas Besonderes erleben. Vertreter der vier auf der Insel hauptsächlich praktizierten Religionen stehen nebeneinander unter einem Zelt und geben uns nacheinander ihren Segen für die Weiterfahrt. Wir Atheisten sind skeptisch und verstehen kein Wort. Trotzdem, in erster Linie sind wir Segler und nehmen jeden Segen, den wir bekommen können. Her damit! Besprüht unser Boot ruhig mit Weihwasser und segnet es. Nichts wollen wir ungenutzt lassen. Bis Südafrika, mehr noch, bis nach Hause liegt noch eine schwierige und weite Strecke vor uns. Immerhin noch 15.000 Seemeilen entlang des gefährlichen Kaps der Guten Hoffnung.

Zwölf Tage in einem Hafen bedeuten, dass wir fast einen Koller bekommen. So gut wie nie waren wir vorher so lange an einem Ort wie hier in der Waterfront Marina. Doch die nächsten 130 Seemeilen nach Réunion sind fast lästig. 130 Seemeilen sind zu lang für eine Tagesfahrt und zu kurz, um sich an einen vernünftigen Schlafrhythmus zu gewöhnen. Für unsere Freunde, die uns auf diesem kurzen Stück begleiten werden, ist es aber Segeln auf dem Indischen Ozean. Auch nach dieser langen Zeit unterwegs wissen wir, dass das etwas Besonderes ist. Mit Neptun vereinbaren wir gute Bedingungen und er zeigt sich tatsächlich von seiner besten Seite. Bei fantastischem Wetter, fast mit zu wenig Wind, starten wir am Nachmittag die kurze Strecke Richtung Westen.

Als Ostseesegler ist man meistens kein routinierter Nachtsegler, dafür sind die Strecken dort zu kurz. Umso interessierter ist Herbert, wie unser Leben in der Nacht abläuft. »Wo seid ihr in der Nacht, drinnen oder draußen?« Womit beschäftigt ihr euch während der langen Nachtstunden? »Meistens sitzen wir hier draußen an Steuerbord, da ist Lee. Bei ruhigem Wetter können wir da gut lesen, am Computer arbeiten und alle Viertelstunde kontrollieren, ob alles okay ist.« »Wie, Steuerbord ist Lee? Steuerbord ist da, wo der Wind hingeht, doch nicht immer an Steuerbord!« Für Ostseesegler sind diese ständig gleichen Windbedingungen auf den Ozeanen einfach kaum vorstellbar. Seit den Galapagosinseln segeln wir auf der Südhalbkugel mit regelmäßigem

Südost-Passat. Dadurch bedingt ist die vom Wind abgewandte Seite größtenteils an Steuerbord. Mittlerweile haben wir uns darauf eingerichtet. Lee ist an Steuerbord. Dort bleiben die Kaffeetassen stehen.

Fast scheint es, als wenn unsere Freunde enttäuscht wären, dass in der Nacht nicht mehr spektakuläre Aktionen stattfinden. Im Gegensatz zu uns. Wir sind froh, dass alles glatt läuft, dass die Technik funktioniert und jeder seinen Schlaf bekommt. Für uns ist Langfahrt Routine geworden. Es ist das normale Leben, nicht die Ausnahme, wo man nach einer durchwachten Nacht am nächsten Tag ausschlafen kann. Wir müssen immer darauf vorbereitet sein, dass der nächste Tag neue Überraschungen bringen kann, die uns dann den Schlaf rauben können. Deswegen gehört es zu den wichtigsten Aufgaben, darauf zu achten, dass wir unterwegs ausreichend Ruhe bekommen. Während unserer zahlreichen Nächte mussten wir den anderen bisher so gut wie nie wecken. Große Segel werden in der Nacht nicht gesetzt und alle anderen Segelmanöver können wir vom Cockpit aus erledigen. Sollte der Wind einmal drehen, dann ist es nicht wichtig, wenn wir mal 20 oder 30 Grad in die falsche Richtung segeln, da wir in der Dunkelheit allein keine Halse machen. Dafür müssen wir auf das Vorschiff, um die dort umgelenkte Bullentalje anschließend wieder zu befestigen. Es gibt dafür zwar andere Techniken, die sich bei uns bisher jedoch nicht bewährt haben. Im Regelfall ist das zu befahrene Gewässer groß genug. Zeit ist ebenfalls genug vorhanden, also warum nicht mal ein wenig in die falsche Richtung segeln. Das alles ist auf der Ostsee nur schwer vorstellbar.

Morgens um vier Uhr kommt Bewegung ins Boot. Verschlafen schaut Herbert aus seiner Koje; noch 25 Seemeilen liegen vor uns. »Die Chance will ich mir nicht entgehen lassen. Wer weiß, ob ich jemals wieder auf dem Indischen Ozean segeln werde.« Gemeinsam schauen wir der Insel entgegen, die mit einem hellen Lichtkegel am Horizont bereits deutlich zu sehen ist. Kerstin wühlt sich aus ihrer warmen Koje. »Ich koche uns jetzt einen Kaffee, hier kann man eh nicht schlafen bei der Wärme!« Wir hatten in den letzten Monaten genug Zeit, uns an diese lähmende Wärme zu gewöhnen. Diese Möglichkeit hatten die beiden nicht und leiden spürbar unter diesen Temperaturen. Mit den Kaffeetassen in der Hand genießen wir bei aufgehender Sonne zu viert die ruhige Anfahrt auf Réunion. Um acht Uhr schleichen wir mit zu wenig Wind als erstes Boot über die Ziellinie vor dem Hafen von Le Port an der nordwestlichen Seite der Insel. Zu gern möchten wir gemeinsam mit Kerstin und Herbert auf das Siegerpodest steigen, ahnen allerdings, dass wir mit unserem Verrechnungsfaktor nicht schnell genug waren. Am Ende ersegeln wir gemeinsam den zweiten Platz. Das reicht, um ein wenig stolz zu sein.

In der kleinen Marina empfangen uns heiße, hohe Betonwände, die die Hitze der Vortage gespeichert haben. An der Kaimauer stehen bereits die Beamten fürs Einklarieren. Für uns völlig ungewohnt ignorieren sie unseren Pass. Wir sind in der EU und damit gibt es diesmal keinen Stempel. Die Damen vom Amt lassen sich jedoch dazu überreden, unser Logbuch zu stempeln. So ganz ohne Nachweis, dass wir diesen Inselflecken im Indischen Ozean besucht haben, möchten wir nicht sein. Nach gut einem Jahr suchen wir unsere Euros im Boot, heimatliche Gefühle kommen auf. Allerdings nur in Bezug auf das Geld, nicht bezüglich der klimatischen Bedingungen.

Kerstin streikt: »Lasst uns ein Auto mit Klimaanlage mieten. Hier ist es so heiß, das halte ich nicht aus.« Wir flüchten regelrecht in die hohe, abwechslungsreiche Vulkanlandschaft von Réunion. Unser erstes Ziel ist Cilaos. Bis zum 19. Jahrhundert war dieser Ort in einem Talkessel weitestgehend unzugänglich und diente früher entlaufenen Sklaven als Zufluchtsort. Als Rückzugsort gehört Cilaos zu den besten überhaupt. Auch heutzutage, mit voll ausgebauten Straßen, schaffen nur stabile Mägen die endlose Serpentinenstraße bis dorthin. Bis zu 400 Kurven müssen auf über 36 Kilometern überwunden werden, um zu diesem Dorf in den Bergen zu gelangen. Der Ausblick auf die abwechslungsreiche grüne Vulkanlandschaft ist die Mühe allerdings wert, einfach atemberaubend. Tiefe Täler und Schluchten schlängeln sich durch die hohen Berge.

Hier oben erfahren wir von der »Diagonalen der Verrückten«, dem Grand Rail. Bei diesem laufen rund 2.500 Teilnehmer innerhalb von drei Tagen unglaubliche 162 Kilometer vom Süden der Insel über das Gebirgsmassiv Piton de la Fournaise nach Saint Denis im Norden. Dieses Ereignis findet jährlich im Oktober statt. »Sag mal, Jens, das wäre doch mal ein Ziel im Leben, solch einen Lauf mitzumachen, oder?« »Nein, nie im Leben, nicht mit mir«, kommt prompt als Antwort. Segler sind lauffaul und damit bestätigt sich wieder, dass an jedem Gerücht etwas dran ist. Lieber würde er ein zweites Mal die Welt umsegeln.

Zurück im kleinen Ort am Hafen suchen wir ein Restaurant und haben tatsächlich Schwierigkeiten, unsere Bestellung auf Englisch aufzugeben. Wir werden einfach nicht verstanden. Endlich gibt es einmal Menschen, die schlechter Englisch als wir sprechen. Da wundert es uns nicht, dass wir so wenig Touristen treffen. Das ist einerseits zwar angenehm, andererseits ist es für uns aber auch schwierig, da wir kein Wort Französisch sprechen.

So langsam schielen wir irritiert und besorgt auf die Wettervorhersage für die Küste südlich von Madagaskar Richtung Südafrika. Schon seit Wochen beobachten wir, dass sich die verschiedenen Tiefdruckgebiete an der südlichen Spitze von Südafrika beinahe die Hand geben. Auf keinen Fall möchten wir in einen derartigen Ausläufer geraten. Die Zuverlässigkeit der Wetterdaten schränkt sich auf drei bis maximal fünf Tage ein. Bei einer Strecke von 1.500 Seemeilen, also acht bis zehn Tagen, ahnen wir bereits, dass uns einige Überraschungen erwarten werden. Noch haben wir jedoch ein paar Tage Zeit bis zu unserem Start Ende Oktober und verdrängen die Aussicht einer möglicherweise ungemütlichen Überfahrt.

Wir nutzen die verbleibende Zeit und besuchen den Piton de la Fournaise und seine Umgebung. Dieser Vulkan gehört zu den aktivsten der Welt und steht unter ständiger Beobachtung von Vulkanologen. Seine Lava fließt direkt in den Indischen Ozean und bei größeren Ausbrüchen auch über die angrenzende Umgehungsstraße. Der letzte

Ausbruch ist erst zwei Monate her, sodass das große Stück erstarrte Lava, das in der GARLIX verschwindet, ganz frisch aus dem Inneren der Erde stammt. Beim Anblick der kalten Lavamasse finden wir das nicht besonders spektakulär. »Jens, erinnerst du dich an den Vulkan auf Tanna? Wenn das hier aktiv ist, dann weiß ich nicht, wie man den ständig brodelnden Vulkan dort bezeichnen soll.« Auf Tanna hat man am Rand des Vulkans tatsächlich das pulsierende Leben der Erde fühlen können.

Nach elf Tagen verabschieden wir uns von unserem Besuch. Wir haben nicht mal die Hälfte unserer Erlebnisse erzählen können und unsere gemeinsame Zeit stand ständig unter dem Motto »Wir müssen los, wir schaffen es sonst nicht …«. Kerstin und Herbert werden zurück nach Mauritius fliegen, dort noch einige Tage verbringen und dann nach Deutschland zurückkehren. Ein klein wenig macht sich Neid in mir breit. Angesichts der vor uns liegenden Segelpassage würde ich gerade auch lieber die ungefährliche und schnelle Reisemöglichkeit im Flugzeug wählen. Wir winken dem Taxi hinterher und wissen, dass es für uns Zeit wird. Es geht weiter, erneut weiter. Vor uns liegt Afrika, der nächste Kontinent.

SCHUTZLOS – WIR BADEBOOTE

Kameraden, wann sehn wir uns wieder,
Kameraden, wann kehren wir zurück,
und setzen zum Trunke uns nieder,
und genießen das ferne Glück.
Aus dem Lied »Wir lagen vor Madagaskar«

Frankreich/Réunion – Südafrika/Richards Bay
31.10.–8.11.2015, Gesamtdistanz 24.476 Seemeilen

Preisfrage: Wie ist in fünf Tagen das Wetter südlich von Madagaskar? Noch schwerer: Wie ist das Wetter vor Südafrika in acht Tagen? In diesem Gebiet das Wetter zuverlässig für drei Tage und mehr vorauszusagen, muss die hohe Kunst der Meteorologie sein. Waren die Wetterdaten bisher für mindestens fünf Tage ausgesprochen zuverlässig, so ist das in diesem Gebiet eher problematisch. Erschwert wird das Ganze durch den Agulhasstrom, der vor Südafrika aus nördlicher Richtung einsetzt. Auf jeden Fall muss die Situation Strom gegen Wind vermieden werden. Wellen bis zu unglaublichen 20 Meter Höhe sollen sich dort aufbauen. 20 Meter, einfach absurd! Also, was tun? Innerlich haben wir uns von einem pünktlichen Start am 31. Oktober bereits verabschiedet. 30 bis 40 Knoten Wind sind in zwei Tagen südwestlich von Madagaskar aus östlicher Richtung vorhergesagt. Also Wind von vorn! Das ist keine Situation, der man sich freiwillig aussetzt. Die Organisation der ARC hat diese Strecke daher bereits schon als offizielles Rennen gestrichen. Jeder soll selbst entscheiden, wann er einen Start für sich und seine Crew verantwortet.

Am Vortag des geplanten Starts ändert sich die Vorhersage plötzlich. Der erwartete Starkwind soll jetzt erst zwei Tage später an der Südspitze von Madagaskar auftreten. Diese Prognose lässt hoffen, obwohl sich gemütliches Blauwassersegeln anders anhört. Die Meinungen gehen auseinander: »Lasst uns warten, bis das Tief durch ist, obwohl – wer weiß, ob sich dann nicht schon wieder ein neues Tief gebildet hat.« »Besser schnell starten, um möglichst weit südlich von Madagaskar den Sturm in Empfang zu nehmen und bei dem dann drehenden Wind von vorn in nördliche Richtung abzulaufen.«

Wir entscheiden uns für die zweite Variante und hoffen noch ein wenig, dass sich die Vorhersage erneut ändert und die Front weiter südlich durchläuft bzw. sich gänzlich abschwächt. Wir setzen uns einen Wegepunkt 230 Seemeilen südlich von Madagaskar. Bis dahin sollten wir es in den nächsten vier Tagen schaffen, bevor uns die Front des Tiefdruckgebiets einholt. Laut Segelhandbüchern liegt der empfohlene Abstand zur südlichen Küste von Madagaskar bei 100 bis besser 150 Seemeilen. Denn die dort plötzlich abnehmende Wassertiefe von 4.000 Meter auf 20 Meter lässt unangenehme Wellen entstehen. Mit unserem Plan, so weit wie möglich südlich zu segeln, nehmen wir einen Umweg von ungefähr 80 bis 100 Seemeilen in Kauf. Doch wir sind lieber länger auf dem Wasser, als gegen 35 bis 40 Knoten Wind anknüppeln zu müssen und nicht genug Freiraum auf dem Wasser zu haben, um vor dem Sturm ablaufen zu können. In den letzten Monaten haben wir gelernt, dass es besser ist, in kritischen Situationen kein Land in der Nähe zu haben. Das freie Wasser ist meistens sicherer.

All diese Überlegungen erscheinen beim Start übertrieben. Angenehme zehn Knoten Wind aus südöstlicher Richtung empfangen uns. Es ist fast zu wenig Wind, um unseren weit gesteckten Wegepunkt zu erreichen, der 620 Seemeilen entfernt liegt. Endlich sind wir wieder unterwegs. Wir schaffen es, unsere Wettersorgen zu verdrängen, und genießen diese ersten Stunden Blauwassersegeln. Bei hellem Mondlicht dürfen wir die Nacht durch träumen und unsere GARLIX nach dem langen Landaufenthalt wieder erfühlen. Angesichts der schwierigen Strecke – das gilt sowohl für das Wetter als auch die Piratengefahr – haben wir gemeinsam mit den anderen Booten unserer Flotte die DSC-Call-Funktion in unseren Kurzwellenfunkgeräten aktiviert. Damit können wir nun gezielt eine bestimmte Yacht über deren registrierte MMSI-Nummer anfunken oder in einem Sammelruf mit allen Booten der World ARC sprechen. Wir testen diese neue Funktion mit den anderen Schiffen; vielleicht bietet das ein wenig mehr Sicherheit. Der Nachteil ist, dass das Funkgerät dafür die ganze Zeit angestellt sein muss, was im Normalfall nicht der Fall ist.

Schon morgens um sechs Uhr am nächsten Tag baumen wir den Code Zero aus und hoffen auf mehr Geschwindigkeit. Wir werden von springenden Delfinen begleitet. Wieder einmal wird jedes Blauwasserklischee erfüllt. Nur zwei Stunden später werden wir daran erinnert, dass der Segelmacher der wichtigste Handwerker für uns ist – ein dicker Riss geht durch unser buntes Segel. Wir rollen demütig die Fock aus und packen den Code Zero zurück in den Segelsack.

Täglich checken wir zweimal den Wetterbericht. Ist es jetzt gut oder schlecht, dass sich die Vorhersage nicht mehr geändert hat? Was ist das für ein dummes Gefühl, zu wissen, dass in 48 Stunden die Post abgeht, und jetzt kommen wir nicht schnell genug vorwärts. Wäre ein Abwarten in Réunion doch besser gewesen? Wir wissen es nicht und können jetzt sowieso nichts mehr an der Situation ändern.

Beim Check des Riggs am nächsten Tag ziehen sinnbildliche graue Wolken auf. Wieder ist es passiert, das gleiche Problem wie auf dem Pazifik. Die Schiene vom Vorstag ist 30 cm nach unten gerutscht und damit lässt sich das Vorsegel nicht mehr einrollen. Die eingeklebten Sicherheitsschrauben vom Vorstag haben sich gelöst. Uns wird schlecht. In kaum 24 Stunden werden wir 25 Knoten mehr Wind haben als jetzt und haben dann mit diesem Problem keine Möglichkeit, die Segelfläche zu reduzieren. Unmöglich. Jetzt ist noch Zeit, Reparaturen vorzunehmen. Morgen nicht mehr. »Da hilft alles nichts, ich muss da hoch«, kommt der trockene Kommentar von Jens. Wieder geht er bei 15 Knoten Wind und eineinhalb Meter hohen Wellen in den Mast. Gesichert mit Rettungsweste und Lifeline ziehe ich ihn mit der Elektrowinde am Vorstag Richtung Unendlichkeit. Ein winziger Fleck im Himmel, so sieht er dort oben in 21 Meter Höhe aus. Hin und her rollt das Boot. Die Schiffsbewegungen potenzieren sich in der Höhe. Rechts, links, immer und immer wieder. Um nichts in der Welt möchte ich mit ihm dort oben tauschen. Diesmal klappt die Reparatur jedoch besser als im Pazifik. Nach einer Stunde erholen wir uns vom Schreck. »Bloß gut, dass wir das heute bemerkt haben und nicht erst morgen. Mir wird ganz übel, wenn ich daran denke, in dieser Höhe bei 30 Knoten Wind und mehr das Vorstag zu reparieren.« Jens tut immer so cool, um mich zu beruhigen. Daran merke ich aber, dass dem nicht so ist.

Noch 150 Seemeilen liegen bis zu unserem selbst gesteckten südlichen Wegepunkt. Bei diesem Sonnenwetter erscheint der lange Umweg von fast 100 Seemeilen absurd, doch wir bleiben dabei. Die Wettervorhersage hat sich nicht geändert. Morgen ist Sturm. Mit nordöstlichen Winden sprinten wir durch die Nacht und schon am Morgen ziehen dicke Wolken auf. Die Vorboten der Ungemütlichkeit. Jens checkt erneut Rigg und Segel. Mehr können wir nicht tun, als möglichst weit Richtung Süden zu segeln. Um 15 Uhr beginnt das Barometer zu fallen. Drei Millibar in der letzten Stunde. Unsere Segelkulisse wird grau. 16 Uhr. Der Wind dreht auf Nord, 25 Knoten. Das Barometer fällt. 18 Uhr. Funkrunde mit den anderen Booten. Die kleine dreijährige Tochter von unserem englischen Boot ist schwer gestürzt und hat eine dicke Platzwunde am Kopf. Muss die Wunde genäht werden? Hat sie eine Gehirnerschütterung? Die Ärztecrew einer anderen Yacht berät und beruhigt. Wir beneiden die Eltern nicht um die Verantwortung, die sie mit ihrer Entscheidung, eine Weltumseglung mit drei kleinen Kindern zu machen, übernommen haben.

Draußen sieht es aus, als wenn die Welt gleich unterginge. Kompletter Szenenwechsel im Segeltheater, alles ist vorbereitet. Das Barometer ist weiter gefallen, als es wie aus Kübeln zu schütten anfängt. Wir warten in Ölzeug, Schwimmweste und Lifeline auf die nächste Szene. Diese kommt. Keine fünf Minuten dauert es, nein, in nur zwei Minuten dreht sich die Wetterwelt um. Plötzlich dreht der Wind von Nordost bis Nord auf Südwest bis – unangenehmer – Westsüdwest. Wind von vorn mit 35 bis 38 Knoten. Doch halt, ein Akteur im Wettergeschehen hat nicht aufgepasst. Die Wellen sind völlig verwirrt und kommen nicht hinterher. So schnell können sich die Wassermassen nicht drehen. Die einen wollen, die anderen nicht, stehen sich gegenseitig im Weg, schubsen sich hin und her. Laut wird geschimpft und gezetert: »Dort entlang, nein, sieh doch, da gehts lang.« Oder was sonst bedeutet dieses immer lauter werdende Getose um uns herum? Dicker Ärger, nichts als Ärger. Und wir, wir schaukeln, springen und stampfen wie schutzlose Badeboote mittendrin herum. Stets bemüht, Haltung zu bewahren. Die GARLIX versucht, ihren Weg zu finden, und meistert diese Aufgabe heldenhaft.

Wieder einmal überlegen wir, was wir hier draußen eigentlich machen. Wie blöd muss man sein, um sich freiwillig solch einer Gefahr auszusetzen, dieser ganzen Ungemütlichkeit, dieser Nässe? Und doch ist es grenzenlose Faszination, Respekt und Achtung, in dieser Nussschale hier draußen zu sein. Man wünscht sich an den Kamin zu Hause und gleichzeitig möchte ich dieses pure Erleben, diese brutale Ehrlichkeit der Natur nicht missen. Einfach verrückt. Froh sind wir, dass es eine Art Wetterdrehbuch gibt. Auch diese Szene ist endlich und genau an diesem Wissen halten wir uns fest.

Wie aus dem Nichts taucht aus dem grauen lauten Einerlei die deutsche CIRCE neben uns auf. Wie klein sie aussieht, diese 48 Fuß lange Yacht. Wir verfolgten gemeinsam den gleichen Plan. Nach Süden, immer weiter Richtung Süden. Bloß gut, dass wir daran festgehalten haben. Noch vor 24 Stunden war diese graue Hölle, die wir jetzt erleben, unvorstellbar und die Abkürzung bzw. der direkte Weg nach Südafrika lockte uns. Jetzt sind wir heilfroh! Jetzt können wir in nördliche Richtung vor dem Wind davonsegeln und müssen ihn nicht direkt von vorn nehmen. Madagaskar ist weit genug entfernt. Damit sind wir in einer wesentlich besseren Situation als die anderen Boote der World ARC, die bei dem wenigen Wind der Vortage ihren weit gesteckten Punkt im Süden nicht erreicht haben. Viel zu dicht sind sie jetzt an der Südküste von Madagaskar und kämpfen gegen noch höhere Wellen, von wo auch immer sie gerade kommen.

Wir sind wie eingehüllt von der grauen Kulisse und wühlen uns durch das nun schwindende Licht. Das Barometer hat seinen Sinkflug beendet, schon zwei Strich mehr als vor einer Stunde. Mit dem Tag verschwindet die Sicht auf den Sturm. Dafür potenzieren sich die Geräusche und die Unsicherheit, mit sieben bis acht Knoten Geschwindigkeit in einen schwarzen Horizont zu brettern.

Schlafenszeit. Egoistisch baue ich eine schützende Deckenhöhle um mich herum auf, suche Ohrenstöpsel und fühle mich hier ein Stück sicherer. Fünf Stunden wohlige Wärme, während Jens draußen mit einem taschentuchgroßen Segel weiter Richtung Nordwest segelt. Um Mitternacht werde ich von einem dicken Regensquall empfangen und überlasse Jens nur ungern meine warmen Decken. Tiefe Schwärze empfängt mich. Kein tröstender Stern oder Mond schafft es durch die Wolkendecke. Doch die Hauptarbeit leistet unsere GARLIX, wir müssen nur durchhalten. Ich fühle mich völlig allein, fast einsam ist es hier. Der Echomax warnt. Irgendwo fängt er ein Radarsignal auf, doch ich kann weder auf unserem Radargerät noch auf unserem Plotter etwas erkennen. Zwei Stunden später sehe ich das AIS-Signal auf dem Kartenplotter. So viel Wasser und doch kommt uns das Schiff gefährlich nah. Zu nah. »DMITRI, DMITRI, this is sailing vessel GARLIX. Can you see us on your radar?« Erst nach einer Weile meldet sich der wachhabende Offizier, sucht unser Signal auf seinem Plotter und ändert den Kurs. »Thank you and have a good trip.« Ich verfolge das schwache Licht des Tankers und finde es irgendwie tröstlich, doch nicht völlig allein zu sein in der schwarzen Unendlichkeit.

Diese Nacht und der folgende Tag bekommen in der Rangliste der Segelerlebnisse den untersten Platz. Wie geht es den anderen Booten der World ARC? Die meisten Yachten haben mit der nahen Küste zu kämpfen und damit dürfte die Etappe noch unangenehmer für sie sein. Um neun Uhr ist Funkrunde. Der kleinen Tochter vom englischen

Boot geht es wieder gut. Es war der Schreck und das viele Blut in ihren blonden Haaren, das Schlimmeres vermuten ließ. Wir sind erleichtert. Doch ein Schreck löst den anderen ab. In der Nacht krachte es im Rigg desselben Boots. Ein Unterwant ist angerissen. Der Mast steht, doch welche Gefahr! Wir sind viel zu weit weg, um helfen zu können, und hätten auch kein notwendiges Equipment dabei. Doch unser schwedisches Boot AYAMA ist nur 20 Seemeilen voraus. Es wird ein Treffen arrangiert, bei dem ein Ersatzwant und Klemmen ihren Besitzer wechseln. Wieder einmal sind wir froh, dass wir mit dieser kleinen Truppe segeln, die sich im Notfall hilft und unterstützt.

Seit fünf Tagen sind wir erst unterwegs und wir fühlen uns wie Kinder auf der Rücksitzbank im Auto: »Wann sind wir denn da?« Uns ist zwar nicht langweilig, aber wir haben die Nase dermaßen voll. Alles ist nass von dem salzhaltigen fliegenden Wasser und kein Lichtblick ist in dem grauen Einerlei zu finden. Bis Richards Bay in Südafrika liegen noch 700 Seemeilen vor uns. Der Wind pfeift in unverminderter Stärke bis zu 40 Knoten aus Süd bis Südwest. »Jens, ich wünsche mir für meine Wache vernünftiges Mädchenwetter. Kannst du das bitte einrichten?« »Ich gebe mein Bestes, schlaf schön!« Danke an denjenigen, der Ohrenstöpsel erfunden hat. Wohlige Ruhe und Wärme umgeben mich. Die Koje ist der schönste Platz.

Ich hätte mir das früher wünschen sollen. Warum nicht gleich so? Zwar hat er es nicht bis Mitternacht geschafft, aber der neue Tag verändert die Welt. Komplett. Blau, blau, blau! Der Wind dreht zurück auf Südost, also haben wir ihn jetzt von schräg hinten. »Schatz, lass uns draußen frühstücken!« Diese Stunden zählen doppelt. Alles ist wieder gut. Und doch haben wir den Fingerzeig von Neptun verstanden. Bei falschem Wetter haben wir Badeboote hier draußen nichts zu suchen. Wenn man das nur immer vorher wüsste! Wir wären ja auch lieber in die Kneipe gegangen und hätten von dort aufs Wasser geguckt. »Jens, lass uns jetzt schon die südafrikanische Gastlandflagge setzen.« »Stimmt, morgen zieht das nächste Tief durch, da wird es auf dem Vorschiff wieder unangenehm.« Uns bleibt auf dieser Tour nicht viel erspart. Doch diesmal ist nicht ganz so viel Wind vorhergesagt. Damit hissen wir die 23. Gastlandflagge, seit wir aus Deutschland gestartet sind.

Die GARLIX pflügt durchs Wasser. Es scheint, dass nicht nur wir ankommen wollen. Noch 250 Seemeilen. Noch eine Nacht und ein langer Tag. Vor uns liegt jetzt der Agulhasstrom. Unsere nächste Herausforderung. Diese Strömung wird uns mit zwei bis fünf Knoten Richtung Süd bis Südwest versetzen. Gegen Mitternacht fällt erneut das Barometer und der Wind dreht in nördliche Richtung. Unser Etmal der letzten 24 Stunden liegt bei 210 Seemeilen. Nur weiter so, immer weiter. Am Mittag vor der Ankunft spüren wir die fremde Macht unter unserem Boot. Eine Strömung von vier Knoten versetzt uns Richtung Südwest. Gut, dass wir durch den Sturm so weit nördlich sind. Das passt. Alles fügt sich zusammen.

Der Tag vergeht und wir hätten uns afrikanisches Wetter anders vorgestellt. Gegen 21 Uhr sind es noch elf Seemeilen. Wir sind ungeduldig und wollen endlich ankommen. Zwei Seemeilen vorher funken wir den Hafen an. Mit der Einfahrt sollen wir warten. Auch das noch. Zunächst wälzt sich ein megagroßes Schiff aus der Ausfahrt. Jetzt ist freie Fahrt. Wir sind in Südafrika. Selten waren wir so froh über eine Ankunft wie über die heutige. Wir sehen etwas zerrupft aus. Die Sprayhood muss repariert werden, der Code Zero ist zerrissen, die Segellatten sind weggeflogen und das Großsegel muss genäht werden. Doch ansonsten sind wir heil.

EIN STÜCK *JENSEITS VON AFRIKA*

Südafrika/Richards Bay
9.–18.11.2015, Gesamtdistanz: 24.476 Seemeilen

Nach diesem Waschgang der vergangenen Tage sollten das Ankommen und die Freude darüber ewig dauern. Bereits per Mail wurden wir darüber informiert, dass der letzte Sturm die Steganlage der Tuzi Gazi Marina zerlegt hat. Die Ausleger wurden aus ihren Verankerungen gerissen und die dort liegenden Boote haben zum Teil schwere Schäden davongetragen. »Ich dachte immer, dass das Wetter der letzten Tage hier eher normal als die Ausnahme ist. Es war zwar viel Wind, aber das gleich die Steganlagen zerstört werden, hätte ich nie gedacht.« Jens ist beeindruckt und beguckt skeptisch die Stege vom Zululand Yacht Club, die auch nicht so aussehen, als wenn sie für große Yachten gebaut wurden. Für unsere im Verhältnis zu anderen Yachten leichte GARLIX sollte es allerdings reichen.

Nach einer herzlichen Begrüßung durch den Vorsitzenden des Yachtclubs dürfen wir endlich zur Ruhe kommen und uns mit den bereits vor uns eingetroffenen Crews in einer langen Nacht freuen, die letzten Tage gesund überstanden zu haben. Doch nicht nur darüber sind wir glücklich, sondern auch über unsere Ankunft auf dem nächsten Kontinent unserer Reise. Wir sind in Afrika! Beide waren wir bisher nicht in Afrika und stellen am nächsten Morgen fest, dass unsere Vorstellungen offensichtlich komplett falsch sind. Um uns herum wirkt alles eher europäisch, insbesondere die alles andere als schwarzen Menschen. So viele weiße Menschen haben wir seit Australien nicht mehr gesehen. So einfach eröffnet sich uns dieses Land nicht. »Lass uns ein paar Tage im Landesinneren verbringen. Dort wird Afrika doch zu finden sein!«

Zeit genug haben wir. Erst in zwei Monaten soll es planmäßig weitergehen. Dann starten wir von Kapstadt über St. Helena nach Brasilien. Im 950 Seemeilen entfernten Kapstadt werden wir auch endlich nach einem Jahr unsere Familie wiedersehen. Denn Jens' Eltern werden uns dort besuchen und wir werden gemeinsam den 80. Geburtstag seines Vaters feiern. Dafür haben wir uns etwas ganz Besonderes ausgedacht und schon Wochen vorher gebucht. Hoffentlich klappt alles. Wir freuen uns auch riesig auf unsere Jungs. Max kommt über Weihnachten und Silvester und über den Jahreswechsel sind dann auch Jens' Söhne da. Nach einem Jahr Sohnentzug darf da nichts dazwischenkommen.

Für unseren Ausflug suchen wir uns eine Safarilodge weiter im Inland der Provinz KwaZulu-Natal aus. »Thula Thula« bedeute auf Zulu »Ruhe und Frieden« und genau so heißt die Lodge, in der wir zwei Nächte verbringen werden. Gemeinsam mit zwei anderen Pärchen starten wir mit einem Bus aus der Marina und werden bei der Fahrt durchs Inland in die Wirklichkeit zurückgeholt. Wann haben wir das letzte Mal so eine Trockenheit erlebt? Es ist eine andere Trockenheit als im Kakadu-Nationalpark in Australien. Hier leben Menschen in dieser Dürre. Es ist etwas anderes, ob man gemütlich bei Wein und Chips im Fernsehen die langen Menschenschlangen an einer Wasserstelle sieht oder sie tatsächlich erlebt. Zu einfach ist es, zu Hause einen anderen Sender zu wählen. Nicht schon wieder dieses Elend. Außerdem, was können wir schon dagegen tun ... In unserem kleinen, klimatisierten Bus macht sich eine beklemmte Stimmung breit. »Wann hat es hier das letzte Mal richtig geregnet?« Der Fahrer kann uns das nicht genau sagen. Wir kommen an ausgetrockneten Flüssen und elend wirkenden Orten vorbei. Es gibt wenig asphaltierte Straßen, sodass der Staub buchstäblich überall ist. Knapp zwei Stunden fahren wir durch diese brutale Trockenheit, die kaum Unterbrechungen findet, sei es durch ordentliche Häuserreihen oder bewässerte Felder. Die Armut ist überall.

Die Gegend um unsere Marina herum zeigt ein gänzlich anderes Bild. Für uns sind diese nahen Parallelwelten zweier scheinbar völlig unterschiedlicher Leben absolut irritierend. Hier wiederum sind keine weißen Menschen zu sehen. Dann tauchen wir in die dritte Afrikawelt ein, nämlich in die, die wir uns in unserer Naivität genau so vorgestellt haben. Die Safarilodge liegt in einem 4.500 Hektar großen, privat geführten Wildreservat und lässt nicht viele Wünsche offen. Wir sind mitten im Busch, mitten im Afrikasound. Nur die große Badewanne in unserer Unterkunft wirkt irgendwie fehl am Platz. Kein Gast kann sich angesichts der Trockenheit in einer vollen Wanne wohlfühlen. Das direkte Gelände ist von einem dünnen Elektrozaun geschützt, den wir schon nach kurzer Zeit misstrauisch betrachten. Hoffentlich reicht der, denn keine 20 Meter entfernt steht eine große Elefantenherde im Busch. 23 graue Riesen. Das ist doch etwas ganz anderes als zu Hause im Zoo. Erst später erfahren wir, dass genau diese Elefanten durch das Buch *Der Elefantenflüsterer* bekannt geworden sind.

Jens und ich sitzen gerade an der Bar. Alle Räume sind offen und wir schauen direkt in die vertrocknete Natur. Es ist ein magischer Moment, so völlig still. »Schau dort«, flüstert Jens mir zu. Auf der anderen Seite des Pools kommt eine Affenfamilie aus dem Busch. Vorsichtig peilt sie die Lage. »Alles ruhig, die Luft ist rein«, scheinen sie sich zuzuflüstern. Wir stellen keine Gefahr dar. Sie kommen immer näher, setzen sich und trinken aus dem Pool. Die Babys hängen nah an den Müttern. Die etwas größeren Jungen werden dicht von ihrer Familie umringt. Dieser Familienschutzring bleibt in sicherer Entfernung. Doch ein Männchen wird mutiger und kommt immer näher. Zack, sitzt er auf der Bar, hinter der Bar, auf den Tischen und springt dann zum Sessel. Pure Neugierde treibt ihn und wir sitzen mittendrin. Toll!

Am nächsten Tag lernen wir von zwei Rangern, deren Begeisterung für ihren Job ansteckend ist, mehr über die afrikanische Tierwelt. Zum

Beispiel wussten wir nicht, dass sich die Zähne der Elefanten sechs Mal erneuern oder dass sie 100 Liter Wasser pro Tag brauchen. Hier im Reservat wurden dafür Wasserstellen geschaffen. Die Elefanten sind Tag und Nacht auf Nahrungssuche und schlafen zwischendurch nur fünf bis 15 Minuten. Obwohl uns jetzt kein Zaun schützt, erleben wir keinen Moment der Angst oder Unsicherheit. Mit Respekt und Aufmerksamkeit weisen uns die Ranger den richtigen Weg. Wir dürfen nur keine Fotos machen, auf denen sie gemeinsam mit den Tieren zu sehen sind, denn es besteht die allgegenwärtige Angst vor Wilderei. Zwei Nashörner werden deshalb sogar Tag und Nacht von zwei bewaffneten Rangern bewacht. Denn ihre Hörner sind nur allzu sehr als vermeintliches Potenzmittel gefragt. Weiter geht es zu den majestätischen Giraffen, die richtig erhaben wirken. Auch hier sehen wir eine ganze Herde, nicht nur am Horizont mal ein oder zwei Tiere. Hautnah erleben wir während einer zweistündigen Buschwanderung die Natur auf eine ganz andere Weise. Ohne Jeep sind wir viel schutzloser, während wir versuchen, fette Spinnen aus ihren Löchern zu locken.

Nach zwei Tagen geht es zurück durch die bedrückende, verarmte, trockene Wirklichkeit zum Hafen. Wieder beobachten wir die langen Schlangen vor den Wasserstellen, und wie die Frauen die großen, schweren Behälter auf dem Kopf oder in Schubkarren zu ihrem Heim zurückbringen. Vollends erwachen wir aus unserer monatelangen Märchenwelt, als wir am 13. November in die Marina zurückkommen. Aus Europa holt uns ein neues Stück Realität ein. Ein schweres Bombenattentat ist in Paris vom sogenannten Islamischen Staat verübt worden. Dabei wurden 130 Menschen getötet und 352 verletzt. Es gibt tatsächlich viele Wirklichkeiten auf dieser Welt. Doch eigentlich wollen wir nur friedlich miteinander leben. Warum nur muss das so schwer sein? Uns kommt der Gedanke, dass wir in unsere Wasserwelt flüchten wollen. »Weißt du, Jens, da draußen ist es häufig nicht besonders kuschelig, trotzdem fühlt man sich nicht so überrannt.«

Hier in der Marina warten wir wieder einmal auf das richtige Wetterfenster. Zwar haben wir uns in der Theorie auf die afrikanischen Wetterkapriolen vorbereitet, doch irgendwie sind wir jetzt doch erschrocken. Es ist die Hochzeit des Barometers. Auf und ab, zehn bis 15 Millibar, Wind aus Süd, Wind aus Nord. Es geht hier sprunghaft hin und her. Langsam finden wir uns damit ab, dass wir nicht es nicht in einem Ritt nach Kapstadt schaffen werden. Selten ist das Wetter fünf Tage lang stabil. Für uns ist es unbedingt notwendig, dass wir mit nördlichen Winden Richtung Süden segeln, denn der aus Norden kommende Agulhasstrom zwingt uns diesen Rhythmus auf. Auch über weniger Wind würden wir uns freuen. Doch hier pfeift es scheinbar ununterbrochen. Langsam werden wir ungeduldig. Wir sehnen uns einfach danach, mal wieder mehrere Wochen in einer geschützten Marina zu liegen und uns keine Sorgen mehr über das Wetter machen zu müssen.

BLITZSCHLAG IN DURBAN

Südafrika/Richards Bay – /Durban
19.–22.11.2015, Gesamtdistanz: 24.561 Seemeilen

Ein richtiges Wetterfenster ist das nicht, was wir für die nur 85 Seemeilen Richtung Durban nutzen wollen. Eher ein Fensterchen. Uns treibt jedoch die Ungeduld und 85 Seemeilen sind besser als nichts, meinen wir. Bei diesen wechselnden Winden können die rund 940 Seemeilen nach Kapstadt lang werden.

Über Nacht segeln wir an der afrikanischen Küste entlang und müssen am Morgen die Geschwindigkeit drosseln. Bei durchschnittlichen 25 bis 30 Knoten Wind von hinten sind wir durch die Nacht geflogen und warten jetzt auf die ersten Sonnenstrahlen. Diese empfangen uns leuchtend und trösten uns über die Tatsache hinweg, dass in der vollen Marina für uns trotz Reservierung kein Platz frei ist. Alle warten auf eine lang anhaltende stabile Wetterlage, die nördlichen Wind bringen soll. Kaum glauben können wir, dass es in wenigen Stunden wieder einen kompletten Szenenwechsel im Wettertheater geben wird. Das nächste Tiefdruckgebiet ist angesagt, der Sinkflug des Barometers hat bereits begonnen. Dicht vor der Marina suchen wir einen Ankerplatz. Kaum 80 Meter entfernt ankern die AYAMA und die TULASI, mit denen wir gemeinsam nach Kapstadt segeln wollen.

Ärgerlich ist, dass wir in jedem afrikanischen Hafen die gesamte Bandbreite der Bürokratie durchlaufen müssen. Einreise, Zoll, Gesundheitsbehörde, Hafenpolizei. Ganze vier Stunden sind wir damit beschäftigt, durch die Straßen von Durban zu laufen und die notwendigen Stempel zu bekommen. Kaum sind wir zurück, öffnet Neptun seine Wind- und Regentore. Klitschnass kommen wir im Dingi zurück auf die GARLIX. Ich suche meine Mütze, die ich das letzte Mal bei der Biskayaüberquerung getragen habe, und koche uns einen Tee. Unsere Stimmung ist – freundlich ausgedrückt – neutral. Ganz sicher werde ich dieses Windgeheule später nicht vermissen und auch nicht das Gefühl, im Sturm allein an dieser Ankerkette zu hängen. Die nahe Stadt ist kaum zu sehen und der Wind pfeift quer mit 30 bis 40 Knoten. In weiter Ferne hören wir leichtes Donnern. Wir verkriechen uns in die Kajüte, schalten alle Instrumente aus und warten ab. Eine gute Zeit, um Hörbücher zu hören. Auch dieses Tiefdruckgebiet wird abziehen.

Dann plötzlich stehen wir senkrecht. Ein Megakrach. Keine Sekunde lang, doch laut wie nichts bisher Gehörtes. Gleichzeitig denken wir an einen Bombeneinschlag. So weit ist es schon. An das Naheliegende, einen Blitzeinschlag, denken wir keinen Moment. Nicht nur wir, auch auf den anderen Booten sehen wir Bewegung in den Cockpits. Jeder checkt sein Boot. Doch alles scheint in Ordnung zu sein. Nach einer Stunde beruhigt sich das Wetter. Ein Funkspruch von der AYAMA, den wir über unsere nicht ausgeschalteten Handfunkgeräte empfangen, lautet: »Habt ihr schon eure Instrumente kontrolliert? Bei uns ist alles okay.« »Na ja, können wir ja machen, doch was soll schon sein …«

Weit gefehlt. Auf unseren Instrumenten ist außer Beleuchtung nichts zu sehen. Keine Daten, nur noch Striche. Den restlichen Tag verbringen wir schweigsam. Jens verkriecht sich in den Backskisten und sucht das Problem an den vielen Steckkontakten. Diese Striche erinnern uns an unseren Start in Tonga und noch sind wir optimistisch. Es wird bestimmt eine Lösung geben. Einige Stunden später schrillen bei mir aber alle Alarmglocken. Jens kommt ohne Plan aus den Tiefen der Kisten hervor und meint: »Hier ist echt der Wurm drin. Ich weiß jetzt auch nicht mehr weiter.« Diesen Satz habe ich noch nie zuvor von ihm gehört. Bedrückt gehen wir in die Koje. Vielleicht ist das alles ja nur ein böser Traum.

Der nächste Morgen sieht nicht besser aus. Keine Daten, keine Lösung. Wir paddeln zu unseren Mitseglern auf den anderen beiden

Booten und erzählen unser Missgeschick. »Habt ihr schon gecheckt, wo der Blitz ein- und wieder ausgetreten ist? Was ist insgesamt alles kaputt?« Es gibt nicht viel, was noch funktioniert. Die Liste der nicht funktionierenden Geräte ist weitaus länger. In dieser kurzen, lauten Sekunde wurde im Grunde alles, was irgendwie elektrisch angeschlossen war, auf unserem Boot zerstört. Der Kartenplotter, vier Datenanzeigegeräte, das Sumlog, das Echolot, der Windmesser, das GPS, das AIS, das Radar, der aktive Radarreflektor, beide Autopiloten, der Sensor für die elektrische Bilgenpumpe, das Schaltpaneel vom Motor, die elektrische Winsch, das Batterieladegerät, der Kühlschrank, die Außenbeleuchtung. Der Blitz ist durch die UKW-Antenne auf dem Mast eingetreten, die sich damit auch verabschiedet hat. Der Rumpf und der Austritt vom Echolot sind, so weit wir das sehen können, okay.

Unsere Stimmung ist auf dem Tiefpunkt. »Sag mal, was sagt denn in diesem Fall die Versicherung?«, fragt mich Jens. »Keine Ahnung. Bei unserem Glück wird ein Blitzschlag bestimmt ausgeschlossen sein.« Doch nein, erstaunt lese ich die entsprechende Passage im Kleingedruckten. Blitzschlag ist versichert, sogar ohne Selbstbeteiligung. Telefonisch informiere ich die Versicherung über unser Missgeschick. »Und?«, fragt Jens gespannt. »Wir sollen den Schaden gut dokumentieren, einen Schadenverlauf schicken, Zeugen benennen und Fotos schicken.« Irgendwie fühlen wir uns allein. Zwar beruhigt es etwas, dass wir finanziell einen Weg aus der Misere finden werden, nur hilft uns das im Moment nicht. Wir hängen hier vor der vollen Marina am Anker, in die man sich ohne Echolot nicht wagen kann. Und in zehn Tagen bekommen wir in Kapstadt, das endlos erscheinende rund 850 Seemeilen entfernt liegt, Besuch.

Wir sind froh, dann doch nicht allein zu sein. Stefan von der AYAMA motiviert uns. »Durban ist eine große Stadt, lass uns den Raymarine-Händler suchen!« Ungläubig betreten wir das Büro und die Werkstatt der Servicestelle. Diese Räumlichkeiten ähneln eher einem schlechten Scherz. Alles völlig vermüllt. Auf unsere Frage, ob er uns helfen könne, kommt keine motivierende Antwort: »Ich kann ja mal gucken, aber das Lager von Raymarine ist in Kapstadt. Da muss alles bestellt werden und das kann schon mal zwei Wochen dauern.« Wortlos und ohne weitere Absprache sind wir uns einig. Zu diesem Händler können wir kein Vertrauen aufbauen. »Was meinst du, ob wir die rund 850 Seemeilen per Hand steuern können?«, schaut mich Jens fragend an. »Ich denke schon, nicht schön, aber möglich ist das«, antworte ich zögernd.

Die AYAMA und die TULASI versprechen uns Geleitschutz. Dafür sind wir tief dankbar. Zwar können wir mit den verbliebenen iPads zuverlässig navigieren, doch letztlich sind wir für den Schiffsverkehr unsichtbar. Denn mit unserem passiven Radarreflektor, den wir zur Reserve dabeihaben, sind wir schon in 100 Meter Entfernung auf keinem Radar mehr sichtbar. Auch können wir mit unserer verbliebenen Technik kein AIS-Signal mehr empfangen. In den letzten Monaten haben wir genug Erfahrung gesammelt, um einschätzen zu können, wie wenig man in der Nacht tatsächlich mit bloßem Auge sieht. Freiwillig müssen wir uns so einem Risiko nicht aussetzen. Also verabreden wir uns zu einem frühen Start am nächsten Morgen Richtung Port Elizabeth. 420 Seemeilen liegen vor uns. Bis dahin sollten wir es schaffen, bevor das nächste angekündigte Tiefdruckgebiet heranrauscht.

BIS SÜDAFRIKA SOLLTET IHR ES SCHAFFEN

Südafrika/Durban – /Port Elizabeth – /Kapstadt
23.11.2015–7.1.2016, Gesamtdistanz: 25.409 Seemeilen

Kalt ist unser Start. Kalt und unsicher. Der Agulhasstrom bringt unfreundliche Ungemütlichkeit vorbei, als wir gemeinsam mit der TULASI und der AYAMA Durban morgens mit dem Sonnenaufgang verlassen. Ich filme Jens bei der Ausfahrt von Durban und versuche, die Aufnahme ein wenig aufzulockern: »Und hier sehen wir den Alaskasegler Jens …« Uns ist mulmig, wenn wir nur schon da wären. Doch bei aller Unsicherheit nimmt uns das Meer mit den alten Gewohnheiten freundlich in Empfang. Nach knapp eineinhalb Jahren unterwegs ist uns das Meer mit dem letztlich doch immer gleichen Rhythmus vertrauter als das ständig neue Landleben, das uns jetzt solch eine Breitseite verpasst hat.

»Schau mal, ich habe uns einen neuen Autopiloten gebaut!«, ruft Jens von draußen. Tatsächlich sitzt er in der Ecke und unsere GARLIX hält mit der selbst gebauten Selbststeueranlage aus Gummistropps am Steuer einige Minuten lang allein den Kurs. Allerdings funktioniert das nur, wenn wir motoren. Doch es erleichtert das Leben ungemein, dass wir nicht ununterbrochen am Steuer stehen müssen. Es ist ausgesprochen lästig, wenn man den anderen, der sogar vielleicht gerade schläft, für jeden kleinen Wunsch rufen muss.

Unsere Aufgabe ist es, hinter der TULASI, einer Amel 64, herzufahren. Obwohl dieses Schiff mit seinen fast 20 Meter Länge sehr groß ist, müssen wir in dem ewigen Einerlei der Farben aufpassen, dass wir nahe genug dranbleiben. Es ist weniger die Schiffslänge, die den Unterschied unserer beiden Schiffstypen ausmacht, als das Gewicht. Bei den relativ hohen Wellen mit moderatem Wind sind wir mit unseren 13 Metern teilweise schneller als die TULASI, die ständig in die Wellentäler knallt. Unsere leichte GARLIX hüpft hingegen darüber weg und wir müssen lästigerweise häufig unsere Segelfläche per Hand reduzieren. Viel zu sehr haben wir uns an die elektrische Winsch gewöhnt, die wir nun nicht mehr haben. Ich kurbele das Vorsegel zusammen und schimpfe laut: »GARLIX, du wirst jetzt umgetauft! Dein neuer Name sei GARNIX.«

Die Dunkelheit kommt und vor uns geht ein Lichterbaum an. Haben wir die Mastbeleuchtung einer Amel bisher ein wenig belächelt – wer braucht das schon –, genießen wir sie jetzt umso mehr. Es geht in die tiefschwarze Nacht und wir folgen diesem beleuchteten Weihnachtsbaum blind. Erschrocken beobachten wir die Lichter der zahlreichen Schiffe auf dieser stark befahrenen Schiffverkehrsstraße, die gefahrlos, aber gefühlt viel zu dicht an uns vorbeifahren. Ohne AIS und ohne Radar können wir sie nicht frühzeitig sehen. Die TULASI ersetzt unsere elektrischen Augen und Ohren und sorgt für einen freien Weg. Ab und an senden sie uns einen Funkspruch: »GARLIX, GARLIX, da kommt jetzt ein Schiff 500 Meter an Steuerbord entfernt vorbei. Keine Sorge, der Abstand reicht aus.« Die Erleichterung und auch Dankbarkeit, die wir für diese Fürsorge empfinden, ist ausgesprochen groß. Es ist gut, dass wir nicht allein sind. Klar würden wir den Weg allein finden, doch rund 850 Seemeilen mit einem viel zu kleinen magnetischen Kompass den Kurs zu halten … schön ist echt anders.

Mindestens genauso dankbar bin ich, als Jens nach nur zwei Stunden aus der Koje kommt und mich ablösen möchte. Gefühlt habe ich alle dicken Klamotten an, die übereinander an meinen Körper passen. Bei noch mehr hätte ich mich nicht mehr bewegen können. Hundekalt ist es und ich habe starke Schmerzen in der Schulter. Durch unseren selbst gebauten Autopiloten, den wir nicht missen wollen, sind die Ruderbewegungen schwerer, sodass diese ungewohnten stundenlangen Steuerbewegungen schmerzhafte Verkrampfungen verursachen. Ich bin schon ganz dumm im Kopf vom ewigen Rätseln, ob das gerade fixierte Licht ein Stern oder vielleicht doch ein Schiff ist. Junge, ist man hier allein draußen. Gerade finde ich das mit der Weltumseglung doof und krieche mit einem schlechten Gewissen in die noch warme Koje. Eindeutig ist Jens gerade mehr Mann als ich, er steht viel mehr am Steuer. So rasen wir im Konvoi mit der TULASI und der AYAMA Port Elizabeth entgegen und das nächste Tiefdruckgebiet ist schon im Anmarsch. Deutlich lassen sich die Vorboten am sinkenden Barometer erkennen. Nach zweieinhalb Tagen, also auch nach zwei Nächten, die in diesem Fall doppelt zählen, liegt der Hafen nur noch zehn Seemeilen voraus.

»Ich denke, wir können uns jetzt von unserem ›Mutterschiff‹ lösen«, meint Jens. »Lass uns den Rest unabhängig von der TULASI segeln.« Gesagt, getan, was soll schon passieren. Motor aus, Segel hoch. Endlich Ruhe. Puh, gut! »Wir müssen im Hafen unbedingt tanken, der Tank ist nur noch viertelvoll.« »Kein Problem, die letzten Seemeilen werden wir segeln, da brauchen wir keinen Diesel«, meint Jens. Das WLAN-Netz reicht hier weit aufs Wasser hinaus und ich kann schon mal die Mails checken. Ein Blogleser möchte uns aufmuntern und schreibt: »Moin, Kopf hoch, die Summe aller Ereignisse im Leben ist konstant.« Just in diesem Moment wollen wir den Motor wieder starten, da der Wind abgeflaut ist und die Strömung uns zu sehr Richtung Land drückt. Motor an! Er geht an, stottert herum und gibt dann seinen Geist auf. Wenn das mit der Summe der Ereignisse im Leben stimmt, muss das nächste Jahr absolut langweilig werden. Wir greifen aktuell alle schlimmen Dinge gleichzeitig auf. Wir haben es satt, ich mehr als Jens. Froh sind wir, dass die TULASI noch in Funkreichweite. »TULASI, TULASI, jetzt ist auch noch unser Motor kaputt! Könnt ihr uns an der Hafeneinfahrt helfen?«

Port Elizabeth hat eine breite Einfahrt und wir können bis hinein segeln, um dann die letzten Meter mit dem Dingi von der TULASI und der AYAMA abgeholt zu werden. Angekommen, erst mal gut. Doch was ist mit dem Motor? Stefan von der AYAMA hat goldene Hände und genug Zuversicht, dass solch ein Yanmar nicht einfach so kaputtgeht. »Lasst mich mal machen!«, beruhigt er uns. Nach einer halben Stunde ist alles erledigt. Der Dieselfilter war verdreckt und es war Luft in den Schläuchen. Froh über dieses Ergebnis laden wir alle in das nächste Restaurant ein.

Die zwei Tage in Port Elizabeth sind eine erfreuliche Unterbrechung. Erfrischend unkompliziert wird hier der bürokratische Akt gehandhabt. »Gebt mal alle Papiere her, wir machen das alles gleich hier im Hafenbüro.« Frisch getankt und motiviert, dass die restlichen 430 Seemeilen um das Kap genauso gut werden wie das erste Stück, starten wir wieder im Dreierkonvoi Richtung Süden zum Kap der Guten Hoffnung.

Die AYAMA ist ein Stück voraus und plötzlich kommt morgens um 6:30 Uhr ein Funkspruch von ihr, dass sie sich irgendetwas im Propeller eingefangen haben. Irgendwie steht das hier alles unter keinem guten Stern. Sie möchten aber keine Hilfe: »Fahrt weiter, wir kommen schon klar.« Wir warten draußen auf Stand-by, bis die erlösende Nachricht kommt, dass sie sich das Netz und den zehn Zentimeter dicken Tampen, die sich um ihren Kiel und den Propeller gewickelt haben, selbst wieder rausschneiden können. Gedanklich beschwören wir die Trolle, die sich offensichtlich bei uns eingenistet haben, jetzt Ruhe zu geben. Auf zum südlichsten Punkt von Afrika. Auf zum 300 Seemeilen entfernten Kap Agulhas. Um 8:15 Uhr funkt uns dann die TULASI an, dass sie ebenfalls den Eindruck haben, sich ein Netz oder einen Tampen eingefangen zu haben. Gehts noch? Nach mehrmaligem Drehen und Rückwärtsfahren kommt ebenfalls ein Netz an ihrer Seite hervor. Diesmal ging es gut aus.

In der Nacht beschließe ich, dass ich fürs Segeln in der Arktis unbrauchbar bin. Bekleidet mit Skiunterwäsche, Faserpelzanzug, zwei Pullovern, einem dicken Segelanzug, Schal, Mütze, Handschuhen und Stiefeln ist es bloß noch kalt. Mir zumindest. Jens wirkt eindeutig fröhlicher.

Diesmal taugt unsere Selbstbau-Selbststeueranlage nichts. Es pfeift hier draußen und wir müssen jede Minute am Steuer stehen. Ohne Elektronik an Bord können wir die Windstärke allerdings nur schätzen und kategorisieren sie als »viel Wind«, »ganz schön heftig« oder »geht so«. Erstaunt sind wir, als wir einen Funkspruch abhören und die aktuelle Windstärke erfahren. 35 bis 40 Knoten Wind sind ohne warnende Anzeigegeräte anscheinend nicht ganz so erschreckend.

Unsichtbar und blind von der Schwärze der Nacht schießen wir am Kap Agulhas vorbei. Das nächste spektakuläre Kap, was sich tatsächlich genauso anhört. Nach Cabo da Roca, dem westlichsten Punkt des europäischen Kontinents und Cape York, dem nördlichsten Punkt von Australien, umrunden wir nun diesen südlichen Zipfel von Afrika. Jedes Mal fehlen uns die ergreifenden Gefühle. Letztlich sind es Wegepunkte, die gleich anderen unser Abenteuer markieren. Am hell werdenden Horizont rätseln wir später, welcher der grauen Hügel an unserer Steuerbordseite wohl nun das Kap der Guten Hoffnung sein mag. Rein wegen der Schönheit des Kaps lohnt es sich nicht, hier entlangzusegeln. Die Kreidefelsen von Arkona sind eindeutig freundlicher anzusehen. Dann verabschieden wir uns vom Indischen Ozean mit einem Schluck schottischen Whisky, den wir Neptun spendieren. Jeder Ozean wurde bisher mit einem Schluck aus dieser Flasche begrüßt und verabschiedet. Wir sind zurück, zurück im Atlantik. Wichtiger sind uns momentan allerdings die wärmenden Sonnenstrahlen im abflauenden Wind einige Seemeilen vor Kapstadt. Alle Sorgen sind vergessen. Klamotten aus, die Sonne begrüßen und duschen. Das ist dringend nötig nach den zwei Tagen und Nächten. Seelöwen linsen aus dem Wasser und es wirkt, als klatschten sie uns mit ihren Flossen zu.

Viele Segler haben bereits das Kap der Guten Hoffnung umsegelt. Es ist nichts Besonderes für die Allgemeinheit, keine herausragende Leistung. Doch wir für uns sind stolz. Wir haben uns nicht unterkriegen lassen. Es ist ein erhabener, ein schöner und ein wenig triumphierender Augenblick. Etwas zerrupft und mit einem kaputten Boot steuern wir der Hafeneinfahrt entgegen. Der Tafelberg zeigt sich mit seiner ganzen Pracht, ohne verhüllende Wolken. Nach diesen zahlreichen Tiefpunkten der letzten Tage und dem vielen Wind der letzten Wochen war unsere Stimmung nicht immer die beste. Doch das ist hier wieder ein strahlend heller Moment! In der letzten und gleichzeitig geschütztten Ecke der Waterfront Marina von Kapstadt können wir endlich unsere Leinen belegen. Wir sind in Kapstadt!

Uns fällt ein Satz ein, den wir vor knapp einem Jahr mit einem uns bekannten Segler per Mail gewechselt haben. Er heuerte damals in Kapstadt auf einem Boot für die Weiterfahrt zurück nach Deutschland an. Voller Respekt vor dem noch vor uns liegenden 19.000 Seemeilen langen Weg von St. Lucia bis Kapstadt drückte ich dies damals genauso aus: »Wenn wir erst in Kapstadt wären …!« Zurück kam der einschüchternde Satz: »Na, bis Südafrika solltet ihr es doch wohl schaffen!« Daraufhin sagten wir nichts mehr, vor allem äußerte ich keine weiteren Zweifel. Drei Ozeane weiter finden wir nach wie vor nichts selbstverständlich und sind immer noch ziemlich erstaunt über unser Abenteuer.

Sechs lange Wochen Kapstadt liegen nun vor uns. Doch nur sechs kurze Wochen Zeit, um unsere GARLIX zu reparieren. Gleich am folgenden Tag wird vom hiesigen Raymarine-Service damit begonnen, den Gesamtschaden aufzunehmen. Hier fühlen wir uns kompetent betreut und senden nach fünf Tagen eine komplette Auflistung des Schadens an unsere Versicherung Pantaenius. Schnell wird klar, dass der Schaden zu groß ist, um die Zusage der Kostenübernahme vom Schreibtisch aus erteilen zu können. Daher benötigen wir nun auch noch einen Gutachter. So vergeht die Zeit und die Weihnachtszeit, die die Welt arbeitsmäßig pausieren lässt, rückt immer näher.

Inzwischen sind wir in kribbeliger Vorfreude. Mehr als ein Jahr ist es her, dass wir unsere Familie gesehen haben. Dann passiert plötzlich alles auf einmal. Mit Jens' Eltern begehen wir feierlich den 80. Geburtstag seines Vaters. Das Wetter spielt mit. Kein Hauch Wind und kein Nebel trüben den lange voraus gebuchten Hubschrauberflug um das Kap der Guten Hoffnung stimmungsmäßig ein. Eine gelungene Überraschung und so langsam kehren unsere Leichtigkeit und unsere Freude an dem Abenteuer zurück. Kurze Zeit darauf besuchen uns unser Sohn Max und Jens' Söhne Hannes und Conrad. Zwischen all den Besuchen klappt die Zusammenarbeit mit der Versicherung tadellos und die Arbeiten an Bord können beginnen. Kurz vor Weihnachten kommt eine große Lieferung neuer Raymarine-Geräte. Der Tisch im Cockpit reicht nicht aus für das gesamte neue Equipment. Fröhliche Weihnachten, es geht wieder aufwärts. Alles, was wir nicht in Kapstadt bekommen können, bringt unsere Familie mit.

Inzwischen ist die World-ARC-Flotte hier in der Marina auch wieder vereint. An einem langen Abend der Freude bekommen wir von den Isländern Svanfridor und Kristofer den Donnergott Thor überreicht. »Auf dass er ewig eure GARLIX beschützen wird!« Danke, wir können diesen Schutz gut gebrauchen. Einige Segler nutzen die Zeit, um während der Weihnachtszeit nach Hause zu fliegen. Doch wir Zurückgebliebenen beschließen, Weihnachten und Silvester gemeinsam zu feiern. »Lasst uns zu Weihnachten ein Büfett auf dem Steg aufbauen!« Die Idee kommt von den Engländern unter uns. »Gute Idee, wir machen die Vorsuppe!«, schlägt Jens vor. »Doch wann genau ist das jetzt, am 24. oder 25. Dezember?« Irritiert schauen uns die Engländer an. »Selbstverständlich am 25!« So kann man sich irren, wir hätten die Suppe tatsächlich einen Tag eher zubereitet.

Wir können nicht benennen, welcher Ort oder welches Erlebnis unser schönstes ist und war. Doch diese Zeit hier in Kapstadt bleibt für uns unvergessen. Das hat natürlich viele Gründe, einer liegt in der Widersprüchlichkeit des Landes. Gemeinsam mit den Jungs und Jens' Eltern besuchen wir alle Highlights, die diese Gegend zu bieten hat. Rein von der Landschaft, den klimatischen Bedingungen und der »heilen Welt« rund um die Marina wäre es leicht möglich, die Augen vor den immensen gesellschaftlichen Unterschieden zu verschließen. Kapstadt ist die Renaissance, besser die Wiedergeburt der Pförtnerhäuschen. Denn die einzelnen Gesellschaftsschichten werden voreinander weggesperrt. Bei der Ankunft von Jens' Eltern ist es uns zum Beispiel nicht möglich, sie an ihrer gemieteten Wohnung unmittelbar in Hafennähe zu begrüßen. Der gesamte Komplex ist eingezäunt und hat drei bewachte Eingänge. Es ist unmöglich, ohne Sondergenehmigung hineinzukommen. Unmittelbar zwischen Zaun und der danebenliegenden dicht befahrenen Straße hat ein Obdachloser seinen Schlafplatz eingerichtet. Was für ein bedrückendes, hoffnungsloses Leben.

Zwischen dem Erleben des Landes und der Bootsreparatur nutzen wir die Zeit, um den Rumpf der GARLIX zu checken. Dachten wir bisher, dass ein Blitzeinschlag eher selten sei, fühlt es sich durch die vielen Mails nun allerdings so an, als wenn jeder Zweite bereits einen erlebt hätte. Besonders eindringlich sind die Fotos, die uns ein Blogleser zugesandt hat, der nach einem Blitzeinschlag viele kleine Löcher im Rumpf hatte. Diese hatte er erst gefunden, nachdem er sein Boot abgestrahlt hatte. Obwohl wir nach dem Blitzereignis in Durban bereits rund 850 Seemeilen unter nicht ganz leichten Bedingungen gesegelt sind und nicht mehr an Löcher im Boot glauben, wollen wir nichts auslassen, um sämtliche Schäden, die dadurch entstanden sein können, zu entdecken. Wir sind erleichtert. Unsere GARLIX ist sauber und wir nutzen dieses ungeplante Slippen, um die Ruderlager zu wechseln. Hoffentlich haben wir damit die Ursache für das lästige Klacken aus dem Ruder gefunden und beseitigt.

Gemeinsam mit unseren Jungs verabschieden wir dieses ereignisreiche Jahr 2015 und feiern auf der MAKENA, einer Lagoon 62, hinein ins Jahr 2016. »Happy New Year! Happy New Year!

NICHTS LOS HIER DRAUSSEN

Südafrika/Kapstadt – Großbritannien/St. Helena – Brasilien/ Salvador – /Fortaleza
8.1.–2.3.2016, Gesamtdistanz: 29.909 Seemeilen

Wir sind unterwegs, freudlos unterwegs. Vor uns liegt diese lange Strecke bis Salvador in Brasilien. 3.680 Seemeilen. Elendig. Unterbrochen wird diese Strecke nur durch eine 1.700 Seemeilen entfernt liegende schaukelnde Muringboje vor St. Helena. Wir haben uns ein charmantes Windloch mit »nur« 30 Knoten zu erwartendem Wind gesucht, um aus dieser pfeifenden Gegend um Kapstadt herauszukommen. Unsere Segelfamilie der World ARC ist schon vor zwei Tagen gestartet. Wir fanden es unvernünftig, den sicheren Hafen bei so viel Wind zu verlassen. Gut, dass die Reparaturen unseres Boots trotz vieler Versprechungen noch nicht fertig waren. Während wir auf unseren Kartenplotter gewartet haben, pfiffen 40 Knoten Wind durch die Marina. Wieder mal ein Durchzug eines Tiefdruckgebietes. Diese Wetterlage irritiert uns und irgendwie sind wir dann doch froh, jetzt zu starten.

Dann das heute Morgen. Wieder etwas, das nicht im Drehbuch der Weltumsegler steht, aber immer wieder dazugehört. Beim Abschied aus Kapstadt steht unser Sohn auf dem Steg und winkt uns hinterher. Wir werden uns erst im Juni in Irland wiedersehen. Doof, einfach nur doof solch ein Moment. Diese Zeit in Kapstadt hat uns dünnhäutig gemacht. Dünnhäutig und unsere Seglerbeine sind auch geschrumpft. Puh.

Klack, klack. »Schatz, hier klackt was!« »Quatsch, was soll hier klacken!?« Wir schauen uns an. Hatten wir diesen Dialog nicht schon einmal? Es kann doch nicht wahr sein, dass jetzt die gleichen klackenden Geräusche aus unserer Ruderanlage kommen wie vor der Reparatur und dem Wechsel der Ruderlager. Jens verschwindet wieder in die Tiefe der Backskisten, kein Vergnügen angesichts des starken Winds und der hohen Wellen. Doch ist es eine Gesetzmäßigkeit, dass Reparaturen immer bei unangenehmer Wetterlage anstehen. Er zieht alle Schrauben nach, kippt Schmiermittel in alle Lager und … »klack, klack« … immer weiter. Immer bei 20 bis 25 Knoten Seitenwind klackt es achtern. Näher lässt sich das Geräusch nicht lokalisieren. Das Boot wirkt wie ein Klangkörper und verteilt das lästige, beängstigende Geräusch im gesamten Boot. Wir wollen schon aufgeben, räumen dann aber doch noch mal alle Kisten aus. Und da endlich entdecken wir zwei etwas lockere Fixierschrauben des oberen Ruderlagers.

»Weißt du, Jens, ich weiß jetzt, warum Boote Mädels sind!« Bisher dachte ich immer, dass das schlechte Gewissen der Männer der Grund ist, warum sie ihren Booten gern Frauennamen geben, da sie auf ihnen mehr Zeit verbringen als mit ihrer besseren Hälfte. Nein, weit gefehlt. Es ist das Sensible, was die Weiblichkeit von Booten ausmacht. Okay, das ist eher ein Witz. Doch eine Viertelumdrehung! Diese fehlende Viertelumdrehung hat uns schon bei der Ansteuerung von Vanuatu beunruhigt, wo wir wegen der klackenden Geräusche Bedenken hatten, dass das ganze Ruder rausfällt. Wahrscheinlich hätten wir die Ruderlager in Kapstadt gar nicht wechseln müssen. Ab und an klackt es jetzt immer noch, doch wissen wir jetzt, woher das kommt. Es ist nicht gefährlich, wir müssen dann nur die Schrauben etwas nachziehen. Unsere GARLIX ist ein Mädchen. Wir wussten es schon immer, chic, wie sie ist.

Inzwischen sind wir 700 Seemeilen von Kapstadt entfernt. Kompasskurs Nordnordwest. 350 Seemeilen östlich von uns liegt Namibia. Die Wassertemperatur ist seit Kapstadt um 12 °C gestiegen, das tropische Klima hat uns wieder. Alles ist in Butter hier draußen, morgens gibts Spiegelei zum Frühstück, das Blauwasserklischee ist zurück. Ein perfektes Seglerleben. »Jens, ich hatte fast vergessen, wie schön es sein kann!« »Du hast recht, so kann es ewig bleiben. Doch genießen können wir diese friedlichen Zeiten wohl nur, wenn uns ab und an mal richtig Wind um die Nase weht.« Recht hat er, doch ich bevorzuge eindeutig diese ruhigen Zeiten.

Vor unsere Reise haben wir im Radio ein Interview gegeben. Ein Zuhörer fragte uns damals, ob wir uns auf die langen windstillen Zeiten vorbereitet hätten und auf die dann drohende depressive Stimmung. Haben wir nicht. Allerdings haben wir bisher auch kaum tagelange Flauten erlebt. Außerdem sind diese tatsächlich auch ganz selten langweilig. Im Gegenteil. Wir richten uns gern in diesem Mikrokosmos ein, in dieser sorglos scheinenden Welt. Irgendwie geht uns bisher auch niemals die Beschäftigung aus. Jeder Handschlag dauert auf dem Boot einfach länger. Wir verbringen Stunden in der Vor- oder Nachbereitung der Orte, die wir besuchen. Was müssen wir während des Weges beachten, welche Gefahren können auftreten, was für Vorschriften gibt es. Um ehrlich zu sein, ist diese scheinbare Sorgloswelt auch sehr selten so richtig sorglos. Viel Zeit verbringen wir mit der Pflege unserer GARLIX, um möglichst drohende Gefahren vor dem Auftreten abzuwenden. Wenn dann mal keine kleineren oder größeren Katastrophen zu lösen sind, man sich nicht festklammern muss, weil sich das Boot so heftig bewegt, sich keine Ohrstöpsel ins Ohr stopft, um diese ewigen Windgeräusch fernzuhalten, dann ist das tatsächlich eine richtig gute Zeit.

Träge genießen wir die Zeit in unserem Sonnencockpit und verfallen fast in eine gefährliche Segellethargie. »Kannst du mal schauen, ob alles klar ist?« »Ich gucke später, wird schon nichts sein.« Am Morgen des neunten Tages wird das endlose Blau von Wolken am Horizont unterbrochen. Diese Wolken sind die Vorboten von Land. Vor uns liegt St. Helena. »Wie mag sich wohl Napoleon gefühlt haben, als er nach tagelanger Fahrt über den Atlantik dieses Inselchen gesehen hat!?« »Ich denke, er war sehr einsam.« So zumindest wirkt diese Insel. »Eigentlich habe ich Lust weiterzusegeln«, meine ich angesichts der Wolken am Himmel. Wir sind andererseits aber auch gespannt auf diesen einsamen Fleck im Wasser. Vor uns liegt ein Stück Land, das zu

Großbritannien gehört. Wir kramen nach 18 Monaten die restlichen britischen Pfund hervor. Immer wieder sind wir irritiert, wo sich Menschen niederlassen. Das nächste Festland ist im Osten Angola in knapp 2.000 Kilometern und Brasilien im Westen in rund 4.000 Kilometern Entfernung.

Gegen Mittag liegt die Flagstaff Bay von St. Helena querab und wir runden den Leuchtturm am Sugar Loaf Point. Meilenweit vorher haben wir uns bereits per Funk angemeldet. Als wir dann gegen 14:30 Uhr unsere Leinen an der Muringboje befestigen, werden wir von dem Beamten zur Eile angetrieben. »Das Wassertaxi kommt in 30 Minuten. Später könnt ihr nicht mehr zum Einklarieren und dürft für heute nicht an Land.« Insgeheim empfinden wir dieses Tamtam der Bürokratie als lächerlich, behalten diese Gedanken allerdings für uns. Die einzige Möglichkeit, an Land zu kommen, ist in Jamestown, der Hauptstadt der Insel. Der Sprung aufs Land setzt Glück bezüglich des Wetters und ein Mindestmaß an Sportlichkeit voraus. Das Wassertaxi kann sich der Landestelle nur annähern, dann greifen wir uns eine Leine, die an einem darüberliegenden Schwunggalgen befestigt ist und schwingen damit an Land. Die Höhe des Schwells bestimmt die Länge des notwendigen Schwungs. Wir haben Glück und überwinden diese Barriere mit Leichtigkeit.

Wir planen für unseren Aufenthalt nur zwei Tage ein. Diese Zeit ist allerdings völlig ausreichend. »Weißt du, Jens, so richtig wohl und empfangen fühle ich mich hier nicht. Alles wirkt irgendwie verstaubt und zu satt.« Er pflichtet mir bei: »Du hast recht, selbst das Wetter wirkt britisch mit diesen ständigen Wolken über den hohen Bergen.« Bei unserem Besuch von Napoleons Unterkunft fragen wir uns, woran er nach nur sechs Jahren auf dieser Insel so jung gestorben ist. Was auch immer es war, Langeweile war sicherlich dabei. Die Läden werden hier spätestens gegen 17 Uhr geschlossen und es fällt uns tatsächlich schwer, ein anständiges Souvenir zu kaufen. »Vielleicht bringt ja der geplante Flugplatz frischeren Wind in dieses Inselklima.« »Wird wohl, bei dieser tollen Landschaft werden dann wohl Wanderfreunde aus der ganzen Welt hier herkommen«, pflichte ich Jens bei. »Außerdem muss uns ja nicht jeder Ort der Welt gefallen, lass uns nach Brasilien starten!«

Doch dann organisiert der hiesige Yachtclub eine begleitete Schnorcheltour zu den hier lebenden Walhaien. Walhaie, was genau ist das eigentlich? Wir wissen es nicht und müssen erst einmal recherchieren. Walhaie gehören mit bis zu zwölf Meter Länge zu den größten Fischen dieser Welt. »Ein zwölf Meter langer Hai, ist das nicht gefährlich?« Wir werden damit beruhigt, dass sich diese Haie nur von Plankton und kleinsten Fischen ernähren. »Völlig ungefährlich für euch!« Wir möchten es gern glauben und sind selbstverständlich mit bei diesem Ausflug. Angesichts dieser riesigen, majestätischen, gepunkteten Lebewesen ist das Wort Fisch irgendwie falsch. 35 dieser großen Geschöpfe leben hier um St. Helena, erfahren wir. Es ist ein Erlebnis der besonderen Art und erinnert uns stark an unser Schnorchelerlebnis vor den Galapagos-Inseln am Kickers Rock. Wir sind völlig beeindruckt und verbringen mit den Mitgliedern des Yachtclubs einen uns mit dieser Insel versöhnenden schönen Abend, bevor wir am Nachmittag des nächsten Tages weiter Richtung Salvador in Brasilien starten.

Start kann man diese Schleichfahrt nur bedingt nennen. Wir lösen unsere Leine von der Muringtonne, was allerdings unsere Position nicht groß verändert. »Jens, ich glaube, wir müssen doch den Motor starten. Sonst stehen wir noch zur Dunkelheit vor der Insel.« Er stimmt zögernd zu. Bei 200 Liter Diesel überlegen wir uns mehrmals, ob wir den Yanmar starten oder auf eine Situation warten, wo ein schnelles Vorankommen nötiger ist. Per Funk verabschieden wir uns von den Offiziellen von St. Helena und von unserer kleinen europäischen Stippvisite. »Weißt du, Jens, ich bin froh, dass das hier nicht wirklich England war. Dann wären wir gleich zu Hause. Das wäre mir jetzt doch zu schnell.«

Die Insel verschwindet am Horizont und wir werden von der Dunkelheit eingehüllt. Um Mitternacht weckt mich Jens und mein erster Gedanke ist, ob wir überhaupt noch vorwärtskommen. Es ist so wunderbar ruhig, kein störendes Rauschen, kein Klappern, kein Windgeheule, kaum Bewegungen lenken die nächtliche Ruhe ab. Ein seltenes friedliches Glück. Jens verkriecht sich in die warmen Decken und ich muss mich erst mal ins Cockpit setzen und diese mondhelle Kulisse in mich aufnehmen. Es ist eine Zeit wie im Vakuum. Weit weg von sämtlichen weltlichen Problemen. Wie eine schützende Glocke liegt die Dunkelheit heute über uns. Nur wir. Jetzt und auch eine ganze Weile später, nur wir. Das ist ein guter, ein bester Moment im leisen Rauschen der Fahrt. Es prickelt im Kopf. Wir sind isoliert und doch nicht einsam. Ich bin vollkommen ausgeglichen und bin mir der Seltenheit dieser Empfindungen völlig bewusst.

Häufig wird uns die Frage gestellt, ob wir nach den bisher zurückgelegten 27.000 Seemeilen nicht langsam genug vom Segeln haben. Unsere ehrliche Antwort lautet: »Ja, langsam ist es genug.« Dabei hat sich unsere Einstellung in Bezug auf langen Strecken komplett geändert. Vor unserem Start waren wir ahnungslos, was es bedeutet, mehrere Nächte durchzusegeln. Inzwischen liegen rund 150 Nachtfahrten hinter uns. Manchmal hilft da nur reine Psychologie. Jetzt zum Beispiel schleichen wir hier draußen durch die Zeit. Schleichen im wahrsten Sinne des Wortes. Es ist gut, dass die Entfernungen in Seemeilen angegeben werden. 1.980 Seemeilen bis Salvador klingt eindeutig weniger als 3.700 Kilometer. 3.700 Kilometer und wir sind mit der Geschwindigkeit eines langsamen Fahrrades unterwegs, keine zehn Stundenkilometer aktuell. Auch nach einer Stunde sind es immer noch 3.690 Kilometer. Das fühlt sich gleich an, nicht wie vorwärtsgekommen.

Sämtliche Strecken, die von vornherein vierstellig sind, fühlen sich mittlerweile lang an. Wenn dann die erste Ziffer sogar eine Zwei oder Drei ist, sollte man einfach nicht auf die Anzeigen schauen. Das hilft. Wird die verbleibende Distanz dann dreistellig, geht es wesentlich schneller. Ständig ist solch ein Hunderter rum, bis die gefühlte Zeit jäh abbremst. Die Zweistelligkeit ist zäh. Ankommensfieber und Abschiedswehmut gleichzeitig. Dann die Null, Ankunft. Plötzlich geht alles zu schnell und in Gedanken kommen wir dann erst 100 Seemeilen später tatsächlich an.

Da wir nie wissen, was die Zeit auf dem Wasser bringt, machen wir vor dem Start keine großen Pläne. An erster Stelle stehen das Boot und wir. So manches Mal ist die Zeit auf dem Wasser nicht besonders effektiv, da es nicht möglich ist, sinnvolle Dinge zu tun. Bei dieser ewigen Schaukelei sind wir dann froh, dass wir »unser einfaches Leben« haben. Bei dieser Art gedanklichem Start ist allerdings auch jede sinnvolle Beschäftigung ein hundertprozentiger Zugewinn.

Das alles klingt vielleicht völlig banal, doch lag hier am Anfang genau unser Problem. Im Alltag muss jeder Schritt, jeder Gang, jedes Tun sinnvoll sein. Wir waren es nicht gewohnt, einfach nur zu leben. So erschien uns diese Zeit auf dem Wasser zu Beginn eher vertan, nicht sinnvoll. Das hat sich geändert. Inzwischen können wir es. Wir leben hier draußen im aktuellen Moment und somit gewinnt jedes Tun, was über das Überleben hinausgeht, einen absoluten Mehrwert. Wichtig ist dabei, dass es bei diesem Überleben nicht um Leben oder Tod geht. Es gab bisher auch keinen Moment auf dem Wasser, bei dem wir tatsächlich Angst um unser Leben hatten. Also ja, im Grunde sind wir mittlerweile genug gesegelt. Dann gibt es jedoch diese Momente des völligen Einklangs. Diese könnten ewig weitergehen. Doch meine Hoffnung ist, dass sie nicht von der Segelei abhängig sind, sondern unabhängig davon unser Leben auch in Zukunft begleiten werden.

Die Tage und Nächte dieser Fahrt nach Salvador ähneln sich. Laut einschlägiger Segelliteratur ist dieses Empfinden einer friedlichen Fahrt über den Südatlantik auch tatsächlich eher die Regel als die Ausnahme. Nach acht Tagen liegen noch 550 Seemeilen vor uns und wir fangen zu rechnen an. »Jens, hoffentlich schaffen wir es bis zum 31. Januar. Ich möchte deinen Geburtstag an Land feiern.« Im Grunde wäre es völlig egal, wo wir Jens' Ehrentag feiern, wobei so ein Wassergeburtstag auch vielen anderen Feierlichkeiten vorzuziehen ist. Doch wir haben einen Plan. Wir trinken während unserer Zeit auf dem Wasser keinen Alkohol; oder nur einen Minischluck an den Kaps dieser Welt. Das wollen wir zukünftig beibehalten, also auch weiterhin in der Zeit, während der wir bei unserer Weltumseglung auf dem Wasser waren, keinen Alkohol trinken. Wenn wir daher in diesem Jahr an seinem Geburtstag nicht miteinander anstoßen, dann geht das auch zukünftig nicht mehr. Das wäre blöd. Daher sind wir froh, als wir an Jens' 51. Geburtstag im Morgengrauen die Küste Brasiliens sehen. Vor uns liegt Salvador auf dem südamerikanischen Kontinent. Vor genau einem Jahr sind wir durch den Panamakanal Richtung Pazifik gefahren. Ein ganzer unendlicher Wasserplanet lag damals vor uns mit all seinen Ungewissheiten und Abenteuern. Jetzt kommen wir am selben Kontinent wieder an. Mit der Kaffeetasse in der Hand haben wir es jetzt nicht mehr eilig. Manchmal möchte man eben dieses unaufhörliche Weiter im Leben unterbrechen.

Wir begrüßen beim Sonnenaufgang die vor uns liegenden neuen Abenteuer und bedanken uns innerlich bei Neptun und unserer GARLIX für diese friedliche und gute Überfahrt. Allein seit Kapstadt liegen 3.680 Seemeilen hinter uns. Das sind exakt 6.815 Kilometer Wasser. »Herzlichen Glückwunsch, Jens!« Es gibt wohl kaum einen besseren Ort oder eine bessere Art, seinen Geburtstag zu feiern, als nach dieser Distanz gesund und heil im schützenden Hafen anzukommen. Im Hafenbüro werden wir mit freundlichen, aber deutlichen Worten empfangen. »Herzlich willkommen, ihr Glückspilze! Hier müsst ihr vorsichtig sein. Ihr dürft keine Handys oder Fotoapparate offen zeigen. Das Portemonnaie müsst ihr immer unter der Kleidung tragen und wenn ihr zum Restaurant zur nächsten Marina wollt, die einen Kilometer entfernt liegt, geht nicht zu Fuß. Nehmt immer ein Taxi.« Dieser Empfang lässt uns nicht sofort warm mit der Stadt werden. Taxi nehmen, Portemonnaie verstecken, was soll das hier?

Der Karneval in Salvador soll der größte Straßenkarneval und das größte Straßenfest der Erde sein. Nun waren wir schon immer Skeptiker von größten und schönsten Ereignissen. Trotzdem kaufen wir uns Eintrittskarten und erleben einen Abend lang diesen megagroßen Rummel. Letztlich ist es eine gewaltige Disco mit – auf jeden Fall und um jeden Preis – fröhlichen Menschen. Das ganze Fest wird von schwer bewaffneten Polizisten abgesichert, die niemals allein anzutreffen sind. »Sag mal, Jens, es ist zwar erst 22 Uhr, aber ich hätte nichts dagegen, zurück zum Boot zu fahren.« Wir suchen uns ein Taxi, was angesichts der Menschenmenge viel Glück und Durchsetzungsfähigkeit voraussetzt, und setzen uns dann glücklich in unser ruhiges Cockpit. Nach knapp 3.700 Seemeilen Atlantik ist diese Menschenfülle und das Spaß-haben-Wollen um jeden Preis ein wahres Kontrastprogramm für uns. Karnevalfans sind wir nach diesem Abend nicht geworden.

Später erfahren wir, dass wir am touristisch geprägten Karneval teilgenommen haben, denn das gleiche Spektakel erleben wir einige Tage später im historischen Zentrum von Salvador völlig anders. Dieses befindet sich in unmittelbarer Nähe der Marina. Der Karneval in den alten Gassen der Stadt ist eher nach unserem Geschmack. Straßenbands und kostümierte Menschen reißen die Touristen in ihrer frohen Stimmung mit sich. Dieses Fest wirkt viel ehrlicher. Diese ständig powackelnden Menschen, egal welcher Gewichtsklasse, sind ansteckend. Das war der richtige Ort für Michael Jacksons Song *They Don't Care About Us*, den er als zweiten Drehort nach den Favelas in Rio de Janeiro ausgewählt hatte.

Inzwischen haben wir uns mit dem Land und den Menschen etwas angefreundet. Besorgt sind wir dennoch, als wir unsere GARLIX während einer Rundreise zwölf Tage in der Marina liegen lassen sollen. Telefonisch stehen wir während unserer Reise mit den Verantwortlichen der Marina in Kontakt und wissen, dass mit dem Boot alles in Ordnung ist. Dann nach diesen zwei Wochen wieder zurück zu sein, ist dennoch wahres Glück. Es fühlt sich wieder nach zu Hause an. Knapp zwei Jahre sind wir nun bis auf wenige Ausnahmen ununterbrochen auf unserem Boot. Die GARLIX ist inzwischen mehr für uns als nur ein reines Transportmittel um die Welt.

Wenige Tage nach unserer Ankunft passt das Wetter für unseren Start Richtung Norden nach Fortaleza. »Irgendwie bin ich froh, dass wir wieder einige Tage auf dem Wasser sein dürfen.« Ich muss nur in Jens' Gesicht sehen, um zu sehen, dass es ihm ebenso geht. In uns ist eine Menge Widersprüchlichkeit. Ganz sicher haben wir hier in Brasilien beinahe mehr erlebt, als irgendwo sonst auf unserer Weltumseglung. Wir sind während der Zwölf-Tage-Tour von einem Superlativ zum nächsten gereist. Beim Besuch der Iguazú-Wasserfälle, die sich über eine Länge von 2,7 Kilometern hinziehen, standen wir mitten im Gebrüll des Wassers. Aber auch inmitten großer Menschenmassen, denn gefühlt werden alle Touristen der Welt zu diesem Weltnaturerbe gekarrt. Ganz sicher war es ein beeindruckendes Erlebnis. Doch wohler und nachhaltiger waren für uns die abgeschiedenen Wasserfälle auf den Marquesas-Inseln oder in Australien. Danach ging es weiter nach Pantanal. Das ist ein Feuchtbiotop der Größe von Dänemark, der Niederlande, Belgien und Portugal zusammen. Ein Schlaraffenland für Tierliebhaber, nur nicht zu der jetzigen Regenzeit, in der sich alle Tiere verkriechen.

Als nächste Station kamen dann Manaus und der Amazonas dran. Manaus gehörte zu Zeiten des Gummibaumanbaus einmal zu den reichsten Städten der Welt. Davon war nur noch wenig zu sehen. Der Sanierungsbedarf war dort erdrückend zu spüren. Es gab zwar gut erhaltene Gebäude, doch eher sahen wir original portugiesische Kolonialhäuser, an denen seit mindestens 100 Jahren nichts mehr modernisiert wurde. Wir können die Sorge und den Groll der Bewohner über die Fußballweltmeisterschaft und die anstehende Olympiade gut verstehen. Dieses Land benötigt andere Dinge dringender als neue Sportstätten. Wir als Touristen wurden zu den Perlen des Landes geführt. Wollten wir allerdings ein spontanes Foto machen, wurden wir dringend aufgefordert, dieses nur nach Nachfrage bei dem Reiseführer zu tun. Einfach den Fotoapparat aus der Tasche zu nehmen, soll zu gefährlich sein.

Insgesamt hat sich während des Besuches in Brasilien ein Gefühl breitgemacht, als wenn man gute Bekannte besucht und diese bei der Begrüßung sagen: »Wir freuen uns ungemein, dass ihr kommt, aber verschließt alle Wertsachen, ansonsten könnte es passieren, dass wir euch bestehlen.« Nun sind wir fast um die gesamte Welt gesegelt, doch in keinem der Länder hatten wir bisher dieses Gefühl der drohenden Gefahr und Unsicherheit. Letztlich haben wir persönlich keine gefährliche Situation erlebt, doch allein die immensen Absicherungsmaßnahmen für die Touristen verursachen ein mulmiges Gefühl.

Bei bestem Wetter biegen wir bei Salvador um die Ecke Ponta de Santa. Kompasskurs Nordnordost. Ein ungewohntes Gefühl, hier ist alles falsch rum. Unsere gewohnte Leeseite, die seit eineinhalb Jahren auf der Steuerbordseite liegt, ist plötzlich die Luvseite. Das klingt absurd, doch wir sind daran gewohnt, mit dem zuverlässigen Südostpassat zu segeln. Darauf richtet man – zumindest wir – sich ein. Den ganzen Krimskrams der Steuerbordseite haben wir bisher nicht mehr weggeräumt. Jetzt fliegt alles umher und wir bekommen einen kleinen Vorgeschmack auf unseren Heimweg. Nach drei Tagen ist diese kleine Bewährungsprobe jedoch vorbei und wir können wieder in westliche Richtung nach Fortaleza segeln, wo wir rund fünf Tage später ankommen.

WELTUMSEGLER – WICHTIG IST DAS NICHT MEHR

Brasilien/Fortaleza – Grenada – St. Vincent und die Grenadinen/ Tobago Cays – /Bequia – St. Lucia
3.3.–12.4.2016, Gesamtdistanz: 31.811 Seemeilen

Nach nur wenigen Tagen in Fortaleza starten wir Richtung Grenada. Vor uns liegen 1.720 Seemeilen und ich fühle mich hundeelend. So etwas gab es noch nie. Ich liege flach und es ist eine körperliche Höchstleistung, die Leinen zusammenzulegen. Er hat mich erwischt, der BMMSKK, der brasilianische Mega-Magen-Schlaf-Killer-Keim. Die Unvernunft lässt grüßen. Doch die Vorstellung, mich in einem Krankenhaus in Brasilien behandeln zu lassen und mir eventuell weitere fremde Keime einzufangen, lässt mich schaudern. In der Erwartung, dass eine stärkere Magenverstimmung nach zwei Tagen erledigt sein wird, hoffe ich auf eine schnelle Besserung. Jens schickt mich postwendend in die Koje, wo ich mit einem unglaublich schlechten Gewissen selig vor mich hin schlummere. Als sich der Tag langsam verabschiedet, bestimmt er entschieden: »Du bleibst liegen, ich mache die Nachtwache allein! Ich stelle mir alle 20 bis 30 Minuten einen Wecker, um nach dem Rechten zu sehen. Das wird schon gehen. Machen andere Segler ja auch so.« Er hat recht. Von vielen Seglern haben wir gehört, dass sie dieses Wachsystem für sich gewählt haben. Nicht nur, wenn sie allein unterwegs sind. Doch für uns ist das das erste Mal. Bisher war immer einer von uns wach, Tag und Nacht.

Doch ich bin zu kraftlos, um tatsächlich ein schlechtes Gewissen zu haben. Dankbar versinke ich schwitzend in einen tiefen Schlaf.

»Die obere Luke muss unbedingt offen bleiben!« Ab und zu landen dadurch die Spritzer einer Welle auf meinem Gesicht. In der Kajüte breitet sich ein feiner feuchter Salzschleier auf den Schränken aus. Ich krame die passenden Antibiotika aus unserer Bordapotheke. Das ist hier irgendwie mehr als nur ein dummer Magenkeim. Und so werden aus der angedachten einen Nacht vier Tage und Nächte, ehe ich wieder in der Lage bin, längere Zeit aufrechtzustehen. Von den vergangenen 96 Stunden habe ich 85 verschlafen. So habe ich nicht einmal mitbekommen, wie wir wieder auf die Nordhalbkugel gerutscht sind. Nun sind wir nach beinahe 13 Monaten auf der Südhalbkugel wieder zurück auf unserer Zuhauseseite. Eine ganze Welt liegt zwischen diesen Monaten. Eine ganze Welt voller Erlebnisse, voller Abenteuer, voller Höhen und Tiefen. Doch eindeutig ist die Waagschale der Höhen voller und wiegt schwerer. Sie ist randvoll mit tollen Abenteuern, die wir niemals missen wollen. Es ist gerechtfertigt, dass wir ein wenig wehmütig werden. Heute dürfen wir das. Heute lassen wir es zu.

Diese Strecke von Brasilien nach Grenada ist auch die letzte lange Tour zusammen mit unseren World-ARC-Familie. Es sind die letzten gemeinsamen langen 1.720 Seemeilen. Danach geht es nur noch im Inselhopping nach St. Lucia. Wir erleben ein Wechselbad der Gefühle. Irgendwie haben wir genug von der Segelei und wollen doch nicht, dass dieses Erlebnis vorbeigeht. Doch Neptun scheint über unsere Gefühlslage informiert zu sein und streut uns Salz in die Wehmutsuppe. Durch unseren nordnordwestlichen Kurs segeln wir mit 40 bis 60 Grad gegen die vorherrschende Windrichtung. Das bedeutet Schräglagen von 20 bis 30 Grad. Immer. Dabei schaukeln wir vor uns hin. Immer. Sicher ist nur, wer sitzt. Auch ist unsere gewohnte Leeseite nicht mehr an Steuerbord, was nicht schlimm ist, aber … »Sag mal, Jens, weißt du, warum die ganzen Polster im Salon auf der Backbordseite nass sind?« Irgendwie beschleicht mich ein komisches Gefühl. Immerhin lag ich auf dieser Seite im Gesundungsschlaf. Doch das hätte ich doch merken müssen …. Nein, es ist der Wassertank. Wir hatten ihn schon länger im Verdacht, nicht ganz dicht zu sein, doch bisher war er immer »oben« im Boot. Jetzt mit der Änderung des Kurses kommen die schlummernden Probleme ans Licht.

Während Jens die Dichtungen vom Wassertank kontrolliert und wechselt, verabschiedet sich draußen der Wind. Noch liegen 250 Seemeilen bis Grenada vor uns. Dafür wird unser Diesel reichen. Motor an und ... Alarm. Oh, Mann, wie wir dieses Geräusch hassen! Was ist jetzt wieder los? »Such mal die Beschreibung raus. Zweites Licht von rechts. Was bedeutet das?« »Sail drive sea water indicator, Dichtring gebrochen.« Sofort schießt ein ängstlicher Gedanke durch mein Gehirn: »Wie viel Dichtringe gibt es da denn?« Ein Blick zu Jens verrät mir, dass auch er das nicht so genau weiß. Die Beschreibung schlägt uns zur Lösung des Problems den Gang zum Yanmar-Service vor. Dieser Hinweis hilft uns nicht. Froh sind wir, dass der Motorraum trocken ist.

Für uns heißt es nun also, die letzten Seemeilen durchzuhalten. Mittlerweile hat sich der Wind vollständig verabschiedet und die Strömung drückt uns Richtung Tobago. Aus Sicherheitsgründen wollen wir mit einem großen Abstand an diesem Land vorbeisegeln, denn in letzter Zeit kam es vermehrt vor, dass Segler hier von Piraten, die aus Richtung Tobago kamen, überfallen worden sind. In einer schnellen Aktion wurden auf diesen Yachten sämtliche elektronischen Geräte ausgebaut und mitgenommen.

»Schön ist anders. Diese Dümpelei schlägt uns das ganze Rigg und die Segel kaputt!« Jens ist genervt, was ich gut verstehen kann. Gleich nach unserem Start in Fortaleza musste er am Vorsegel eineinhalb Meter Naht per Hand nähen. Nach knapp 30.000 Seemeilen bemerken wir die starke Beanspruchung und UV-Belastung der Segel. »Ihr wichtigen Segelkumpels. Ihr müsst nur noch rund 6.000 Seemeilen bis nach Hause durchhalten. Dann dürft ihr euch ausruhen.« Was sind wir froh, als wir wieder mit etwas Wind Richtung Grenada segeln.

Besorgt schauen wir mittlerweile auf unseren Stromanzeiger. Seit Brasilien ist unser Wassergenerator kaputt. Nach dem Motorausfall bleiben uns daher nur noch die Solarpanele und der Hondagenerator, um unseren Strombedarf zu decken. Hinzu kommt, dass ab und zu der Kartenplotter aussteigt und das Sumlog keine Daten anzeigt. »Irgendwie hat uns der Troll erwischt. Was geht denn jetzt noch alles kaputt?« Wir hatten bisher, vom Blitzschlag einmal abgesehen, vergleichsweise wenig Reparaturen an Bord. Doch auch wir müssen immer wieder Dinge am Boot instand setzen. Der Spruch, dass sich Weltumsegler um die Welt reparieren, ist nervend wahr.

Nach der neunten Nacht liegt Grenada beim Sonnenaufgang greifbare 20 Seemeilen nah. Wir sind zurück in der Karibik. Im Windschatten der Insel schleichen wir ohne Motor Richtung Ziel. Das kann dauern. Noch fünf Seemeilen und wir bewegen uns kaum. Kurz vor der Hafeneinfahrt funken wir unsere Freunde im Hafen an, die vor uns in der Marina angekommen sind. Die letzten Meter werden wir mit dem Dingi an den Steg geschleppt. Dankbar befestigen wir unsere Leinen in der modernen Marina Port Louis von Grenada. Erst am 10. April müssen wir in St. Lucia, unserem Starthafen, sein, um dort an der Abschlussveranstaltung der World ARC teilzunehmen.

Grenada ist für die Bootsreparatur eine gute Adresse. Wir verabreden einen Termin in drei Tagen und können erst einmal entspannen. »Jens, horch mal! Erinnerst du dich?« Hier in Grenada werden wir von der typischen und markanten Geräuschkulisse der Grillen empfangen, die wir nur aus der Karibik kennen. Doch nicht nur die Grillen kommen uns vertraut vor, auch die immer öfter zu hörende deutsche Sprache. Die Marina ist gleichzeitig eine große Charterbasis, die rege in Anspruch genommen wird. Bisher war die Begegnung mit einem anderen deutschen Boot eine Besonderheit für uns. Jetzt müssen wir uns zurückhalten, um nicht jeden Deutschen anzuquatschen.

Nach drei Tagen segeln wir unser Boot zur Grenada Marine, die 14 Seemeilen entfernt am südlichen Ende von Grenada liegt, wo unsere GARLIX zum vierten Mal während unserer Reise aus dem Wasser genommen wird. Drei Tage und 3.000 Euro später gehen wir erschrocken und erleichtert wieder zurück ins Wasser. Das gerade der Motor, der an unserem Boot am wenigsten gebraucht wurde, solche hohen

Kosten verursacht, macht uns sauer. Doch irgendwie ist man machtlos und letztlich müssen wir den Preis zahlen. Denn noch liegen 6.000 Seemeilen bis zu unserem Heimathafen in Greifswald vor uns und wir brauchen für diese Distanz ein voll funktionsfähiges Boot.

Zurück in Port Louis wienern und putzen wir unser Boot und bereiten uns sowohl auf das Ende der World-ARC-Rally als auch auf unsere Freunde aus Deutschland vor. Kerstin und Herbert besuchen uns noch einmal und gemeinsam starten wir weiter Richtung Tobago Cays. Für uns ist das karibische Flair hier vertraut. Ungewohnt ist nur, dass wir für diese wenigen Seemeilen so viel Zeit haben. Dann passiert es. Hier in der paradiesischen Traumwelt der Buchten der Tobago Cays kreuzen wir exakt 31.718 Seemeilen und 632 Tagen nach unserem Start aus Deutschland unsere Kurslinie. »Jens, wir sind rum!« Ungläubig schaut Herbert uns an: »Was sagst du da?« »Ja, heute und hier sind wir um die Welt gesegelt!« Jetzt können wir das laut sagen. Nach dem Motto »Lobe niemals den Tag vor dem Abend« haben wir unser Vorhaben nie rumerzählt. Schon beim Start im Juli 2014 nuschelten wir auf die Frage, wohin es gehen soll, etwas wie: »Mal sehen, wie weit wir kommen. Können ja jederzeit umdrehen. Wenn es nicht klappt, verkaufen wir unser Boot irgendwo unterwegs«.

Sicherlich gibt es heldenhaftere Abenteurer, aber hier in der kleinen karibischen Inselwelt der Tobago Cays kreuzt sich heute unsere Kurslinie. Mit unseren Jungs waren wir Weihnachten 2014 an derselben Stelle, wo wir jetzt mit unseren Freunden eine freie Muringboje suchen. Es ist vollbracht, wir sind rum. Jetzt gehören wir zu den Weltumseglern. Doch unsere Empfindung bei diesem Satz hat sich radikal geändert. Fast ist es uns lästig, beinahe peinlich, als Herbert meint: »Diesen Moment müssen wir festhalten! Holt euren Badeballglobus raus, damit möchte ich euch fotografieren!« Was will er nur, was haben wir schon Besonderes gemacht!? So entsteht dieses eine Foto, das diesen Moment festhält. Über 35.000 Augenblicke hat Jens als Fotos verewigt, doch dieser Moment ist uns letztlich nicht mehr so wichtig, als dass wir ihn selbst festhalten wollen. Ich schaue Jens an und weiß, dass es ihm genauso geht. Was will Herbert nur, so ein Zirkus.

Was hat sich gegenüber unserem Start vor eineinhalb Jahren geändert? Mit unserem Projekt einer Weltumseglung tauchten wir ab in eine Art Märchenwelt. Denn wir Weltumsegler durchqueren die Weltmeere und besuchen ferne Länder in einer Art Glocke. Immer konzentriert auf die Probleme der Miniwelt, die wir um uns errichtet haben, und deren Lösung. Ab und zu wird diese Miniwelt dann mehr als bedrohlich. Allerdings war das bei uns glücklicherweise nur selten der Fall. Auch nach mehr als 30.000 Seemeilen können wir die Gewalten der Natur nur erahnen. Unser Respekt gegenüber den Meeren ist jedoch erheblich gestiegen.

Wir haben fast zu viel Länder besucht, um uns die Eindrücke alle merken zu können. Dass ich die erlebte Widersprüchlichkeit immer richtig beschreiben konnte, glaube ich nicht. Wir wissen, dass wir mit unserer GARLIX die Länder anders erlebten als Urlauber in großen Hotelkomplexen. Ein wenig ehrlicher. Und doch kennen wir nicht das tatsächliche Leben dort, nicht den Alltag. Dafür waren auch wir zu weit entfernt. Wir konnten staunen und so manches Mal entsetzt sein über das primitive und arme Leben auf einigen Inseln. Häufig haben wir uns gerade dort dann aber mehr als wohl gefühlt. Wir haben uns empfangen gefühlt. Doch konnten wir immer wieder weg. Unsere GARLIX lag vor Anker und bot uns häufig mehr Komfort, als wir beim Besuch der Inseln erlebten. Im Zweifelsfall konnten wir verwöhnten deutschen Segler, die vorher zwar politisch halbwegs interessiert, aber vom globalen Denken weit entfernt waren, tatsächlich jederzeit abreisen.

Unser deutscher Pass erlaubt uns das einfache Reisen und das problemlose Überqueren fast aller Grenzen dieser Erde. Das ist eine Selbstverständlichkeit und ein Genuss, was uns erst unterwegs bewusst geworden ist. Unser Heimatland war überall bekannt. Schweinsteiger und Merkel, genau in dieser Reihenfolge und auf jeder noch so kleinen Insel. Ein klein wenig hat uns das stolz gemacht. Unterwegs ist unser Interesse an diese Welt erwacht, gleichzeitig aber auch die gefühlte Ohnmacht, nichts wirklich bewirken zu können, wenn wir eine für uns himmelschreiende Ungerechtigkeit erlebt haben. Es ist einfach etwas völlig anderes, ob man Dinge selbst erlebt oder sie nur aus dem Fernsehen kennt. Was haben wir für ein verdammtes Glück, in einem geografisch, politisch, religiösen, sozialen und geologisch eher ruhigen Gebiet geboren worden zu sein. Wir kommen wieder als die gleichen Menschen. Aber wir sind nachdenklicher geworden, kritischer, interessierter und vielleicht auch weniger arrogant. Diese Worte klingen fast theatralisch. Doch das ist der Grund dafür, dass uns dieser Moment, jetzt zu den Weltumseglern zu gehören, nicht mehr wichtig ist.

So verbringen wir in den windigen Buchten der Tobago Cays und bei dem beinahe professionell wirkenden Service der Boatboys echte Urlaubstage. Unsere Freunde haben sich ihren Urlaub hier verdient. Für uns sind es eher wehmütige Tage. Wir besuchen die Plätze von vor anderthalb Jahren, segeln weiter nach Bequia und zur Marigot Bay bei St. Lucia. Von hier starten wir in einer Bootsparade gemeinsam mit den anderen Booten der World ARC zur Rodney Bay. Dort holen wir dann unsere EC-Dollar für unseren ersten Rumpunsch aus unserem Logbuch heraus. Genau für diesen Anlass haben wir sie dort vor 15 Monaten eingeheftet. Jedes einzelne Boot wird von der World-ARC-Rallyleitung begrüßt und zur erfolgreichen Weltumseglung beglückwünscht. Bei allem Trubel ist es für Jens und mich ein privater Glücksmoment. Wir sind zurück in der Rodney Bay.

Für die abschließende Festveranstaltung schmeißen wir uns in ungewohnte Schale. Extra für diesen Tag haben wir uns in Südafrika echte Weltumseglerfestkleidung gekauft. Ein lindgrünes Kleid und eine Krawatte, auf denen die Welt abgebildet ist. Passender geht es für diesen Anlass nicht. Wir fühlen uns gut und gleichzeitig fremd und ungewohnt. Ich quetsche meine Füße in Absatzschuhe, die ihren Zweck nur bis zur nächsten Bushaltestelle erfüllen dürfen. Wie unbequem das ist! Unsere Freunde begleiten uns zu diesem für uns bedeutungsvollen

Abend. Und auch wenn sie von der englischen Festansprache nicht alles verstehen, gibt es uns ein gutes Gefühl, dass sie hier bei uns sind.

Von Anfang an hat uns Victor von der World ARC begleitet. In jedem Hafen und in jedem Land hat er uns in Empfang genommen, das Einklarieren organisiert und die vielen anstehenden Probleme mit und für uns gelöst. Heute steht er vorn am Pult und beschreibt die letzten Monate, redet über die Crews und über die vielen Höhen und die paar Tiefen, die wir erlebt haben. Es ist eine feste letzte Umarmung, als wir unsere Weltumseglerplakette erhalten. Für uns geht ein Abenteuer zu Ende, von dem die meisten Segler ihr Leben lang nur träumen. Wir verabschieden uns von unseren Segelfreunden, von unserer World-ARC-Familie. Viel zu schnell ging die Zeit vorüber, die zwischenzeitlich – angesichts der langen Strecken auf dem Pazifik und dem Indischen Ozean – fast wie ewig wirkte. Aber jetzt löst sich die World-ARC-Flotte auf. Gleich am nächsten Tag erschallt lautes Hupen, lautes Rufen und das Versprechen, dass wir uns in einem Jahr in Island wiedersehen werden.

DES MONSTERS LETZTER AUFTRITT

St. Lucia - Frankreich/Martinique - Dominica - Frankreich/Guade loupe - Antigua und Barbuda/Antigua - Niederlande/Sint Maarten - Großbritannien/Britische Jungferninseln (Tortola) - /Bermuda (Saint George's Island)
13.4.-16.5.2016, Gesamtdistanz: 33.095 Seemeilen

Für uns beginnt nach der ARCplus 2015, der World ARC 2015/2016 heute der dritte Teil unseres Abenteuers. Am 7. Mai wollen wir mit der ARC Europe von Tortola, einer Insel der Britischen Jungferninseln, über die Bermudas zu den Azoren segeln. Unser Abenteuer ist also noch nicht vorbei. Im Gegenteil. Unsere Freunde fliegen nach Hause und wir starten Richtung Martinique. Allein wollen wir nicht in der Rodney Bay liegen bleiben. Da hilft nur der Blick nach vorn, also weiter Richtung Norden. Vier Wochen haben wir Zeit, um diesen nördlichen Teil der Karibik zu erkunden. Wir springen von wohlhabenden zu armen Ländern, vom Miniland zur EU. Letztere finden wir nur 23 Seemeilen von St. Lucia entfernt Richtung Norden auf Martinique.

Eine liebe Segelfreundin schwärmt seit Monaten von Martinique: »Wenn wir bloß erst auf Martinique wären.« Mit dieser Vorfreude hat sie uns angesteckt. So buchen wir einen Platz in der Marina Du Marin in der Bucht St. Anne und finden uns in einer modernen, heißen Marina zusammen mit 500 anderen Booten wider. »Schatz, was ist jetzt hier so toll?« Eine richtige Antwort kann mir Jens auch nicht geben. Zweifelsohne ist es eine paradiesische Insel, aber was unterscheidet sie von den bisher erlebten? Es ist wohl dieses Stück Europa, das hier unverkennbar ist. Die Straßen sind modern, alles wirkt irgendwie bekannt. Endlich gewohnt ist auch der Anblick im nahen

Supermarkt. Ganz still stehe ich dort und betrachte die eigentlich ganz normalen Lebensmittel. Alles wieder bekannt. Wir haben überall genügend Lebensmittel einkaufen können. Nirgends gab es einen sichtlichen Mangel, solange man das Geld hatte, die Dinge zu bezahlen. Und doch ist es hier anders. Es ist wohl eher das lieb Gewonnene, das für uns Normale, eben das Gewohnte, was den Reiz der Auslagen hier im Supermarkt ausmacht. Unvernünftig viele Dinge wandern in meinen Korb und an der Kasse erlebe ich gleich die nächste Freude: Ich zahle einen vernünftigen Preis. Glücklich laufe ich mit meinem Hamstereinkauf zum Boot zurück und fange an, unsere Segelfreundin zu verstehen.

Martinique bietet mehr als diesen Supermarkt und dank des gemieteten Autos lernen wir ein erhebliches Stück davon kennen, bevor wir einige Tage später in der Bucht von Saint-Pierre unseren Anker fallen lassen. Diese ehemalige Hauptstadt von Martinique wurde 1902 bei einem Vulkanausbruch vollständig zerstört. Von den 28.000 Einwohnern überlebten damals nur drei Menschen diese Naturkatastrophe. Erfrischend unbürokratisch verlassen wir die EU, um 53 Seemeilen weiter unsere Leine in der Prince Rupert Bay von Dominica anbinden zu lassen. Hierfür werden wir schon fünf Seemeilen vorher von den Boatboys abgefangen, die sich ihre Kundschaft sichern wollen. Sie haben sich untereinander organisiert, sodass jeweils nur ein junger Mann für ein Boot zuständig ist. Bei Bedarf bringt dieser einem zum Einklarieren, zum Restaurant oder organisiert Ausflüge. Nach den zahlreichen besuchten Inseln der vergangenen Monate gehört diese überaus grüne zu den ganz besonderen. Hier wurde unter anderem der Film *Fluch der Karibik 2* gedreht. Die Hütten der damaligen Filmkulissen sind noch immer in den dichten Wäldern zu finden.

40 Seemeilen weiter klarieren wir erneut in der EU ein. Wir sind in Guadeloupe mit etwas mehr als 400.000 Einwohnern. Hier staunen wir in der nördlichen Bay Deshaies über die vielen Rennyachten, die sich um uns versammeln. Das kann doch kein Zufall sein! Das Rätsel löst sich am nächsten Tag, als die Boote zur jährlichen Antigua Sailing

Week starten. Fast hätte es mich enttäuscht, wenn Jens nicht versuchen würde, mit ihnen mitzuhalten. Heimlich freuen wir uns über unseren scheinbaren Zieleinlauf kurz vor English Harbour auf Antigua.

Unser erster Weg führt uns erneut zum Einklarieren. Jede der Insel hat eine eigene, ernst zu nehmende Bürokratie. Gut ist, dass wir hier außer auf den französischen Inseln überall mit karibischen Dollar zahlen können. Doch das gepriesene einheitliche Einreiseprogramm funktioniert nicht, wie es sollte. Wir haben nur hier auf Antigua erlebt, dass es genutzt wird. Dafür aber ausschließlich. Das hat zur Folge, dass ein älterer deutscher Segler, dem man schon beim Betreten des Büros ansieht, was er von dem ganzen neumodischen Schnickschnack hält, leider nicht einklarieren kann. Denn dazu benötigt man zwingend eine eigene Mailadresse. Ohne diese und die dort eingehende Bestätigungsmail ist ein Einklarieren unmöglich. Da er keine hat, kehrt er unverrichteter Dinge auf sein Boot zurück. Am nächsten Tag sehen wir, wie er den Hafen verlässt.

Je nördlicher wir kommen, umso skeptischer werden wir bezüglich des inflationär verwendeten Satzes »Welcome back to the paradise«. Unsere ursprüngliche Begeisterung für die Karibik möchte sich bei diesem zweiten Besuch irgendwie nicht einstellen. Vielleicht liegt es daran, dass wir hier zum Ende der Segelsaison sind und die Menschen einfach die Nase von den vielen Touristen voll haben. Jedenfalls wirkt die Freundlichkeit in den Marinas und Restaurants gezwungen.

Angesichts der vielen großen Kreuzfahrtschiffe kann man es den Menschen vielleicht nicht verdenken. Gerade besuchen wir die Insel Sint Maarten, wo täglich in der Groot Bay bis zu drei dieser Urlauberburgen anlegen. Am Strand kann man sich von den eng aneinander gereihten Liegestühlen einen mit kostenlosem Internetanschluss mieten. Wenige Kilometer weiter befindet sich der vielfach fotografierte Strand, der an einer dicht befahrenen Straße liegt und über dem in wenigen Meter Höhe die Flugzeuge zum Start und zur Landung ansetzen. An der nahen Bar ist der Flugplan ausgehängt, um das Spektakel erleben zu können. Wir sind nicht sicher, ob dieses Übermaß an Zivilisation, der überorganisierte Massentourismus oder unsere erlebte Zeit auf der anderen Seite der Erde uns abschreckt. Hinzu kommt, dass im Vergleich zum Pazifik und zum Indischen Ozean die Hafengebühren völlig überhöht sind. Ab und zu benötigt man Strom und Wasser, sodass wir zwei Nächte in der Simpson Bay Marina Unterschlupf suchen. Für unsere 44 Fuß lange Yacht bezahlen wir dabei 21 US-Dollar für die Brückenöffnung, 40 US-Dollar für das Befahren der Bucht, 76 US-Dollar Liegegebühr pro Nacht, fünf US-Dollar je Müllbeutel pro Tag und 24 US-Dollar für 450 Liter Wasser. Für unseren Geschmack und unseren Geldbeutel ist das eindeutig zu viel.

Mit der Kaffeetasse in der Hand segeln wir in den Sonnenaufgang Richtung Britische Jungferninseln und werden langsam und friedlich wach. Zweifelsohne gehört die Karibik als Segelgebiet mit den nahe beieinanderliegenden Inseln zu den besten, die es gibt. Wenn wir aber die Wahl hätten, dann würden wir uns eher zu der Herzlichkeit der pazifischen Inseln zurückwünschen. Nach einigen Ankertagen in der Inselwelt der Britische Jungferninseln segeln wir zum vereinbarten Treffpunkt der ARC Europe auf Tortola. Herzlich lächeln wir die Dame im Hafenbüro an, die uns ohne weitere Begrüßung fragt: »Visa or Master?« Es ist Ende der Segelsaison und bestimmt hat sie nur einen schlechten Tag erwischt.

Wir fühlen uns ein wenig verloren zwischen den vielen Booten der ARC Europe. Von hier werden wir in zwei Tagen mit weiteren 41 Schiffen Richtung Bermudas starten. Nach der kuschelig kleinen World-ARC-Gruppe ist uns das im Moment eindeutig zu viel Trubel. Mit uns segeln fünf weitere Boote aus unserer World-ARC-Flotte mit der ARC Europe. Alle haben wir das Ziel Europa. Drei von uns werden allerdings von den Bermudas aus über die USA, Kanada und Grönland nach Island bzw. nach Schottland und Schweden segeln. Wir hingegen haben uns gegen diesen reizvollen, aber kalten Weg entschieden und werden über die Azoren segeln.

Bei bestem Karibikwetter sind wir nach einigen Tagen froh, dass es weitergeht. Die Yachten sind in Abhängigkeit der Geschwindigkeit in

20

21

22

20 Begrüßung in Vanuatu morgens um 6:00 – »Habt Ihr Batterien?«

21 Der erschreckend aktive Vulkan … von Vanuatu.

22 Steinmalerei der Aborigines in Australien.

23

24

23 Richtung Lombok – kein Wind und absolute Hitze.

24 Ein typischer Markt in Lombok … und alle Waren liegen auf der Erde.

25 Cocos Island – der nächste paradiesische Fleck im Indischen Ozean.

26 Pures Glück in Mauritius – mit unseren Freunden am Strand.

27 Aus unserer GARLIX wurde die GARNIX – mit der selbstgebauten Selbststeueranlage nach dem Blitzeinschlag.

25

26

27

28

29

30

28 Richtung Kap der Guten Hoffnung mit unserem kaputten Boot.

29 Schnorcheln mit Walhaien – ein bleibendes Erlebnis.

30 Akrobatik im Boot – jeder Schritt will wohl überlegt sein.

31 Karneval in Salvador – fernab vom offiziellen Trubel mit den Bewohnern der Stadt.

32 Beeindruckende Iguazu-Wasserfälle in Brasilien. Leider mit zuviel Touristen.

31

32

33

33 Die berühmte Treppe Escadaria Selarón von Rio de Janeiro.

34 Dieses eine Foto ist uns nicht mehr wichtig … »Jetzt gehören wir zu den Weltumseglern«.

34

35

36

35 Dominica – die Kulisse für »Fluch der Karibik 2« – ein Skelett hängt noch.

36 Unsere GARLIX auf dem Rückweg – verschwunden im Wellental.

37

37 Unsere stolze GARLIX … jederzeit wieder würden wir mit diesem Boot um die Welt segeln.

38 Bei der Übergabe der Weltumsegler-plakette der World ARC.

38

drei Gruppen eingeteilt. An der Startlinie wird es eng, das Regattafieber erwacht. Dann passiert es – unser zuverlässiger Begleiter verlässt uns! Der letzte Auftritt des Monsters ist bravourös, wie fast alles in seinem vierjährigen Leben. In einem Eins-a-Manöver entfaltet es in wenigen Sekunden seine grauen, geflickten 160 Quadratmeter. Fast hören wir es laut rufen: »Ha, jetzt gehts ab, ich hol euch alle ein!« Doch ist das eher ein jung gebliebener Traum aus alten Tagen. Er hatte Auftritte genug, unser Gennaker. Allein sein Spitzname Monster verrät Freud und Leid, Ärger und Freude, Streit und Witz. Er hat unser Bootsleben ein wenig bunter gemacht. Niemals kam er ungefragt nach oben. Immer ging der mehr oder weniger gleiche Dialog zwischen Jens und mir voraus. Gar keine Einigkeit gab es bei seinen diskutierten Windgrenzen. Die von Jens liegen bei 20 Knoten Wind, meine bei 16 Knoten. Mehrfach hat er mit dem Vorstag gekuschelt und dabei seine 160 Quadratmeter gern komplett herumgewickelt. Gut war dann, wenn wir genug Wasserfläche um uns hatten, um ihn wieder zu entknäulen. Mittlerweile ist er auch überaus dekorativ. Ein echtes Andenken unserer Reise. Liebevoll geflickte lädierte Stellen. Fein säuberlich haben wir die Flicken beschriftet und uns damit schon auf dem Greifswalder Bodden segeln sehen. »Start von Galapagos«, »Nuku Hiva«, »Tahiti Pearl Regatta«. Es gab auch Zeiten, da hat er uns stundenlang unter Autopilot sanft dahingesegelt. Das waren Stunden, die wir sehr genießen konnten. Meistens verlangte er jedoch unsere volle Aufmerksamkeit. So wurde er zum vollständigen Crewmitglied und hat uns mehr als nur um die Welt begleitet. Tja, und dann das.

Natürlich beginnt alles wieder mit diesem Dialog zwischen Jens und mir. Jens: »Komm wir setzen den Gennaker.« Ich: »Ich denke, es ist zu viel Wind. Gerade hier zwischen den Inseln kommt er sehr böig. Wäre blöd, wenn wir ihn jetzt kaputtreißen und später bei wenig Wind nicht mehr haben.« Jens denkt nach und meint zehn Minuten später: »Komm wir setzen ihn.« Nun, das Manöver wird perfekt und weitere fünf Minuten später ist er von oben nach unten gerissen. Das war nur noch eine Frage der Zeit und zu erwarten. Doch schade ist es, sehr schade. Reumütig stopfen wir das gerissene Riesensegel in seinen Sack und mein Dekorationshirn beginnt zu arbeiten ... Kissen, Decken ... Es gibt viele Möglichkeiten bei 160 Quadratmetern. Blöd ist, dass das Ganze gleich während der Startphase passiert. Volle 870 Seemeilen bis nach Bermuda und 5.500 Seemeilen bis nach Hause müssen wir nun ohne Gennaker klarkommen.

Nach rund fünf Tagen sehen wir am Horizont flache Inseln. Vor uns liegt Bermuda. Wir suchen die Riffeinfahrt von Saint George's und finden einen Platz direkt in dem kleinen, denkmalgeschützten Ort, der uns mit seinen strahlenden, weißen Dächern freundlich in Empfang nimmt. Beim Anblick der gepflegten, gut erhaltenen historischen Häuser fühlen wir uns sofort wohl. Und noch etwas ist schön. Inzwischen sind wir am 32. Breitengrad und hier herrscht ein für uns erträglicheres Klima. Solch eine ordentliche Jackentemperatur hat Charme gegenüber der klebrigen, ewig feuchten, leicht riechenden und nervenden Wärme am Äquator. Beim Anblick der Lebensmittelpreise sind wir froh, dass unsere GARLIX noch randvoll mit verschiedenen Leckereien ist. Bis zum Ende unseres Abenteuers in zwei Monaten werden wir uns sogar anstrengen müssen, uns bis zum Boden der Backskisten durchzuessen. So manche Büchse ist mit uns um die Welt gesegelt und wird wohl zurück nach Deutschland reisen.

Wir vertrödeln und genießen die paar Tage. Die Zeit hier ist viel zu kurz. Und dann müssen wir schon Abschied von den Crews der drei Yachten der World ARC nehmen, die sich auf ihren kalten nördlichen Weg Richtung Europa machen. Wir selbst bereiten uns auf die fast 2.000 Seemeilen zu den Azoren vor. Puh, irgendwie habe ich die Nase voll von den vierstelligen Distanzen. Bei schönstem Sonnenschein starten wir in der Enge des Saint George's Channels mit dem für uns ungewohnten Kurs Richtung Osten.

EIN TIEF ZUM HOCHZEITSTAG

Großbritannien/Bermudas (Saint George's Island) - Portugal/Azoren (Faial - São Miguel) - Irland/Cork - /Dublin - Großbritannien/Belfast - /Troon - /Crinan Canal - Kaledonischer Kanal
17.5.-16.7.2016, Gesamtdistanz: 36.857 Seemeilen

Nach 22 Monaten segeln wir bei bestem Wetter Richtung Osten. Allerdings ist auch unser Barometer zu neuem Leben erwacht und ein Tiefdruckgebiet im Anmarsch. Seit Südafrika haben wir keinen derartigen Barometersinkflug mehr erlebt. Da kommt ein fettes Unwetter. Unsere Wetterstrategie klingt abenteuerlich. Das Tiefdruckgebiet wollen wir nördlich vorbeiziehen lassen und werden so auf unserer Position nur einen Ausläufer der Urgewalt erleben. Für unseren Geschmack wird das ausreichend sein. Mit den linksdrehenden Winden des Tiefdruckgebietes, für uns ist das dann Wind seitlich von hinten, wollen wir möglichst weit kommen, bevor das nächste Hochdruckgebiet von hinten anrücken wird. Wahrscheinlich werden wir nicht schnell genug sein, sodass uns das Hochdruckgebiet überholen wird und wir in dessen Zentrum bei wenig Wind umherdümpeln werden. Soweit zur Theorie. Nichts davon ist angenehm. Doch immerhin ist der Himmel blau. 1.230 Seemeilen liegen noch vor uns, knapp ein Drittel der Strecke ist geschafft.

Jetzt ist es neun Uhr am 20. Mai. Jens hat mit akrobatischen Bewegungen ein fürstliches Frühstück gezaubert und von der vollen Kaffeetasse abgesehen, die bei einer bockenden Welle in den Kühlschrank gesprungen ist, sind bisher wenig Katastrophen passiert. Es gibt bessere Möglichkeiten, einen zehnten Hochzeitstag zu begehen, als in absoluter Schräglage bei 25 Knoten Wind. Doch auch weitaus schlechtere … Heimlich wünsche ich mir aber solch ein scheinbar langweiliges Essen in einem ruhigen Restaurant.

Apropos Tief. Neben den Wettertiefs gibt es an Bord selbstverständlich auch immer mal wieder Stimmungstiefs. Das ist ganz normal, denn unser Leben hier draußen findet auf gerade mal 13 mal vier Meter statt. Mehr nicht. Im Grunde ist sogar das übertrieben. Vorn und hinten können mehrere Meter für Betten, Bad und Kisten abgezogen werden. Bleiben also nicht mehr als vier mal vier Meter. Wir leben seit zwei Jahren in nicht mehr als 16 Quadratmetern für Küche (Pantry), Wohnzimmer , (Salon), Schreibtisch und Bad (Nasszelle) Die Wände der Bäder sind nur wenige Zentimeter dick, wenn überhaupt. Jeder weiß, was das heißt.

Zu den am häufigsten gestellten Fragen gehört genau diese: »Geht denn das Miteinander auf diesem engen Raum?« Immer wieder gibt es diese bekannten banalen, blöden und simplen Situationen. Hier wie auf jedem anderen Gewässer. Vor dem Hintergrund, dass alle Worte auf dem Boot wegfliegen, da der Wind sie irgendwohin, aber nicht zu einem trägt, ist die Kommunikation auf einem Boot manchmal schwierig. Einer ist vorn, der andere hinten, dazwischen 13 Meter. »Zieh die ...e Leine.« »WAAS??« »Zieh die ...ue Leine!« Ich ziehe die Leine. »Nein, ich sagte, die blaue Leine«. »Habe ich doch gezogen!!« »Nein, die andere blaue Leine!!« Und das alles laut und in keinem netten Ton. Klar weiß man nach mehr als 32.000 Seemeilen meistens, welche blaue Leine gemeint ist, aber eben nicht immer! Unsere Lösung für dieses Problem: Wir haben eine blaue Leine umgetauft. Sie ist jetzt die rote, da sie einen hauchdünnen roten Faden besitzt. Für uns ist es daher die rote und wir streiten nicht mehr.

Schwierig wird die Kommunikation auch, wenn Jens oben im Mast ist und ich unten. Dann wird der ganze Hafen unterhalten, denn der Mast ist nun mal 21 Meter hoch und windstill ist es selten. Die Lösung für dieses Problem sind Bluetooth-Kopfhörer. Mit uns hatten noch vier weitere Paare der World ARC diese Kopfhörer und sie sind wirklich überaus praktisch.

Keinem Segler sind solche Kommunikationsprobleme fremd. Nur ist hier draußen der nächste Hafen nicht in den nächsten Stunden erreichbar. Sich deswegen zu streiten oder anzuschweigen ist dumm. Irgendwie muss man Kompromisse finden. Denn es muss miteinander klappen und beide müssen dieses Leben wollen. Dass das Vorhaben, miteinander um die Welt zu segeln, nicht bei allen Paaren bis zum Ende gut ausgeht, können wir gut nachvollziehen. Wenn es dann aber klappt, ist es eine wunderbare Erfahrung. Die Zeit, die man miteinander mehr hat, wird anders ausgefüllt. Wir haben zum Beispiel unseren Diskussionshorizont stark erweitert. Nicht mehr nur Auftragslage, Mitarbeiterprobleme, Krankenhausfinanzierung und gefüllter Kühlschrank, sondern vieles mehr. Wir sind einfach viel neugieriger auf uns und unsere Umwelt geworden. Wenn außerdem der Freiraum absolut fehlt, bleiben immer noch die Wachen. Denn da wir nur zu zweit sind, hat immer einer Wache und der andere schläft. Für uns reicht diese Freizeit voneinander völlig aus. Das Abenteuer Weltumseglung ist vielschichtiger als nur mit einer Jolle rumzusegeln. Das Abenteuer, genau diese Herausforderungen miteinander zu meistern, ist anspruchsvoll. Wir allerdings würden jederzeit wieder miteinander starten.

Inzwischen ist es so weit, wir erleben den lehrbuchmäßigen Durchzug eines Tiefs. Zugegeben, es gibt für so etwas bessere Zeiten als mitten auf dem Atlantik gegen zwei Uhr nachts. Seit einer Stunde bilden sich hinter uns fette Wolken, die auf dem Radar als eine große Wand zu sehen sind. Der Wind nimmt bis auf 38 Knoten zu. Diese 70 Stundenkilometer von hinten sind schon unangenehm genug, da müsste der Regen wirklich nicht auch noch eimerweise runterkommen. Dann dreht der Wind innerhalb weniger Minuten um 80 Grad von gerade noch Nordwest auf Südwest. Damit ist die Kaltfront des Tiefdruckgebiets durchgezogen und der Himmel wird schlagartig klar. Beeindruckend!

Wir korrigieren unsere Segelstellung, um nicht in die falsche Richtung zu brettern. Denn wir rasen weiterhin in die Nacht hinein. Der

Wind hat abgenommen, doch 30 Knoten sind mehr als ausreichend. Der ganze Zauber hat uns zwei Stunden beschäftigt. Das ist eines der wenigen Male, wo wir nachts zu zweit draußen waren. Jens geht zurück in die Koje und ich schmiere mir ein Knäckebrot, mache mir einen Kakao und hocke jetzt in der Plicht. »Hallo Sterne, schön, dass ihr wieder da seid.« Ich bin froh, dass wir das heil überstanden haben. Unser Respekt gegenüber den Naturgewalten ist im Lauf der Weltumseglung gestiegen. Nicht vorstellen wollen wir uns, wenn Wind, Wellen und Regen mal richtig Krach miteinander haben. Dann sitzen wir doch lieber vorm Kamin. Das heute hier Erlebte war nur der absolute Randausläufer eines Tiefdruckgebietes.

Die nächsten Tage versöhnen uns mit der Natur und der Segelei, denn das erwartete Hochdruckgebiet holt uns ein. Diese Gegend auf dem Nordatlantik ist eine unruhige Gegend. Zuverlässige Passatwinde sind einfach angenehmer. Noch liegen 200 Seemeilen vor uns. Das sind keine zwei Tage. Damit sind wir beruhigt, dass wir vor dem nächsten angekündigten Tiefdruckgebiet in Horta ankommen werden. In Spitzen sind 52 Knoten Wind mit sechs bis sieben Meter hohen Wellen vorhergesagt. Es ist klar, wie wir uns bei diesen Aussichten fühlen. Zwar sind wir sicher, doch sind wir hier draußen nicht allein. Wir machen uns Sorgen um die Yachten, die bis zu 400 Seemeilen hinter uns liegen. Die Situation ist irgendwie bizarr, da wir aktuell bestes Segelwetter haben. Nur das fallende Barometer erinnert uns daran, dass wir uns beeilen sollten. Aber unsere GARLIX rennt mit bis zu acht Knoten Richtung Osten und es ist eine reine Freude, ihr dabei zuzusehen. Viel mehr machen wir nicht. Die Technik funktioniert. Das Leben ist schräg, sodass der beste Platz in Lee mit einem guten Hörbuch im Ohr ist.

Nach knapp elf Tagen sehen wir dann am Horizont die Azoren und sind damit zurück in Europa. Hier wird uns nach zwei Jahren erneut meine Schwester besuchen, die ja auf dem Weg von Las Palmas zu den Kapverden den Satz geprägt hat, dass sie sich fühlt, als wenn sie mit der Jolle über den Atlantik segelte. Die ganze Welt und fast zwei Jahre liegen zwischen diesen Ereignissen Eine lange Zeit. Nur für uns fühlt es sich nicht so an. Eigentlich war das doch gerade gestern.

Der Hafen in Horta ist voll. Bis zu fünf Boote liegen im Päckchen gut verschnürt zusammen. Niemand verlässt in den nächsten Tagen den Hafen und beinahe jeder Segler geht ins Peter Café Sport, der kultigen Kneipe am Hafen. Jetzt liegen wir an der Kaimauer und betrachten die fantasievoll gemalten Bilder der Schiffe, die sich hier verewigt haben. Hinter jedem Segler, der diese Inselgruppe erreicht hat, liegt eine anspruchsvolle Strecke, sodass diese traditionellen Malereien gerechtfertigt sind. Plötzlich schaut mich Jens erstaunt an: »Schatz, hast du zugenommen?« Was für eine unerhörte Frage! »Nein, ich habe nur drei Jacken an!« 18 °C Lufttemperatur sind gute 15 °C weniger als noch vor drei Wochen.

Gemeinsam mit meiner Schwester fahren wir mit der Fähre zur gegenüberliegenden Insel Pico. Bei Dauerregen und Nebel können wir den Kegel des Vulkans Ponta de Pica leider nicht sehen. Wir versuchen, in den kurzen Pausen zwischen den Tiefausläufern die landschaftlich schönen Stellen zu besuchen. Eindeutig sind die Azoren ein lohnenswertes Ziel. Nur wir sind inzwischen etwas landschaftsmüde geworden. Wir müssen uns nicht mehr jeden botanischen Garten und jeden Berg ansehen. Für uns ist das schlechte Wetter nicht weiter schlimm, nur für meine Schwester ist es absolut kein Urlaubswetter. Nach wenigen Tagen nutzen wir ein Windloch, um zu dritt 150 Seemeilen zur Marina Ponta Delgada auf São Miguel zu segeln. Hier heißt es endgültig Abschied zu nehmen von den verbliebenden World-ARC-Booten und der ARC Europe. Die Teilnehmer der ARC Europe werden weiter Richtung Lagos in Portugal segeln.

Für uns wäre es vernünftiger, auf ein stabiles Hochdruckgebiet zu warten. Denn wir wissen, dass Eile kein guter Ratgeber ist. Doch in zwölf Tagen werden wir in Irland Besuch bekommen und bis dahin sind es rund 1.300 Seemeilen. Nach knapp zehn Tagen auf den Azoren verabschieden wir uns daher von meiner Schwester und starten zu unserer letzten vierstelligen Etappe. Wieder haben wir uns eine Wetterstrategie ausgedacht. Mittlerweile finden wir dieses unzuverlässige Wetter ausgesprochen lästig. Bei Kurs Richtung Nordpol segeln wir weit nördlich, um in wenigen Tagen vor dem kommenden Starkwind ablaufen zu können. Wir checken das Rigg der GARLIX und bereiten sowohl unser Boot als auch uns auf die nächsten unangenehmen Tage vor. Dieses Warten auf die Ungewissheit ist zermürbend, sodass wir nach drei Tagen beinahe froh sind, als es losgeht. Noch gut 900 Seemeilen liegen vor uns. Der Wind nimmt stündlich zu und hier draußen ist nichts mehr schön. Irgendwann sehe ich aus dem Fenster im Rumpf und erschrecke: »Jens!! Das Monster ist über Bord gegangen!« Tatsächlich hat sich der Gennaker, der seit seinem Reißen auf dem Vorschiff im Segelsack liegt, aus diesem befreit und hängt nun als lange Segelschlange am Rumpf. Der Wind ist zu stark und unsere Geschwindigkeit zu schnell. Wir schaffen es nicht, ihn ins Boot zu ziehen. »Geben wir ihm sein Seemannsgrab. Er wollte nicht zu Tischdecken und Kissen verarbeitet werden!« So verschwindet das Monster in den Tiefen des Nordatlantiks. »Danke für deine Dienste und geh bitte schnell unter, damit kein anderes Boot mit deinen 160 Quadratmetern Probleme bekommt.«

Uns bleibt nicht viel Zeit, um traurig zu sein. Wir haben 30 Knoten Wind von vorn. Während der gesamten zwei Jahre wurde unsere GARLIX nicht derartig von Salzwasser umspült. Hier klebt alles. So rasen wir durch die unfreundliche Welt. Es ist Segeln zum Abgewöhnen. Fünf Tage später sieht die Welt dann aber wieder anders aus. Der Wind hat gedreht und wie im wahren Leben ist Wind von hinten einfach angenehmer als von vorn. Die GARLIX und wir sind frisch geduscht und jetzt freuen wir uns wie die Kinder auf das vor uns liegende Cork.

Noch 100, noch 50, noch 25 Seemeilen. »Jens, ich kann es sehen.« Weit hinein fahren wir die 15 Seemeilen bis zum Cityhafen von Cork. Hier wollen wir uns für einige Tage verkriechen, Wind hatten wir genug. Als einziges Boot legen wir uns an den kleinen Steg und genießen die Friedlichkeit, die uns hier empfängt. Endlich ist Ruhe. »Lass uns den Champagner der SEASIDE aus der Kühlung holen! Heute haben wir das verdient.« Fast euphorisch öffnen wir die Flasche, die wir von Ulrike und Torsten beim Abschied auf den Azoren bekommen haben. Heute ist ein Moment, der ewig in unserer Erinnerung bleiben wird. Wir sind einfach nur stolz. Es gehört wohl zu den netten menschlichen Eigenschaften, dass unangenehme Erlebnisse sofort der Vergangenheit angehören und das Geschehen gleich in »Musst du unbedingt mal machen« umgedeutet wird. Doch noch sind wir realistisch. Auf eine stabile Wetterlage mit einem anständigen Azorenhoch zu warten, wäre vernünftiger, sicherer und auf jeden Fall angenehmer gewesen. So stoßen wir auf den erfolgreichen Abschluss der letzten langen Strecke unseres Abenteuers an. Weniger als 1.000 Seemeilen liegen jetzt noch vor uns. Ja, auch wehmütig sind wir. Unser Abenteuer nähert sich dem Ende. Wir sind auf der Zielgeraden. So leert sich die Flasche.

Kaum 30 Minuten später klopft es am Boot. »Jens, Dagmar, herzlich willkommen in Irland! Kommt, ich zeige euch das Leben in unseren Pubs.« Vor uns steht David, der Vater der Skipperin der MAKENA. Passender kann diese Einladung nicht sein. Auf ins Leben! Schon oft habe ich bedauert, dass für ein Buch nur Worte zur Verfügung stehen. Diese Pubs muss man einfach mit allen Sinnen erleben. Man muss sie tasten, riechen, hören und fühlen. »Tasten« – die ewig leicht klebrigen alten dunklen Wände, Böden und Tresen, die ganz sicher Romane füllen können von den vielen Geschichten und »Sprüchklopfern«, die hier schon gesessen haben. Leid, doch meisten Freud sitzen hier eng vereint.

»Riechen« – die niemals frische Luft. Sie ist nicht wirklich verbraucht, doch gut gebraucht kommt sie uns vor.

»Hören« – hier geht uns das Herz auf. Wie zwanglos treffen sich die Musiker und nehmen uns mit in ihren Probenraum. In meiner Erinnerung war irische Musik eher traurig. Hier ist sie lebensfroh und motivierend.

Wir hocken hier im Pub und überlegen, ob dieser tief empfundene Hochgenuss nur unserer Erleichterung der erfolgreichen Überfahrt geschuldet ist.

Die Stadt hat kaum 130.000 Einwohner und rund 160 Pubs. Nach dem dritten Pub versuche ich, etwas zu essen zu bekommen. Ich werde nur irritiert angesehen: »Der Essengeruch würde die Atmosphäre stören.« Recht haben sie, die Iren. Irgendwann fallen wir völlig geschafft in die Koje. Wir werden in den nächsten Tagen regelrecht süchtig nach der Atmosphäre in den Pubs. Beim Fußballspiel Nordirland gegen Deutschland erleben wir eine symbolische irische Wiedervereinigung. Die Fanlager sind klar geteilt und wir trösten die Pubgemeinschaft mit unserem letzten Rostocker Kümmel, als die Nordiren verlieren.

Über Nacht segeln wir einige Tage später weiter Richtung Dublin und Belfast. Ab jetzt werden wir von Jens' Sohn Hannes und von Max begleitet. Beide bringen ihre Freundinnen mit, sodass sich die GARLIX in ein Jugendboot verwandelt. Gemeinsam erkunden wir die irische Nord- und Westküste und besuchen gefühlt jede Whiskydestillerie, die sich unterwegs finden lässt. Danach segeln wir die 70 Seemeilen über die Irische See nach Troon in Schottland, von wo Hannes mit seiner Freundin zurück nach Deutschland fliegt. Zu viert fahren wir weiter durch den historischen Crinan Canal und verbringen dann eine Woche im Kaledonischen Kanal und fahren auf diesem langsam bis Inverness. Den stetigen Dauerregen tricksen wir aus, indem wir uns ein Auto mieten und alle Burgen, Destillerien und Tweedmanufakturen ansehen, die irgendwie erreichbar sind. Mit Heizung im Boot und warmer Dusche ist das Wetter auszuhalten. Bedauern tun wir nur die Urlauber, die mit Rad und Zelt durch die Gegend fahren. Nach einer Woche verlassen uns Max und Lucie und wir starten zu unseren letzten Seemeilen bis nach Hause.

WIR HABEN UNS UM DIE WELT GESCHWÄRMT

Großbritannien/Inverness - Dänemark/Grenaa - Schweden/Helsingborg - Dänemark/Klintholm- Deutschland/Kühlungsborn - /Warnemünde - /Barhöft - /Stralsund - /Gagern - /Seedorf - /Thiessow - /Greifswald

17.7.-3.8.2016, Gesamtdistanz: 37.741 Seemeilen

Zu unserer letzten Langfahrt werden wir morgens um acht Uhr von der Schleusenwärterin in Inverness mit frisch gebackenen Muffins begrüßt. Angesichts des miesen, kalten Nieselregens lässt diese Geste unseren Tag gleich heller erscheinen. Es dauert nicht lange, dann ist das Land im ewigen grauen Einerlei verschwunden. Vor uns liegen die letzten zwei Nächte und wir schleichen über die Nordsee. Für dieses friedliche Ende unseres Abenteuers sind wir Neptun dankbar.

Jetzt sitzen wir in unserem Cockpit mit duftendem Kaffee und frischen Muffins und sind im leichten Nebel der Nordsee eingehüllt. Beide denken wir das Gleiche. Wir sind zurück und sind uns nicht ganz sicher, ob wir uns darüber freuen können. »Was meinst du, was antworten wir auf die Frage, wo es für uns am schönsten war?«, fragt mich Jens. Diese Frage ist zu erwarten. Doch wie ist unsere Antwort? Insgesamt haben wir in 35 Ländern 119 Orte und Ankerbuchten besucht. Allein die Kategorisierung in »schön«, »schöner«, »am schönsten« ist ungerecht gegenüber den nicht genannten Orten. Schon unterwegs waren wir uns darüber einig, dass es mehrere schönste Orte und Abenteuer gibt. Bei unserer jetzigen Diskussion erstellen wir eine Highlight-Liste. Weit oben auf dieser Liste stehen die Marquesas-

Inseln, die Atolle des Tuamotu-Archipels und die Gesellschaftsinseln. Es geht nicht besser, nicht blauer, nicht klarer, nicht skurriler. Diese Gegend erfüllt jede Erwartung von Südseevorstellung. Wir haben dort unvergessene Augenblicke erleben dürfen. Doch dieses Erleben steht auch im engen Zusammenhang damit, nach knapp drei Wochen auf dem Pazifik heil und gesund angekommen zu sein. Ganz oben auf der Liste sind auch Fidschi, Tonga und Suwarrow. Nicht zu vergessen die Kokosinseln im Indischen Ozean. Endlos erscheint die Liste und alles hat seine Berechtigung, genannt zu werden. Viele Orte würden wir mit der heutigen Erfahrung gern noch einmal besuchen. Unser Wohlfühlpegel ist immer weit ausgeschlagen, wenn wir uns in den jeweiligen Orten empfangen gefühlt haben. Keine Palme unter blauem Himmel kann fehlende Gastfreundschaft und Freundlichkeit überdecken. Diese durften wir besonders auf den Inseln im Pazifik und im Indischen Ozean erleben und waren häufig mehr als positiv überrascht.

Unterwegs ist uns aber auch bewusst geworden, dass wir nicht die Weltenbummler und Globetrotter sind, als dass wir sofort wieder loswollen. Fast ist es so, als ob unser Heimatgefühl unterwegs erwacht ist. Ja, unterwegs sind wir zu Europäern geworden. Genauso gern, wie wir an die Südsee denken, reden wir über Galicien, über die Lebensfreude in den irischen Pubs oder über die raue Landschaft in Schottland. Die Frage nach dem Ort, an dem es am schönsten ist, ist eng damit verbunden, mit wem wir dieses Abenteuer gewagt haben. Für uns war es ungemein wertvoll, einen Großteil unserer Reise gemeinsam mit der kleinen Truppe der World ARC erleben zu dürfen. Mit den zumeist 14 anderen Boote, die größtenteils nur mit einzelnen Paaren besetzt waren, bildeten wir eine enge und bunte Gemeinschaft. Wir gaben uns gegenseitig viel mehr als nur Sicherheit. Die Crews der 15 Yachten kamen aus elf Nationen. Mehr Globalisierung ist kaum möglich. Vor unserem Start hatten wir nur wenig Erfahrung mit Langstreckensegeln und den Besonderheiten fremder Länder. Für uns war die Entscheidung, diese Reise gemeinsam mit der World ARC zu unternehmen, zum damaligen Zeitpunkt richtig und wichtig. Doch auch unabhängig von den Crews der World ARC ist es spannend, was man unterwegs für coole Menschen trifft. Alles Menschen, die einfach so gestartet sind und es nicht auf später verschoben haben. Häufig schien deren wirtschaftliche Ausgangsbasis alles andere als sicher.

Überrascht sind wir, dass wir, die über weite Teile der Reise große Probleme mit der englischen Sprache hatten, genau diese vermissen werden. Es ist nicht allein die Sprache, sondern sind auch die freundlichen Gewohnheiten. Es ist einfach netter, ein Gespräch mit »How are you?« zu beginnen, als gleich mit der Tür ins Haus zu fallen. Sie ist uns lieb geworden, diese Art der Kommunikation.

In unserer Aufzählung, wo und mit wem es am schönsten war, darf unsere Zeit auf dem Wasser nicht vergessen werden. Wie wichtig uns diese Zeit auf den Weiten der Ozeane war und ist! 40 Prozent der gesamten Zeit haben wir auf dem Wasser verbracht. Tag und Nacht waren wir mit Neptun vereint. Häufig haben wir uns nach den abwechslungsreichen Landaufenthalten nach der Ruhe und Ausgeglichenheit auf dem Wasser zurückgesehnt. Ganz wichtig dabei sind die Nächte. Diese haben eine Ehrlichkeit an sich, die besticht. Wenn man sich vor den Nächten scheut, dann darf man nicht starten. Insgesamt sind wir knapp 200 Nächte gesegelt. Die meisten davon möchte ich nicht missen. Fakt ist, wir haben keine Antwort auf die Frage, wo oder was am schönsten war. Größtenteils haben wir uns um die Welt geschwärmt. Vielleicht ist unser eigener Superlativ, dass wir überhaupt gestartet sind. Dass wir es zu zweit gewagt haben, in die Welt reinzuschnuppern. Ja, dieses Gesamtpaket ist unser eigener Superlativ.

Inzwischen sind die Sonne und der blaue Himmel zurück. Es fühlt sich gut an, nach der langen grauen Zeit in Schottland. Wir schleichen an den Bohrtürmen vorbei und segeln durch die Enge von Norwegen und Skagen. Eine letzte Nacht hängen wir noch dran. Wir passieren Læsø und genießen die Tatsache, dass es hier nicht richtig dunkel wird. Dann erleben wir eine besondere Überraschung. Im Morgengrauen werden wir von einer anderen Yacht angefunkt. Angestrengt überlegen wir, ob wir den Skipper kennen, der uns persönlich anfunkt.

Wir kennen ihn nicht. Er hat uns zufällig auf seinem Plotter gesehen und begrüßt uns im heimatlichen Revier. Er hat unsere Reise auf unserem Blog verfolgt und bedankt sich nun für die dortigen authentischen Einträge. Ich sitze mit dem Funkgerät in der Hand da und freue mich ungemein über diese Begrüßung. So ist es schön, nach Hause zu kommen.

Im dänischen Grenaa treffen wir uns mit Corinna und Peter, die uns zu Beginn unserer Reise in Spanien besucht haben. Nach diesem intensiven Wiedersehen geht es weiter über Helsingborg nach Klintholm. Zufällig legen wir als dritte X-Yacht im Päckchen neben zwei baugleichen XP 44 an. Skeptisch werden wir von unserem Nachbarn beäugt. Er betrachtet unsere Wasserlinie, die gut fünf Zentimeter unter seiner liegt. Dann geht sein Blick zu unserem ARC-Aufkleber an unserer Kajüte und es folgt die misstrauische Frage: »Mit diesem Boot seid ihr über den Atlantik gesegelt?« »Nicht nur über den Atlantik, um die ganze Welt!« Dieser Dialog macht uns heimlich stolz. Ja, um die ganze Welt! Und die fünf Zentimeter tiefere Wasserlinie ist den Mitbringseln geschuldet, die im Rumpf der GARLIX schlummern!

Die letzten Seemeilen über die Ostsee liegen ganz im Zeichen des Echolots. Was sind das für ungewohnte Tiefenangaben! Ansonsten scheint es so, als ob uns die Ostsee das Ankommen erleichtern möchte. Ruhig segeln wir Richtung Kühlungsborn, unserem ersten deutschen Hafen nach 25 Monaten. Im Hafen werden wir von Seglern begrüßt, die unsere Ankunft auf dem AIS verfolgt haben. Willkommen zurück in Deutschland!

Bei unseren ersten Schritten auf heimatlichem Boden werden wir von unseren Freunden begleitet, die damals mit uns durch den Nord-Ostsee-Kanal gefahren sind. Wir sind überaus erfreut, dass sie sich die Zeit genommen haben, uns hier zu begrüßen. Doch ein klein wenig ist es wie bei jeder Ankunft. In unserem Fühlen sind wir noch unterwegs und wir ahnen, dass die wahre Ankunft noch ein wenig dauern wird. Zunächst bleiben aber noch die letzten Seemeilen über Warnemünde, Barhöft, Stralsund, Gagern, Seedorf und Thiessow zu unserm

Heimathafen. Bei grauem Augustwetter segeln wir schließlich über den Greifswalder Bodden Richtung Greifswald. Die letzten Fotos, die letzten Videoaufnahmen, die letzten Worte. Es klingt ein wenig hohl, denn was soll man schon sagen. Die Mole vom Ryck ist zu sehen und damit auch der Turm vom Hotel Utkiek. »Siehst du die weiße Fahne oben auf dem Turm?« Jens' Eltern stehen dort oben und schwenken laut rufend ein großes Bettlaken. »Herzlich willkommen zurück.« Die nächsten Stunden verfliegen gemeinsam mit Freunden, Familie und ehemaligen Arbeitskollegen, mit denen wir bei einer kleinen Ankommensparty nach 759 Tagen das glückliche Ende unseres Abenteuers feiern.

AUGENBLICKE DANACH

Zum Ankommen gehört mehr,
als nur die Leinen zum Land zu werfen.
Dagmar Garlin

Unser Zuhause: Nach zwei Jahren die Haustür aufzuschließen ist schon ein komisches Gefühl. Fast haben wir vergessen, wie es zu Hause ist. Vor allem, wie groß und wie voll. Allein das Schlafzimmer ist größer als unser Lebensraum der letzten zwei Jahre. Wie peinlich ist der volle Kleiderschrank. Damit könnten wir ein ganzes Dorf in Vanuatu oder Tonga kleiden! Und wie peinlich die Erkenntnis, dass das bald alles wieder normal sein wird.

Unser warmer Empfang: So oft haben wir darüber gesprochen, dass wir die Segler verstehen, die auf ihrem geplanten Rückweg wieder umkehren und einfach nicht zurückwollen. Es ist leicht, sein Zuhause in der Welt zu verlieren. Doch bei uns ist es anders. Hier werden wir von Freunden, Nachbarn und Familie begrüßt. Hier sind wir nicht vergessen.

Der erste Einkauf: Natürlich ist es nicht der erste Einkauf in Deutschland. Aber auch noch wenige Wochen nach der Ankunft fühlen wir uns in unserem ehemaligen Alltagsleben wie Zuschauer im Theater. Besonders auffällig sind genau diese Einkäufe im Supermarkt. Diese Normalität des Überflusses. Lästig. Diesem können wir nur mit einem guten Einkaufszettel begegnen und doch stehe ich hier und wundere mich über die maßlose Fülle. Mehrere Meter umfasst das Regal für Mülltüten. Mit und ohne Griff, mit und ohne Duft, Bio, Papier oder Plastik. Wer bitte, braucht das alles!?

Dieses Buch: Vielleicht ist beim Lesen der Eindruck entstanden, dass wir von der ARC gesponsert worden sind, da ich meistens nur lobende Worte – besonders über die World ARC – gefunden habe. Ich kann jedoch versichern, dass wir alles Niedergeschriebene genau so erlebt und wir von niemandem Zuwendungen erhalten haben. Ich weiß nicht, ob ich mit meinen Beschreibungen meine im ersten Kapitel erwähnten Ziele erreicht habe. Dieses Buch soll kein Faktenbuch sein oder die Abarbeitung der endlosen technischen Probleme, die unterwegs entstehen. Die harten Fakten können andere schreibfreudige Segler besser darstellen als ich. Eine Weltumseglung ist mehr, als nur lange zu segeln, kaputte Segel zu nähen oder Motoren zu reparieren. Ist man einmal unterwegs, kann man nicht einfach wieder abhauen. Weder vor sich selbst noch vor anderen. Doch lässt man sich darauf ein, ist es eine ganz tiefe Freude und ein großes Glücksgefühl. Übrigens ist es wesentlich einfacher, ein Buch zu beginnen, als es tatsächlich auch zu Ende zu bringen.

Unser Leben: »Die sind nicht mehr alltagsfähig.« Die können doch gar nicht mehr arbeiten.« Diese und ähnlich Sätze hören wir nicht selten, ob direkt oder hinter vorgehaltener Hand. Unsere eindeutige Antwort lautet: »Doch, können wir!« Nur am Anfang haben wir uns ein wenig orientierungslos in unserem neuen alten Leben gefühlt. Ganz ehrlich, wir mussten lernen, dass solch ein Alltag ebenfalls eine Art Abenteuer ist. Ganz wichtig war dabei die Erkenntnis, dass man nur ankommen kann, wenn man nicht in Gedanken halb weg ist.

Unsere Pläne: Neulich wurden wir an einem Steg vom Hafenmeister mit besten Wünschen für unsere nächste Blauwasserreise verabschiedet. »Ich weiß doch Bescheid«! Das hat uns überrascht, denn wir wissen es noch nicht. Sicher ist, dass wir versuchen werden, irgendwann wieder ins Blaue zu segeln. Doch sicher ist auch, dass es jetzt noch nicht so weit ist.

Unser Dank: Egal, wie gut man solch ein Abenteuer, in die Weite zu segeln, vorbereitet, irgendwelche Dinge bleiben immer übrig. Wer öffnet die Post, wer mäht den Rasen, wer schneidet die Hecke und wer kümmert sich um all das, was man einfach vergessen hat? Für dieses Kümmern sagen wir DANKE! Unser Dank geht an Jens' Eltern, die unser Haus aufopfernd gepflegt haben, an unsere Nachbarn, an unsere Segelfreunde und an unsere Freunden der Schnitzelrunde, die geholfen haben und – noch viel wichtiger – die uns nicht vergessen haben! Ein Dank geht an meine Schwester, die mit viel Zeit meine Blogeinträge bearbeitet hat, und auch an all diejenigen, die uns aus der Ferne über unseren Blog begleitet haben. Auch für die mühevolle Fehlersuche und aufmunternde Kritik bei der Erarbeitung dieses Buchs möchte ich mich bedanken. Mädels, ihr fühlt euch angesprochen!

Zu guter Letzt weiß ich, dass es unendlich wichtig ist, mit wem man solch ein Abenteuer erlebt:

Jens, auch um die nächste Welt würde ich gemeinsam mit Dir segeln! Immer wieder!

ANHANG

GARLIX KONKRET – JETZT DOCH NOCH EIN SACHBUCH?

Januar 2014: Mit einer langen Liste voller Fragen rund um das Thema Weltumsegelung starten wir morgens um sechs Uhr Richtung Düsseldorf zur BOOT, um pünktlich zum Einlass dort sein. Mit dicken Kopf und ein paar weniger Fragezeichen fahren wir am Abend zurück.

Januar 2018: Wieder fahren wir morgens Richtung Düsseldorf. Diesmal sitzen wir später jedoch im Podium der ARC, wo uns rund 150 interessierte Segler jede Menge Fragen stellen. Wie ist es, in der Nacht zu segeln? Wie hält man es zu zweit über einen so langen Zeitraum auf einem relativ kleinen Boot miteinander aus? Hattet ihr Sturm und wenn ja, wie habt ihr euch da verhalten? Wart ihr immer angeleint? Wie war eure Passatbeseglung? Fragen über Fragen. Die angesetzte Zeit ist viel zu knapp, um auf alle einzugehen.

Aus diesem Grund haben wir uns entschlossen, einen Teil unseres Buchs diesen Fragen zu widmen. Denn was nützt die Beschreibung toller Südseeinseln, wenn man sich letztlich nicht zu starten traut? Persönlich denken wir, dass eine gute Vorbereitung zwar notwendig ist, aber bei jedem Start – egal wie viel Zeit man der Vorbereitung gewidmet hat – Unklarheiten und Zweifel übrig bleiben. Auf einer Skala von eins bis zehn lagen für uns die Entscheidung und der Start zur Weltumseglung eindeutig im obersten schwierigen Bereich.

UNSERE *GARLIX* – (K)EIN TYPISCHES WELTUMSEGLERBOOT

Die GARLIX, eine XP 44, haben wir im April 2012 gekauft. Damals hatten wir nicht im Entferntesten an eine Weltumseglung gedacht, sondern wollten nur ein bisschen schneller segeln. Der Wunsch nach einer Auszeit entstand erst später. Aber eine Weltumseglung mit einer XP 44, die den allgemeinen Vorstellungen eines typischen Weltumseglerboots recht wenig entspricht? Kann das gut gehen? Doch unterwegs haben wir gelernt, dass es genau das nicht gibt, ein »typisches« Weltumseglerboot. Wahrscheinlich ist jedes Segelboot ein Kompromiss zum theoretischen Idealzustand. Dabei muss jeder Segler für sich selbst entscheiden, welcher Komfort unbedingt notwendig ist. Oberstes Gebot ist für uns die gefühlte Sicherheit an Bord. Und genau dabei hat uns unser Boot nicht enttäuscht. Nach 25 Monaten und knapp 38.000 Seemeilen von Deutschland nach Deutschland sind wir überzeugt, dass unsere GARLIX unsere tapfere Heldin ist.

TECHNISCHE AUSSTATTUNG

Bootsdaten		
Breite	4,07 m	
Tiefgang	2,30 m	
Ballast	3.850 kg	
Leergewicht	8.650 kg	
Kabinen	3	
Nasszellen	2	
Technik		
Motor	54 PS Yanmar, Diesel	
Dieseltank	200 l	Weitere 60 l hatten wir in Kanistern dabei.

Wassertank	400 l	Diese Menge war völlig ausreichend; nur unser Trinkwasser haben wir mit dem Watermaker zubereitet.
Dieselheizung	Eberspächer	Brauchten wir erst wieder in Irland.
Bugstrahlruder	Max Power	
Watermaker	Aquatec, 50 l/h	Sehr robust, keine Elektronik.
Radar und Kartenplotter	Raymarine	
Autopilot	zwei Raymarine, fest eingebaut	Beide Autopiloten waren angeschlossen, dadurch sind beim Blitzschlag in Durban auch beide Geräte kaputtgegangen. Nach der Reparatur haben wir das Reservegerät eingebaut, aber nicht mit dem System verbunden.
Anker	Bügelanker Rocna, 25 kg mit 70 m Kette Bruce-Anker, 20 kg Edelstahl mit 30 m Kette Klappanker, 10 kg für Schlauchboot	
Segel		
Segelnummer	6684	
Großsegel	60,61 m²	
Vorsegel 106 %	46,61 m²	Bei einem erneute Start würden wir ein Ersatzsegel mitnehmen.
Code Zero	80 m²	
Gennaker	155,31 m²	
Sturmfock	12 m²	Wurde auf der Biskaya über Bord gespült.
Rennwert ORC	564,2	

Energie		
Batterien	880 Ah	
Solaranlage	200 Watt	
Hydro-Generator	Watt & Sea, 600 Watt	
Honda-Stromerzeuger	900 Watt	Die Leistung des Generators war für unser Ladegerät an Bord zu gering.
Kommunikation		
UKW-Funk an Bord	Raymarine innen und außen	
UKW-Handfunkgeräte	zwei Raymarine	Sehr empfehlenswert, um mit der Crew an Land zu kommunizieren, wenn ein Crewmitglied an Bord geblieben ist.
Kurzwelle	SSB und Pactron 4	
Mail	Sailmail	
Satellitentelefon	Iridium IsatPhone Pro	Prepaid-Tarif
WLAN-Antenne	bis 5 sm	Ist nicht ausreichend beständig gegen Salzwasser.
Sicherheit		
Rettungsinsel	Viking ISO Norm 9650 Typ 1 Grab Bag >24 h	
Schwimmwesten	Spinlook, fünfmal >275 N, Pfeife, Spraycup, Schrittgurt, Sicherheitsleine, Ersatzkits	Sehr guter Tragekomfort, drückt nicht am Nacken.
Epirb	GlobalFix Pro	
AIS GARLIX	Senden und empfangen	
AIS	Transportabel an den Schwimmwesten	

Radar-Echoverstärker	Echomax, Radarsignale im X-Band 9.30–9.50 GHz	Sehr zuverlässiges Gerät. Unterwegs hatten wir nicht immer unser Radar an, erst wenn der Echomax signalisierte, dass ein Boot in der Nähe ist, haben wir es angemacht.
Schlauchboot	ohne festen Boden	Den festen Boden haben wir vor dem Start völlig unterschätzt – dieser ist unbedingt notwendig!
digitales Barometer	bis zu 72 h Speicherung	
Notsignale	rote und weiße Handfackeln, weiße Fallschirmraketen, oranger Rauch	gemäß Vorgabe der World ARC
Navigation		
Kartenplotter	Raymarine	
Hand-GPS	Garmin	
Open CPN	für Mac und Windows	
iSailor	auf iPad	
Navionics	auf iPad und Plotter	
Wetter		
GRIB-Daten	Zweijahresvertrag mit WetterWelt	Wenn gewünscht zweimal täglich Wetterdaten. Zusätzlich hätten wir uns eine professionelle Wetterberatung geben lassen können. Teilweise haben wir uns – zum Vergleich – amerikanische GRIB-Daten aus dem Netz geholt.
Wetterbericht der ARC		Diente nur als Ergänzung, aus unserer Sicht nicht ausreichend.

REPARIERT MAN SICH UM DIE WELT?

Man repariert sich um die Welt - dieser Satz wird inflationär verwendet und doch ist er richtig. Wer keine handwerkliche Begabung hat, der sollte ausreichend Geld zur Verfügung haben, um die unzähligen kleineren und größeren Reparaturen durchführen lassen zu können. Selbst dann ist es von Vorteil, wenn man die Ausführungen überwachen und den Erfolg einschätzen kann. Denn das eigene Leben hängt nun einmal vom Funktionieren des Boots ab.

Vor dem Start zur ARCplus und zur World ARC gibt es zahlreiche Seminare zur Sicherheit und den notwendigen Wartungen an Bord. Als wir an diesen teilnahmen, beschlich uns damals das Gefühl, dass die Vortragenden etwas übertrieben. »Führt täglich Checks am Mast und am Rigg durch«, wurde uns beinahe gebetsmühlenartig eingetrichtert. Und heute würden wir tatsächlich genau diesen Satz jedem mit der gleichen Intensität ans Herz legen.

Gemeinsam mit anderen Teilnehmern unserer World ARC haben wir für die durchschnittlich 15 teilnehmenden Yachten eine Liste mit Beispielen erstellt, welche ernsthafteren Reparaturen während der Zeit von St. Lucia nach St. Lucia angefallen sind.

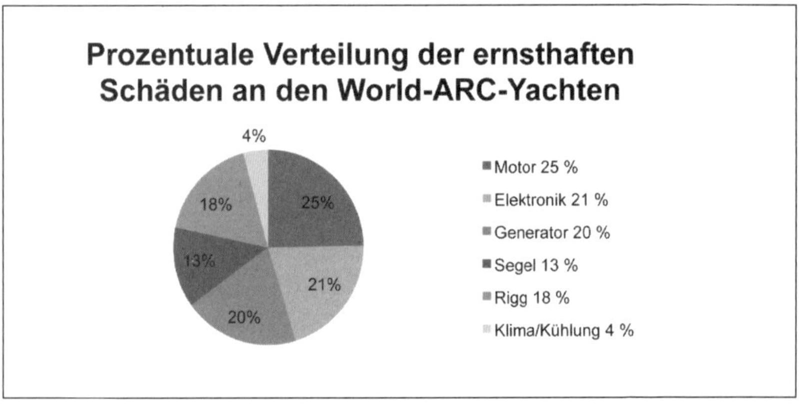

Rigg	
	Vorstag defekt oder komplett ersetzt
	Wanten gebrochen bzw. angebrochen – teilweise wurden sie ersetzt.
Segel	
	Beinahe in jedem Hafen wurden die Segel genäht, meistens mussten allerdings nur die Nähte ausgebessert werden.
	Totalverlust war nur selten zu verzeichnen.
Elektronik	
	Besonders häufig waren Schäden und Ausfälle am Autopiloten. Die Reparatur in einsamen Atollen ist schwierig.
Generator	
	häufigste Probleme: Bakterien im Tank, Diesel- oder Wasserabscheider verschmutzt
Motor	
	häufigste Probleme: Bakterien im Tank, Diesel- oder Wasserabscheider verschmutzt, defekte Elektronik
	Ein Motor wurde komplett gewechselt

Interessant sind die Ursachen, warum diese Schäden aufgetreten sind. Häufig werden diese zunächst damit begründet, dass die Yachten aufgrund der hohen Belastungen einer Weltumsegelung mehr verschleißen. Das ist jedoch zu pauschal gedacht und wir sind sogar der Meinung, dass der Verschleiß nicht die Hauptursache dieser Schäden ist. Die meisten ernsthaften Probleme lassen sich nämlich vermeiden, wenn die Boote regelmäßig gewartet und Reparaturen sachgerecht durchgeführt werden.

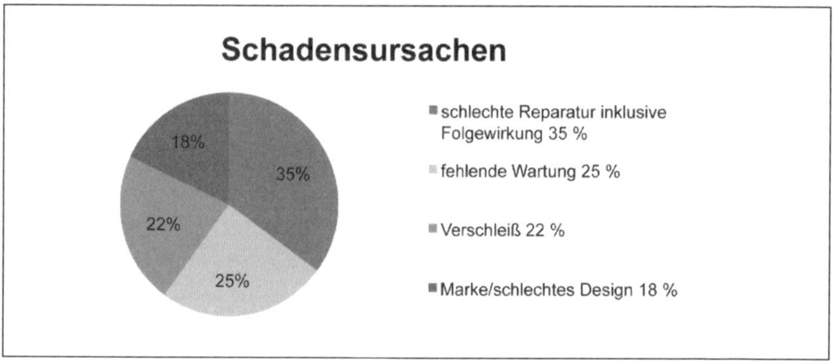

Als Beleg möchten wir zwei Ereignisse anführen, bei denen wir uns selbst durch mangelhafte Sorgfalt und fehlenden Riggcheck in gefährliche Situationen gebracht haben. So hatten wir beispielsweise den Schäkel zum Vorsegel nur mit einem Kabelbinder gesichert, obwohl wir wussten, dass diese durchscheuern können. Daher musste Jens bei 20 Knoten Wind und hohen Wellen in den Mast, um das Fall herunterzuholen. Bei einer anderen Gelegenheit haben sich die Fixierungsschrauben des Vorstagprofils gelöst. Dadurch ist das Profil aus dem oberen Lager circa 30 cm nach unten gerutscht, sodass wir die Rollfock nicht mehr benutzen und im Sturm die Segelfläche nicht verkleinern konnten. Dieses Problem hatten wir sogar zweimal. Auch hier musste Jens jedes Mal in den Mast klettern, was bei 20 bis 25 Knoten Wind und hohen Wellen eine gefährliche Angelegenheit ist. Das wäre vermeidbar gewesen, wenn wir die Checks regelmäßig durchgeführt hätten. So aber haben wir uns aus Unachtsamkeit selbst in Gefahr gebracht.

Wir könnten noch zahlreiche weitere Beispiele aufführen, bei denen der Grund für die Reparaturen und Schäden nicht der Verschleiß des Bootes war, sondern die eigene Unaufmerksamkeit, die uns oder andere Yachten in gefährliche Situationen gebracht hat. Auch die Folgewirkungen von schlechten Reparaturen sind nicht zu unterschätzen. Es ist für die lokalen Handwerker ein lukratives Geschäft, wenn eine Yacht mit einer Liste kaputter Dinge an Bord in den Hafen einläuft.

»Kein Problem, ich repariere das!« Erleichtert lehnt man sich zurück und hofft das Beste. Zweifelsohne gibt es unterwegs gute Handwerker und Fachleute, aber besser ist es, wenn man die Ausführungen überwachen und einschätzen kann. Nicht selten haben wir erlebt, dass die Liste der notwendigen Reparaturen unverändert im nächsten Hafen herausgeholt wurde, da die letzte Reparatur nicht nachhaltig und ordentlich war. In diesem Zusammenhang ist es gut zu wissen, dass es an vielen Orten möglich ist, das Boot für Reparaturen oder Wartungen aus dem Wasser zu nehmen. Das haben wir bei unsere GARLIX viermal gemacht, und zwar nach rund 6.400 Seemeilen in St. Lucia für ein neues Antifouling, nach rund 15.100 Seemeilen in Fidschi für ein neues Antifouling und eine Motorwartung, in Kapstadt nach rund 25.500 Seemeilen für den Rumpfcheck nach dem Blitzschlag und den Austausch der Ruderlager sowie nach rund 31.700 Seemeilen auf Grenada für eine Motorreparatur.

VERSCHLEISS DES BOOTES

»Ist euer Boot nach der Weltumsegelung verschlissen oder könnt ihr es danach noch nutzen?« Diese Frage eines Bloglesers hat bei uns eine lange Diskussion ausgelöst und wir können sie nur für die GARLIX und die mit uns segelnden Boote der World ARC beantworten. Dabei muss man verschiedene Aspekte berücksichtigen.

Distanzen und Belastung

In zwei Jahren sind wir rund 38.000 Seemeilen gesegelt, unter anderem in 15 Monaten die 25.000 Seemeilen mit der World ARC von St. Lucia nach St. Lucia. Somit sind wir rund 1.600 bis 1.700 Seemeilen pro Monat unterwegs gewesen. Ein durchschnittlicher Ostseesegler segelt pro Saison zwischen 1.000 bis 2.000 Seemeilen. Die Belastung für die Yachten und das Material ist also in einer relativ kurzen Zeit wesentlich höher, als wenn man normale Urlaubstörns unternimmt.

Verschleißteile

Sämtliche Verschleißteile sind mitgenommener, als das ansonsten in zwei Jahren der Fall gewesen wäre. Wir haben eine ganze Sammlung sogenannter unkaputtbarer Blöcke und Schäkel und niemals reißender Leinen. Das bedeutet: möglichst tägliche Checks der gefährdeten Teile, und zwar nicht nur im Hafen! Entsprechende Versäumnisse können verheerende Wirkungen haben.

Segel

Segel sind die Arbeitstiere an Bord und dafür haben unsere allesamt einen tollen Job gemacht! Schlimmer als zu viel Wind sind die hohe UV-Belastung und das Schlagen der Segel in windschwachen Zeiten. Mit unseren Segeln aus Dyneema-Hydranet waren wir sehr zufrieden und sind damit immer noch unterwegs. Der Gennaker war für Leichtwind genäht und für die Beanspruchung auf unserer Reise nicht gedacht. Im Rückblick würden wir eine Ersatzfock mitnehmen, da die Fock zu wichtig ist, als dass man sich einen Ausfall leisten könnte.

Rigg

Bei vier Yachten kam es zu Schäden am Rigg. Entweder brachen Wanten oder wurden vorsorglich ausgetauscht. Wir hatten zunehmend Probleme mit unserem Vorstag. Durch das Lösen der Fixierungsschrauben rutschte das Vorstagsprofil zweimal aus dem oberen Lager.

Verbindung zwischen Rumpf und Deck

Je nach Konstruktion der Yachten gibt es hier Probleme. Bei älteren Yachten ist die Verbindung zwischen Rumpf und Deck nur verklebt und nicht laminiert. Daher kann es dort dann zunehmend zu Undichtigkeiten kommen. Eine X-Yacht ist laminiert, sodass wir damit keine Probleme hatten.

Fenster und Luken

Je nach Sprödigkeit der Dichtungsgummis werden die Fenster zunehmend undicht. Schlimmer als die spröden Gummis war für uns, dass sich die Plastikscharniere der Fenster in der Hitze und durch die häufige Nutzung in der Südsee verbogen haben. Schüsselweise kam das Wasser in die Kajüte! Wir haben daher sämtliche Scharniere in Aluminium nachfräsen lassen und ausgetauscht. Danach waren sie dicht.

Rost, Gammel und Co

Die Boote leiden unter dem hohen Salzgehalt und der gleichzeitig hohen Luftfeuchtigkeit. Es mag sich nach »Pedanten« anhören, aber wir haben noch nie so viel geputzt, wie während der zwei Jahre auf unserem 13 Meter langen Boot. Und ja, auch mit der Zahnbürste! Dadurch konnten wir unsere GARLIX glänzend durch diese Zeit »retten«. Nicht rostender Stahl hält in der Südsee nicht, was er verspricht. Vorteil ist zweifelsohne, dass wir unsere Weltumsegelung in relativ kurzer Zeit gemacht haben. Yachten, die monatelang ohne Crew in der Südsee liegen, leiden ungleich mehr.

Elektronik

Häufigste Ursache für Störungen an der Elektronik sind vergammelte Steckverbindungen und Kupferkabel. Doch den eigentlichen Störenfried zu finden kann Stunden und Tage dauern. Hohe Luftfeuchtigkeit verbunden mit der Salzkonzentration sind die Feinde der Yachten!

Unterwasserschiff

Hier braucht es – wie überall auf der Welt – ab und zu neue Unterwasserfarbe und den Austausch der Opferanoden. Gut ist, wenn man diese dabeihat, denn unterwegs ist es schwierig, die passenden zu bekommen. Speziell die Anoden für den Faltpropeller und den Kühlschrankaustritt mussten wir uns nachsenden lassen.

Rumpf

Von der UV-Belastung abgesehen ist eine Weltumseglung für den Rumpf ein Segen. Es gibt kaum Häfen und störende Fender kratzen auch nicht umher. Aus diesem Grund ist die Kollisionsgefahr gering. Keine Kollision bedeutet keine Beulen oder Kratzer! Allerdings sind die Rümpfe nach einer langen Etappe völlig verkalkt und benötigen öfter eine gründliche Behandlung mit verdünntem Essig. Dann glänzen sie wieder – je nach Beschaffenheit und Qualität – wie vor dem Start.

Ruder und Welle

Auch hier gilt, dass der hohe Salzgehalt Gift für die Lager ist. Ein Beispiel von unserem Boot: Ab Vanuatu hörten wir eigenartige quietschende Geräusche aus den Ruderlagern. Ein sehr beunruhigendes und schlafraubendes Geräusch! Nach Rücksprache mit der X-Yacht-Werft sollten sich die Lager von allein schmieren. Auch etwas WD-40 – übrigens ein ganz wichtiges Equipment – brachte keine dauerhafte Lösung. So segelten wir quietschend bis Kapstadt. Dort nahmen wir das Boot aus dem Wasser und tauschten die Ruderlager aus. Bei der XP 44 sind sogenannte Walzenlager eingebaut, die sehr leichtgängig sind. Zumindest beim unteren Lager, das total mit Salz verkrustet war, hätte wahrscheinlich die Reinigung und Spülung mit Essig ausgereicht. Ansonsten haben wir von keinen Schäden am Ruder gehört.

Raymarine und Co

Die schwerste Arbeit hatte der Autopilot, dem wir nur Bestnoten ausstellen können. Immer wieder würden wir uns einen Ersatzautopiloten einbauen, diesen dann allerdings nicht ans Bordnetz anschließen. Denn durch den Blitzschlag gingen beide Autopiloten kaputt, sodass wir zu zweit per Hand 800 Seemeilen um das Kap der Guten Hoffnung segeln mussten. Das war keine Erfahrung, die wir öfter machen möchten, denn so etwas ist zwar möglich, aber alles andere als schön.

Enttäuscht waren wir von allen Geräten, die sich außen befinden. Denn dafür sind sie alle nur theoretisch gebaut. Das UKW-Funkgerät mussten wir beispielsweise zweimal austauschen und hatten es zuletzt dauerhaft unter der Sprayhood. Und der Plotter spann einfach bei feuchtem Wetter und Regen. Aufgrund dieser Mängel haben wir inzwischen das dritte Gerät, das wir bei Regen abdecken.

Motor

Bei einem Boot der Flotte musste der 20 Jahre alte Motor in Kapstadt komplett ausgetauscht werden. Von unserem eigenen Motor waren wir enttäuscht, da bei diesem nach rund 500 Motorstunden Gesamtlaufzeit die Saildrivedichtung rund 200 Seemeilen vor Grenada undicht wurde und eine teure Reparatur verursachte. Insgesamt gehören Motorschäden in der »Reparaturhitliste« weit nach oben, häufig ausgelöst durch schlechten Diesel. Es war schon beinahe lustig, dass bei unserer Ankunft in Grenada (also nach erfolgreicher Weltumseglung) an vier Yachten der Motor ausgefallen ist. Vorteilhaft ist, wenn man mit einem gängigen Fabrikat wie Yanmar oder Volvo unterwegs ist. Denn wie sich gezeigt hat, kann man damit beinahe in jedem Ort fachmännische Reparaturen oder Wartungen in Anspruch nehmen.

Innenraum

Der Innenraum zeigt leichte Gebrauchsspuren, was logisch ist, wenn man zwei Jahre darin lebt und ab und zu Töpfe bei zu viel Wind gegen die Wände fliegen. Die Polster mussten wir nach der Zeit reinigen lassen. Doch von übermäßigen Verschleiß würden wir auch hier nicht sprechen.

Was haben wir nach der Weltumseglung erneuert?

Nach unserer Reise haben wir das Vorstag inklusive Rollanlage ausgetauscht und Bimini sowie Sprayhood neu anfertigen lassen. Die Bilge wurde neu gestrichen und die Polster gereinigt. Wir segeln – soweit vorhanden – immer noch mit den alten Segeln, die nun allerdings erneuert werden müssen. Das Rod-Rigg werden wir demnächst austauschen. Ansonsten liegt die GARLIX glänzend – und wie wir finden – gut aussehend im Greifswalder Hafen. Ein großes Lob sind für uns die teilweise erstaunten Gesichter anderer Segler, die vergebens die Verschleißspuren an unserem Boot suchen.

Fazit

Bei anständiger Pflege und regelmäßiger Wartung hält sich der tatsächliche Verschleiß der Yachten stark in Grenzen. Für uns bedeutet das, dass wir aus qualitativen Gründen jederzeit wieder mit der GARLIX starten würden.

WIND

Sehr oft wurden wir nach den erlebten Windstärken und Anzahl der Stürme gefragt. Dank einer Fülle von Daten, die uns während der gesamten Weltumseglung zur Verfügung standen, konnten wir einige Auswertungen vornehmen, um plausible Aussagen zu wagen, welche Windstärken wir tatsächlich erlebt haben. Dabei möchten wir betonen, dass dies ein mit Zahlen unterlegter Praxisbericht ist. Es erklärt sich von selbst, dass diese Zahlen keine Garantie dafür sind, dass die Wettersituation in der jeweiligen Gegend immer gleich ist. Wir wollen jedoch sachlich und möglichst fundiert auf die Fragen der erlebten Wettersituation antworten und dabei weder über- noch untertreiben.

Die Basis der Auswertungen ist die Zusammenführung verschiedener Datenquellen. Uns standen über den Zeitraum von St. Lucia nach St. Lucia (nur für diese Strecke gelten die Aussagen) bis zu sechsmal täglich unsere genaue GPS-Position und die dazugehörigen jeweiligen GRIB-Wetterdaten zur Verfügung. Diese Daten wurden auf unsere Masthöhe umgerechnet, jedoch wurden keine Strömungsdaten berücksichtigt. Die Angaben werden jeweils als wahrer Wind angegeben.

WETTERBERICHT – UNSERE ERFAHRUNGEN

Unterwegs trafen wir einige Segler, die sich um keine Wettervorhersage kümmerten. Aussagen wie »Es kommt, wie es kommt«, »Früher gab es auch keine Vorhersage«, »Wenn du 1.000 Seemeilen auf dem Pazifik bist, kann man sowieso nirgends anlegen« empfinden wir als fahrlässig. Selbstverständlich kommt es, wie es kommt, wenn man tagelang vom nächsten Hafen entfernt ist. Doch ein Wetterbericht ist größtenteils eine zuverlässige fünf- bis achttägige Vorhersage, die es einem ermöglicht, auf aufkommendes schlechtes Wetter zu regieren. Egal wie. Meistens konnten wir unangenehmen Vorhersagen ausweichen, da es uns möglich war, unsere Position innerhalb von fünf Tagen um rund 800 Seemeilen zu verändern, um so vielleicht nur noch das Randgebiet eines Tiefausläufers erleben zu müssen. Durch das aktive Arbeiten mit zuverlässigen Wetterdaten wurden wir von keiner Wettersituation unvorbereitet erwischt, was nicht heißen soll, dass wir nicht viel Wind erlebt haben.

Woher bekamen wir unsere Wetterinformationen?

Für uns war wichtig, dass wir regelmäßig einen Wetterbericht über den gesamten Zeitraum auf Deutsch erhielten. Zwar ist die Muttersprache beim Empfang von GRIB-Daten unwesentlich, aber bei Nachfragen oder speziellen Wetterberatungen vereinfacht es die jeweilige Situation. Vor unserem Start haben wir einen Zweijahresvertrag mit der Firma WetterWelt abgeschlossen, der beinhaltete, dass wir bis zu zweimal täglich die GRIB-Wetterdaten über Kurzwelle erhielten. Unterwegs haben wir diesen Service auf einmal täglich reduziert. Diese Daten wurden in maximal 30 Kilobyte große Pakete »gepackt«, sodass wir sie über Kurzwelle empfangen konnten. Die Daten luden wir dann in eine interaktive Weltkarte auf den Rechner und hatten dadurch exakt für unsere jeweilige Position die Wetterdaten. Kombiniert mit der voraussichtlichen Geschwindigkeit unseres Bootes (Polardiagramm kann in das Programm eingegeben werden) ist eine exakte Vorhersage und Routenplanung möglich. Aus unserer Sicht war die Qualität der Daten zuverlässig und über einen Zeitraum von fünf bis acht Tagen größtenteils korrekt.

Mit der Zeit haben wir – auch zum Vergleich – andere GRIB-Daten getestet, die zum Beispiel kostenlos vom amerikanischen Wetterdienst (beispielsweise LuckGrib) zur Verfügung gestellt werden. Insgesamt blieben wir aber bei unserem gewählten System.

Wetterbericht der World ARC

Von der World ARC erhält man alle zwei Tage einen englischsprachigen Wetterbericht. Dieser kann über Kurzwelle oder über Satellitenverbindung empfangen werden. In diesem Wetterbericht wird die jeweilige Strecke zum nächsten Ziel in einzelne Quadranten mit dazugehörigen Koordinaten aufgeteilt. Für diese einzelnen Quadranten erhält man dann eine Wettereinschätzung, die wir zur Orientierung nutzten. Als alleinige Datenquelle erschien und dies nicht ausreichend.

WINDSTÄRKE

Die meiste Zeit kommt man auf der klassischen Barfußroute in den Genuss des Südostpassats. Würde man einem eingefleischten Ostseesegler berichten, dass es ein Hochgenuss ist, bei ständigen 20 bis 25 Knoten Wind zu segeln, so würde dieser das vermutlich eher nicht glauben. Der Passatwind pfeift ordentlich über die gesamte Zeit. Doch im Gegensatz zum Ostseesegeln ist dieser Wind warm und kommt aus einer angenehmen Richtung. Somit liegt die gefühlte Windstärke unter den hier aufgeführten Stärken. In der nachfolgenden Grafik haben wir dargestellt, welche Strecken wir bei welcher (wahren) Windstärke zurückgelegt haben.

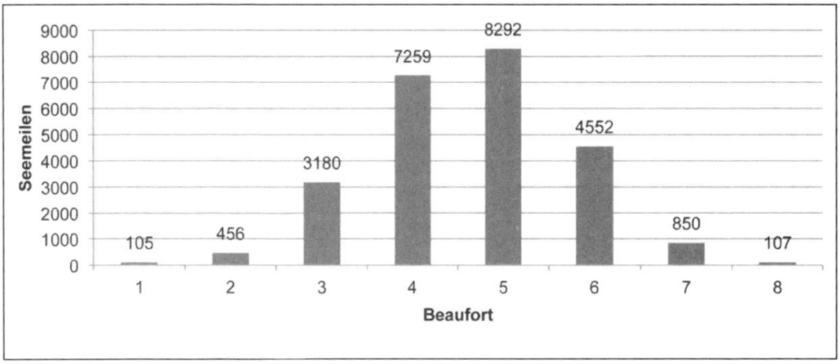

Diese grafische Darstellung stellt keine Verharmlosung der erlebten Windstärke nach dem Motto »Schatz, alles kein Problem. Rund 80 Prozent der Strecke ist normaler Passatwind!« dar. Denn immerhin hatten wir auf einer Distanz von rund 1.000 Seemeilen mehr als 27 Knoten Wind, der uns Situationen von »kein Problem« bis »ziemlich unangenehm« bescherte. Im Rückblick können wir jedoch sagen, dass wir niemals Lebensangst hatten oder uns völlig unsicher gefühlt hätten.

VERÄNDERUNG DER WINDSTÄRKE IN DER NACHT

Mit dem Satz »Der Wind schläft in der Nacht ein« sind wir aufgewachsen und irgendwie stimmte er früher auch. Doch bei unserer Weltumseglung war das anders und unser Eindruck, dass der Wind nach Sonnenuntergang eher etwas mehr als weniger wurde, wurde durch die Datenanalyse bestätigt. Dieses Phänomen lässt sich einfach durch die Temperatur- und Feuchtigkeitsunterschiede während des Tages- und Nachtverlaufs erklären. Wer sich hierzu genauer informieren möchte, dem legen wir unsere »Wetterbibel« *Wetter auf See* von Ralf Brauner, Boris Herrmann und Hans-Jörg Nafzger ans Herz.

Auch wenn die Veränderungen der Windstärke und der Windrichtung zwischen Tag und Nacht nicht übermäßig waren, so passten wir dieser Tatsache unser Wachsystem an. Unsere Maxime war von Beginn an, dass Schlaf heilig ist. Und so haben wir uns nur in wirklichen Notfällen gegenseitig in der Nacht geweckt. Jens hat die erste Wache bis Mitternacht übernommen, während der er bei eventuell zunehmendem Wind die Segelstellung korrigiert hat. Denn es ist besser, gerefft zu segeln, als in der Koje vor lauter Krach und Bewegung nicht schlafen zu können oder in der völligen Finsternis irgendwelche Segelmanöver auf dem Vorschiff vornehmen zu müssen. Zu meiner Wachzeit ab Mitternacht haben sich die Windverhältnisse dann nur wenig verändert.

WINDRICHTUNG UND SEGELSTELLUNG

Durch die zuverlässigen Passatwinde sind wir zwei Drittel der Strecke von St. Lucia nach St. Lucia mit Wind aus angenehmer Richtung gesegelt, da der Passatwind etwa zwischen dem fünften und 22. Breitengrad konstant weht. Dieser Bereich ändert sich abhängig von der jeweiligen Jahreszeit etwas. Um den Äquator herum reduzieren und verändern sich dann im Bereich der intertropischen Konvergenzzone sowohl die Windstärke als auch die Windrichtung. Außerhalb des zuverlässigen Bereiches des Passatwindes – unterhalb von 22 Grad südlicher Breite – erreichten uns dann vor Australien und um Südafrika herum einige Tiefdruckgebiete. Bedingt durch unseren westlichen Kurs und den überwiegend südöstlichen Passatwind segelten wir jedoch mehr als 23.000 Seemeilen mit einem wahren Windwinkel von über 130 Grad.

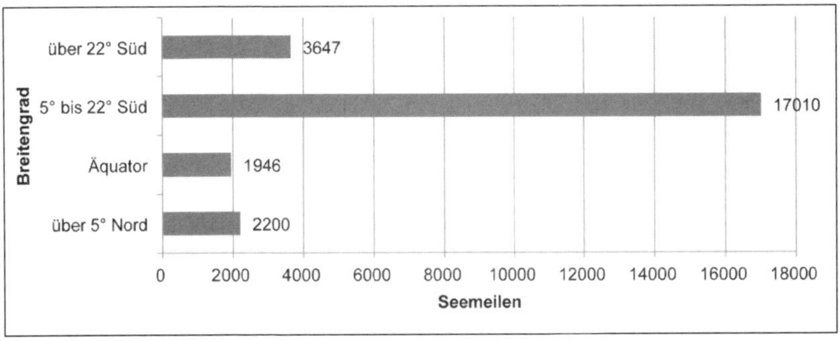

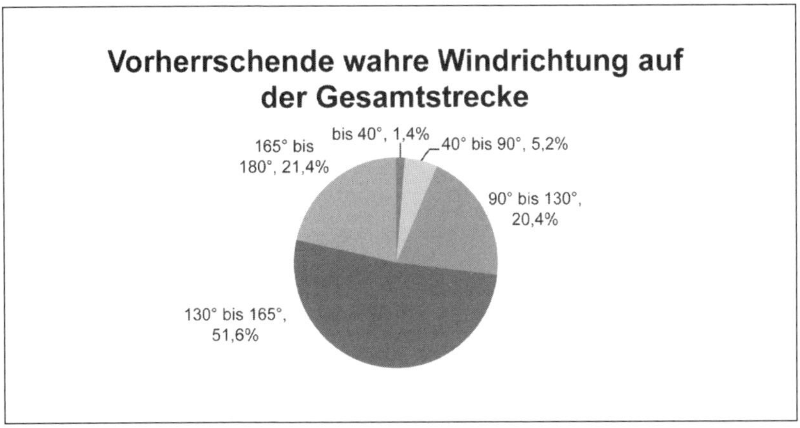

Unsere Segelstrategie haben wir der Performance und den Segeleigenschaften der GARLIX angepasst. Aufgrund der weit außen stehenden Wanten der X-Yacht und den relativ weit innen liegenden Holepunkten der Fock konnten wir keine große Genua setzen, die normalerweise für eine Passatbeseglung Standard ist. Da bei uns die klassische Passatbeseglung mit zwei ausgebaumten Genuas nicht möglich war, haben wir genau achterliche Winde vermieden, sondern sind die meiste Zeit unter Autopiloten mit nicht über 165 Grad scheinbarem Wind gesegelt.

Auf langen Strecken haben wir folgende Segelstrategie angewendet:

Tagsüber	
bis 17 Knoten Wind	Segel: Gennaker und Großsegel wahrer Wind: 140 Grad
über 17 Knoten Wind	ausgebaumte Fock (oder Code Zero) und Großsegel wahrer Wind: optimal zum Kurs
Nachts	
Generell	Nie mit Gennaker und sehr selten mit Code Zero, da wir etwaige Aktionen auf dem Vorschiff bei Windzunahme vermeiden wollten.
Vorbereitung	Zum Abend haben wir den Spinnakerbaum vorbereitet, um die Segelstellung möglichst variabel verändern zu können, ohne in der Nacht aufs Vorschiff zu müssen. Meistens sind wir mit ausgebaumter Fock gesegelt, die wir bei Kursänderung aus dem Cockpit heraus mit der vorher eingezogenen zweiten Schot auf die Leeseite ziehen konnten.

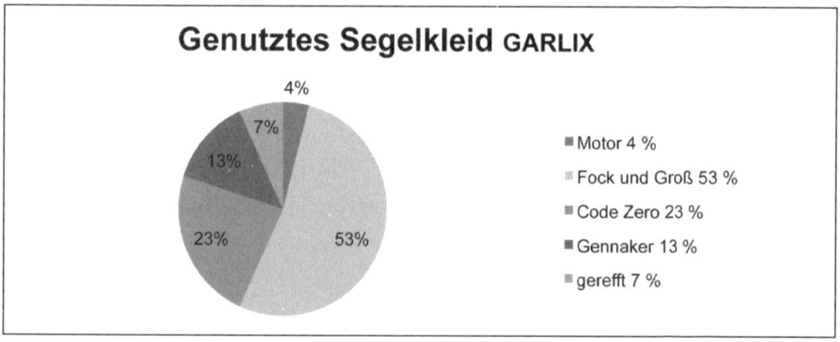

Allein 53 Prozent, also rund 13.100 Seemeilen, sind wir nur mit Großsegel und der – meistens – ausgebaumten Fock gesegelt. Rund 5.800 Seemeilen war der Code Zero im Einsatz.

LEBEN AN BORD

Vor unserem Start wurden wir ernsthaft gefragt, ob wir uns eine Strategie überlegt hätten, wie wir auf langen Segelstrecken unsere dann aufkommenden Depressionen bekämpfen würden. Auf diese Frage könnten wir noch nicht einmal heute antworten. Zugegeben, die Zeit an Bord kann lang werden. Tag und Nacht auf einem Miniboot und drei Wochen lang nur von Wasser umgeben sein! Anderen Booten begegnet man selten. Verstärkt wird dieses Gefühl der »Verlassenheit« vom ab und zu aufflackernden Kopfkino: »3.000 Meter Wasser unter uns …«, »Hoffentlich schläft kein Wal auf unserer Kurslinie«, »Ist das Licht da vorn ein Boot oder ein Stern?« und so weiter und so fort. All das kann eine Gereiztheit hervorrufen, bei der Streitigkeiten vorstellbar, aber nicht vorprogrammiert sind.

Für uns hat die Zeit auf dem Wasser zu den Highlights unserer Reise gehört. Denn dort kommt man wirklich bei sich selbst an. Niemand treibt einen mit ewigen Vorschriften oder fremden Erwartungen. Hier kann man einen Gedanken in Ruhe zu Ende denken und neue Ideen sammeln sowie Pläne schmieden. Unter Umständen entdeckt man sogar völlig neue Seiten am Partner. Diese Zeit auf dem Wasser ist absolut ehrlich. Ein Ausweichen ist – nicht nur räumlich – einfach nicht möglich. Allerdings sollte man einige einfache Regeln beachten. Dazu gehört eine abgestimmte Wacheinteilung und damit ein regelmäßiger Tagesablauf, ausreichend Schlaf sowie eine gute Strategie gegen Seekrankheit.

WACHEINTEILUNG UND TAGESABLAUF

Unser Tagesablauf wurde von den Zeiten der Wacheinteilung und der Funkrunden geprägt. Auf vielen Booten haben wir erlebt, dass die Wachrhythmen kürzer sind als bei uns und wochenweise gewechselt wurden. Letztlich muss das jede Mannschaft selbst ausprobieren. Für uns war folgende Wacheinteilung optimal:

18:30 bis 24:00 Uhr	Wache Jens
0:00 bis 5:00 Uhr	Wache Dagmar
5:00 bis 8:30 Uhr	Wache Jens
8:30 bis 10:00 Uhr	Wache beide, Frühstück und Austausch von Neuigkeiten
9:00 Uhr	Funkrunde
10:00 bis circa 14:00 Uhr	Wache Dagmar
14:00 bis 18:30 Uhr	Wache beide

Durch die relativ langen Wachzeiten hatte der jeweils andere ausreichend Zeit zum Schlafen. In der ersten Nacht fiel es mir etwas schwer, ab 18:30 Uhr zu schlafen, aber spätestens ab der zweiten Nacht hatte ich damit kein Problem mehr. Durch diesen Rhythmus hatten wir auch ausreichend Zeit, um einmal allein zu sein und nicht ständig aufeinander zu kleben. Trotzdem stellt sich natürlich die Frage, ob es nicht irgendwann langweilig an Bord wird. Irgendwann wird der Blick aufs Wasser öde. Und auch wenn alle Arbeiten und Tätigkeiten auf See länger dauern als an Land, ist man irgendwann mit ihnen fertig. Dann ist es von Vorteil, wenn man sich vor dem Start überlegt hat, was man dann machen möchte. Es ist die ideale Zeit, um zu lesen, Hörbücher zu hören, Fotos zu sortieren, Fotobücher zu erstellen, zu schreiben, sich auf das nächste Land vorzubereiten und um sich über die schon erlebten Abenteuer auszutauschen.

SEEKRANKHEIT

Im Gegensatz zu Jens wurde mir bei unseren Ausflügen auf der Ostsee häufiger übel. Diese Übelkeit konnte ich nur mit striktem Liegen und Schlafen überwinden. Da es unser Ziel war, zu zweit rund 38.000 Seemeilen zu meistern, wäre diese Form der Therapie problematisch geworden. Daher habe ich vor unserem Start an einem Wochenendseminar »Aktiv gegen Seekrankheit« teilgenommen. Nach dem Bericht der dortigen Teilnehmer war ich mir danach nicht mehr so sicher, ob ich überhaupt jemals an einer echten Seekrankheit gelitten hatte. Denn die Symptome der anderen Seminarteilnehmer – insbesondere der Frauen – waren wesentlich schlimmer als meine.

Neben den rein physiologischen Ursachen der Seekrankheit, über deren Therapie es endlose Ausarbeitungen gibt, habe ich mir bei diesem Seminar eine für mich wichtige Erkenntnis eingeprägt. Denn zu den Teilnehmern gehörten nicht nur Betroffene, sondern auch Skipper, die lernen wollten, wie man am besten mit einer seekranken Crew umgeht. Wir waren uns darüber einig, dass es – falls es rein körperlich geht – besser ist, jedem Crewmitglied eine feste Aufgabe und Verantwortung zu übertragen. Das ist eine sehr einfache Erkenntnis und doch musste ich mir eingestehen, dass ich Jens bisher gern die Verantwortung für das Boot überlassen und mich – rein mental – in eine defensive Nische verkrochen hatte. Aus dieser Nische musste ich mich nun befreien, was automatisch passiert, wenn man über die Hälfte der Zeit allein die Verantwortung für das Boot trägt. Obwohl ich mein gesamtes Leben über segle, habe ich erst auf dieser Weltumseglung erlebt, was das für ein tolles stolzes Gefühl ist, allein Tag und Nacht über die Ozeane zu segeln. Ob diese veränderte Einstellung – neben den unten aufgeführten Verhaltensregeln – die Ursache dafür war, dass ich beinahe weniger an Seekrankheit gelitten habe als Jens, kann ich nicht mit Sicherheit sagen. Tatsache ist jedoch, dass Seekrankheit nicht zum Problem für uns geworden ist.

Folgende Verhaltensregeln haben wir vor und während der Zeit auf dem Wasser eingehalten:

- Alkoholverbot

Ein Tag vor dem Start und während der Zeit auf dem Wasser gab es keinen Alkohol. Wir sind überzeugt, dass das ein wesentlicher Punkt in Bezug auf das Wohlergehen ist und gleichzeitig das Aufkommen von Seekrankheit reduziert. Nur auf den kleinen Schluck für Neptun und uns haben wir an für uns bedeutenden Punkten dieser Welt nicht verzichtet.

- Vitamin C

Um die Histaminproduktion zu senken, haben wir ab und zu konzentriertes Vitamin C eingenommen.

- Scopoderm-Pflaster

Vor langen Strecken habe ich mir in den ersten drei Tagen ein Scopoderm-Pflaster hinters Ohr geklebt. Dieses Pflaster habe ich niemals erneuert, denn mein Körper hat sich mit der abnehmenden Wirkung des Pflasters an die Schiffsbewegungen gewöhnt. Es gibt auf dem Markt viele Produkte gegen Reisekrankheit, deren Wirkung wir aber nicht kennen.

- Regelmäßiges, aber nicht übermäßiges Essen

- Ausreichend Schlaf

Wir haben besonderen Wert darauf gelegt, den Schlafenden möglichst nicht zu stören, auch nicht, wenn sich die Wind- und Wetterverhältnisse geändert haben. Die meisten Segelmanöver konnten wir allein aus dem Cockpit erledigen. Bei Winddrehern ist es bei langen Strecken unwesentlich, wenn man einige Stunden mit 20 oder 30 Grad falsch zum idealen Kurs segelt. Für uns war immer der Schlaf wichtiger als ein schnelles Ankommen am Ziel.

STÄNDIG IST ES DUNKEL …

Natürlich weiß man, dass ständig Dunkelheit herrscht. Je näher man am Äquator segelt, umso eher und länger ist es dunkel. Doch das Wissen ist etwas anderes, als damit zu leben. Tatsächlich haben wir die Helligkeit vermisst! Unser nordeuropäisches Gehirn ist einfach darauf programmiert, dass man an warmen Abenden lange sehen kann. Bei uns ist es im Sommer lange hell und der Tag verabschiedet sich sanft mit langsam ausklingendem Licht. Je näher man dem Äquator kommt, ändert sich das jedoch schlagartig. Beinahe scheint es so, als wenn gegen 18 Uhr die Sonne vom Himmel fällt. Ohne weitere Vorankündigung ist es plötzlich schwarz. Wenn man sein Abendessen bei natürlichem Licht auf dem Teller sehen möchte, sollte man daher spätestens um 17 Uhr mit der Zubereitung beginnen.

Mit zunehmender Distanz auf dem Pazifik verschwinden auch die beleuchteten Inseln am Abend. Inseln wie Vanuatu oder Tonga sind am Abend dunkel. Es ist unheimlich, sich diesen dann zu nähern. Zehn Seemeilen vor dem Ziel ist kein Licht zu sehen. An keinem anderen Ort konnten wir den Himmel so klar in der Dunkelheit betrachten. Das ist berührend und unheimlich zugleich. Hinzu kommt, dass man – um der Hurrikansaison auszuweichen – typischerweise in den Wintermonaten in diesen Gegenden ist. Dadurch sind wir zum Teil mehr in der Dunkelheit als im Hellen gesegelt. Obwohl uns diese Tatsache vor unserem Start bekannt war, waren wir nicht richtig vorbereitet. Da wir eher energiesparend unterwegs waren, konnten und wollten wir für Licht nicht übermäßig viel Energie aufbringen. Es ist daher ratsam, in Vorbereitung auf diese lange Dunkelheit zahlreiche energiesparende, möglichst solarbetriebene Lampen an Bord zu haben. Wir haben uns diese erst unterwegs besorgt.

DIE WORLD ARC

Seit 2015 starten Anfang Januar jährlich rund 35 bis 40 Yachten von St. Lucia zur Weltumsegelung. Von 1991 bis 2015 fand diese Rally alle zwei Jahre statt. Dabei werden innerhalb von 15 Monaten rund 25.000 Seemeilen zurückgelegt. Die Ankunft der Yachten ist jeweils im April des Folgejahres ebenfalls in St. Lucia in der Rodney Bay. Grundsätzlich besteht die Möglichkeit, bei dieser Rally nur einzelne Etappen zu buchen oder die Weltumseglung zu unterbrechen und auf Wunsch zu einem späteren Zeitpunkt fortzusetzen. Viele Yachten nutzen diese Möglichkeit, um länger in der Südsee zu bleiben oder in Neuseeland zu pausieren. Die gesamte Route ist in 14 Etappen eingeteilt, für die es feste Starttermine gibt, von denen im Regelfall nur bei zu schlechtem Wetter abgewichen wird.

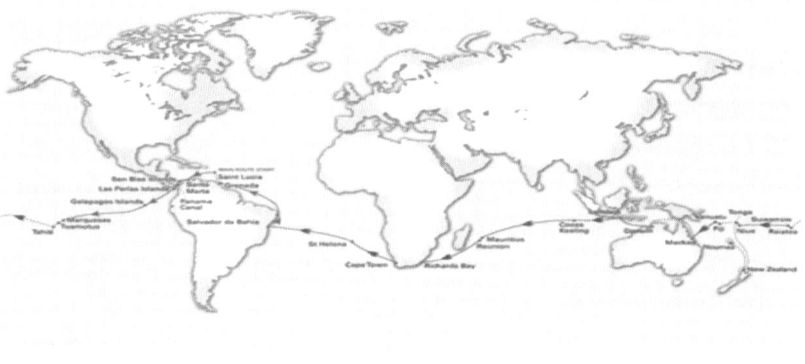

Mit der Anmeldung und der Bezahlung der Gebühr erhält man von der Organisation der World ARC umfangreiches Material über die Besonderheiten der einzelnen Etappen und ausführliche Informationen zu den einzelnen Zielen bzw. Ländern. Diese Unterlagen sind komplett in englischer Sprache erstellt. Ähnlich wie bei der Vorbereitung zur ARCplus in Las Palmas gibt es in St. Lucia einen kurzen Sicherheitscheck der Yachten. Häufig haben wir den Vorwurf gehört,

Etappe	von	bis	sm	Dauer	Speed in Knoten
1	St. Lucia	Santa Marta	820	4 T 7 h	8
2	Santa Marta	San-Blas-Inseln	295	1 T 15 h	7,5
3	Perleninseln/Isla Contadora	Galapagosinseln	850	4 T 17 h	7,5
4	Galapagosinseln	Marquesas-Inseln/Hiva Oa	2.980	17 T 4 h	7,2
5	Raiatea	Suwarrow–Niue–Tonga	1.500		
6	Fidschi/Musket Cove	Vanuatu/Tanna	450	8 T 22 h	7,8
7	Vanuatu	Mackay/Australien	1.150	6 T 11 h	7,4
8	entfallen				
9	Darwin/Australien	Lombok/Indonesien	950	6 T 9 h	6,2
10	Lombok/Indonesien	Weihnachtsinsel–Kokosinseln	1.145		
11	Kokosinseln	Mauritius	2.340	12 T 7 h	7,9
12	Mauritius	Réunion	130	0 T 19 h	6,8
13	entfallen/Aberglaube?				
14	Réunion	Richards Bay/Südafrika	1.453	8 T 9 h	7,2
15	Kapstadt	St. Helena–Salavdor	3.680	20 T 18 h	7,4
16	Fortaleza	Grenada	1.720	9 T 2 h	7,9

dass dieser Check unnötig sei und die Kosten dafür zu hoch wären. Vielleicht hätten wir ohne diesen Check weniger Seenotsignalmittel an Bord, aber insgesamt wird aus unserer Sicht eher zu wenig als zu viel kontrolliert. Denn letztlich kann gar nicht zu viel überprüft werden. Neben unvorhersehbaren und hoffentlich niemals eintretenden Situationen ist und bleibt eine Weltumseglung einfach eine enorme Belastung für eine Yacht. Diese Tatsache darf man nicht vergessen und besser einige Checks am Boot zusätzlich vornehmen als zu wenige.

WARUM MIT DER WORLD ARC?

Tatsächlich gibt es nichts, was man nicht auch ohne die Organisation der World ARC machen könnte. Doch haben wir vor unserem Start einfach nicht zu den Aussteigertypen mit vielen Auslands- und Blauwassererfahrungen gehört. Im Gegenteil. Als Jens Ende 2013 die Idee hatte, für eine gewisse Zeit eine Pause vom Arbeitsleben zu machen, und vorschlug, um die Welt zu segeln, hätte er mir ebenso gut vorschlagen können, zum Mond zu fliegen. Eine Weltumseglung? Wir? Wie sollten wir das denn alles vorbereiten? Was brauchen wir für Ausrüstung? Wie ist es mit der Sicherheit in den Ländern? Woher bekommen wir zuverlässige Wetterdaten? Zu welcher Zeit besteht in den einzelnen Gebieten eine möglichst geringe Hurrikangefahr? Zahllose Fragen, die bei uns eine große Unsicherheit hervorriefen. Bis zur restlosen und zufriedenstellenden Beantwortung aller Fragen wäre wohl eine Ewigkeit vergangen und damit vielleicht unser Traum zerplatzt. Neben der Unsicherheit bezüglich der Vorbereitung hatten wir auch nur einen zeitlich begrenzten Rahmen von zwei Jahren zur Verfügung. Diese Zeit mag überaus lang wirken, ist es aber für eine Weltumsegelung nicht. Um diesen Zeitplan zu schaffen, benötigt man eine gute Organisation.

Als wir damals all diese Fakten auf die symbolische Waage legten, wog die Seite der Unsicherheiten erheblich schwerer als die Schale der Zuversicht. Durch Zufall erfuhren wir dann jedoch von der World ARC, die vom World Cruising Club organisiert wird. In dessen Erfahrung bei der Organisation solch einer Rally konnten wir Vertrauen fassen und haben uns daher mutig für die World ARC 2015/2016 angemeldet. Kurz vor unserem Start in St. Lucia im Januar 2015 zögerten wir dann aber doch noch einmal kurz. Denn anders als in den Vorjahren hatten sich dieses Mal nur 14 Schiffe und keine rund 30 Yachten angemeldet. Auch gab es keine anderen deutschen Teilnehmer, was uns besonders am Anfang aufgrund der Sprachschwierigkeiten erheblich verunsichert hat. Doch schnell bildete sich dann aus dieser kleinen Truppe eine Segelfamilie, die in guten wie in schlechten Zeiten eng zusammenhielt.

Natürlich stellt sich die Frage, wie man einander helfen kann, wenn zwischen den Yachten zum Teil mehrere Hundert Seemeilen Abstand liegen. Denn man segelt auf solchen Strecken natürlich nicht in Sichtweite miteinander zum nächsten Ziel. Dafür sind die Geschwindigkeiten der Schiffe einfach zu unterschiedlich. Per Funk stehen die Yachten jedoch zweimal am Tag miteinander in Verbindung, um sich über Wetterdaten und die jeweilige Situation auf den Schiffen auszutauschen. Bei unserer kleinen Flotte brach beispielsweise südlich von Madagaskar bei einem Schiff bei viel Wind eine Unterwant. Eine andere Yacht hatte ein entsprechendes Reparaturset dabei, befand sich jedoch zu diesem Zeitpunkt 80 Seemeilen vor dem Unglücksboot. Also wartete das erste Boot in schwerer See auf das andere und lieh diesem dann das notwendigen Werkzeug, sodass der Schaden behoben werden konnte. Dies ist nur ein Beispiel von vielen, wie wir Probleme miteinander gelöst haben.

Betonen möchten wir, dass die Organisation der World ARC den Seglern nicht die Verantwortung für ihr Schiff oder für ihre Seemannschaft nimmt. Die World ARC bildet einen haltenden, ratenden, helfenden Rahmen. Mehr nicht, aber auch kein Stück weniger. Selbstverständlich kann man die bürokratischen Hürden in den einzelnen Ländern auch allein meistern, sich selbst Handwerker für die ständig kaputten Dinge suchen und das jeweilige Land oder die Insel allein erkunden. Wahrscheinlich ist der Stolz dann noch größer, wenn man das jeweilige Problem allein gemeistert hat. Jedoch ist es eine große Erleichterung, wenn man nur seinen Pass abgeben muss, da das Einklarieren schon organisiert ist. Noch von unterwegs konnten wir unsere Schäden am Boot per Mail an die Organisation der ARC melden, sodass der notwendige Handwerker meistens bereits vor unserer Ankunft organisiert wurde. Wir mussten uns um keine Panamadurchfahrt kümmern und nicht um die Genehmigung für die Galapagosinseln. Immer wurden Touren zum Kennenlernen des jeweiligen Landes organisiert und so richtig gut war auch, dass wir im jeweiligen Ankunftsort einen Ansprechpartner hatten.

Es geht uns nicht um eine Werbung für die World ARC und ganz sicher kann man genauso viel Argumente finden, die gegen diesen organisierten Rahmen sprechen. Zum damaligen Zeitpunkt und mit unserem begrenzten Erfahrungsschatz in Bezug auf das Langstreckensegeln war für uns die Entscheidung, die Weltumsegelung mit der World ARC zu unternehmen, jedoch genau richtig.

EINE EINZIGE HAST?

Für die gesamte Strecke von Deutschland zurück nach Deutschland hatten wir 25 Monate Zeit, in denen wir knapp 38.000 Seemeilen zurückgelegt haben. Für die rund 25.500 Seemeilen der »eigentlichen« Weltumsegelung mit der World ARC von St. Lucia nach St. Lucia benötigten wir 15 Monate bzw. 456 Tage. Vermutlich nehmen sich die meisten Segler für eine Weltumsegelung mehr Zeit als wir. Tatsächlich sind sechs Monate für den gesamten Pazifik auch sehr wenig, denn dort gibt es so viel zu entdecken. Aber viel länger ist die sichere Segelsaison nun mal wegen der tropischen Wirbelstürme nicht. Daher stellt sich die Frage, ob der vorgegebenen Zeitrahmen von 456 Tagen Hetze bedeutet oder ob er ausreichend ist.

Von St. Lucia bis St. Lucia waren wir vom 10. Januar 2015 bis zum 9. April 2016 unterwegs. In dieser Zeit sind wir 170 Tage gesegelt, also 37 Prozent der gesamten Zeit. Die anderen 63 Prozent, 286 Tage, hatten wir segelfrei. In dieser Zeit haben wir 72 verschiedene Orte besucht. Davon waren allerdings nur 24 Marinas, wo man sein Boot ordentlich festmachen konnte.

Land	**Aufenthalt im jeweiligen Land in Tagen (Ankunft erster Hafen bis Abfahrt letzter Hafen)**	**Anzahl Stopps**	**davon Anzahl Häfen**	**Hafenname**
St. Lucia	Start	1	1	Rodney Bay
Kolumbien	7	1	1	Santa Marta
Panama	23	8	2	Shelter Bay, La Playita Marina
Ecuador (Galapagosinseln)	15	3	0	
Französisch-Polynesien	51	12	2	Tahiti, Raiatea
Cookinseln	4	1	0	
Niue	5	1	0	
Tonga	12	1	0	
Fidschi	25	4	2	Vuda-Marina, Musket Cove
Vanuatu	11	2	1	Efate/Port Vila

Australien	54	19	5	Mackay, Airlie Beach, Townsville, Cairns, Darwin
Indonesien	7	1	1	
Mauritius	13	1	1	Port Louis
Réunion	9	1	1	Le Port
Südafrika	61	4	3	Richards Bay, Port Elizabeth, Kapstadt
St. Helena	2	1	0	
Brasilien	33	2	2	Salvador, Fortaleza
Grenada	16	3	1	Port Louis
St. Vincent und die Grenadinen	9	4	0	
St. Lucia	5	2	1	Rodney Bay
Summe	**362**	**72**	**24**	

Im Durchschnitt waren wir rund vier Tage (286 Ruhetage mit 72 Stopps) an einem Ort. Die Dauer der einzelnen Aufenthalte schwankte dabei zwischen wenigen Stunden während der Nacht (zum Beispiel australische Ostküste in einzelnen Tagestouren) bis hin zu den langen Aufenthalten in Vava'u (zwölf Tage), Mackay (elf Tage), Kapstadt (41 Tage) und Salvador (23 Tage).

Diesem Thema haben wir deswegen so viele Zahlen gewidmet, da das Empfinden über Hast und ausreichend Ruhezeit ausgesprochen individuell ist. Die segelfreie Zeit ist dabei auch nicht mit Urlaub gleichzusetzen. Denn man braucht diese Zeit an Land, um sich um Dinge wie Bürokratie (Ein- und Ausklarieren), Bootsreparaturen, Bootspflege, Streckenplanung und die Erledigung von Alltagsdingen wie Wäsche, Einkauf und Kommunikation zu kümmern. Darüber hinaus sollte auch die Erholung – Langstreckensegeln ist anstrengend –

und das Kennenlernen des Landes nicht zur kurz kommen. Das klingt vielleicht alles banal, doch können diese einfachen Dinge in den unbekannten Ländern bei ungewohnten Temperaturen Tage und Nerven kosten. In Abhängigkeit von der jeweiligen Stressresistenz und der Reparaturbedürftigkeit des eigenen Bootes kann es tatsächlich sein, dass diese Ruhezeit nicht ausreicht und man sich vom nächsten Abfahrtstermin getrieben fühlt.

Im engen Zusammenhang zur gefühlten Hetze steht die Geschwindigkeit des eigenen Bootes. Aus unserer Sicht ist die Längenvorgabe der World ARC für die Yachten (circa 40 Fuß) als Startvoraussetzung richtig und unbedingt zu beachten. Auf den langen Distanzen von mehreren Tausend Seemeilen zieht sich das Feld der Schiffe weit auseinander. Zum Beispiel lagen zwischen der ersten und der letzten Yacht nach den 3.000 Seemeilen von den Galapagosinseln nach Hiva Oa zehn Tage. Zweifelsohne ist das Empfinden bezüglich Hast und Ruhe der letzten Yacht anders als bei den zuerst ankommenden Yachten.

Nach unserem persönlichen Empfinden hatten wir ausreichend Ruhezeiten. Unsere GARLIX hat uns mit Reparaturen weitestgehend in Ruhe gelassen, wenn man einmal vom Blitzschlag in Durban absieht. Darüber hinaus gehörten wir meistens zu den Ersten, die das jeweilige Ziel erreicht haben. Neben den vielen Aktivitäten, die von der World ARC geplant waren, hatten wir noch Zeit, um zusätzliche Touren in den Ländern zu unternehmen. Beispielsweise sind wir in Australien für zwei Tage nach Sydney geflogen, unternahmen eine zweitägige Rundtour auf Lombok oder waren sogar zwei Wochen in Brasilien unterwegs.

Der Zeitrahmen der World ARC wird letztlich vom Hurrikankalender bestimmt. Jeder Segler ist gut beraten, sich an diesem zu orientieren. Die Organisation der World ARC erlaubt jederzeit eine Unterbrechung der Tour. Es ist also möglich, beispielsweise in Neuseeland die Hurrikanzeit abzuwarten und im nächsten Jahr weiterzusegeln. Dadurch hätte man mehr Zeit für die interessanten Gegenden wie Französisch-

Polynesien, Neukaledonien oder Vanuatu. Man kann auch einige Zeit in Neuseeland verbringen oder einfach das Boot zurücklassen und nach Hause fliegen. Ob diese Verlängerung von mindestens einem Jahr möglich ist, muss jeder selbst entscheiden. Eine interessante Option ist sie auf jeden Fall. Aus heutiger Sicht würden wir zumindest versuchen, diese Verlängerung in unseren Zeitplan einzubauen.

RALLY ODER RACE?

Ist die Weltumseglung mit der World ARC eine Rally, also eine bloße Zusammenkunft von Yachten, die aus Sicherheitsgründen gemeinsam segeln, oder überwiegt das Regattafieber? Wird man letztlich vom Regattawahn gepackt und vergisst damit die nötige Vorsicht? Angesichts der Tatsache, dass immer ein wenig Regattafieber ausbricht, selbst wenn sich nur zwei Segelboote begegnen, glauben wir, dass die Wahrheit in der Mitte liegt. Es ist einfach beides, eine Rally und ein Race.

Wie bei einer richtigen Regatta werden die Yachten vor ihrem Start in St. Lucia nach World-Cruising-Club-Handicap-Regeln, das an die ORC-Bewertung angelehnt ist, bewertet und bekommen einen entsprechenden Verrechnungsfaktor. So mussten wir beispielsweise gemäß diesem Faktor gegenüber einer First 47 0,37 Prozent und gegenüber einer Hallberg Rassy 48 6,58 Prozent schneller segeln, um in der Bewertung tatsächlich vor ihnen zu liegen. Zusätzlich wird bei der verrechneten gesegelten Zeit die unter Motor gefahrene Zeit mit einem Straffaktor belegt.

Jede einzelne Etappe hat einen festen Starttermin, der auf unserer Tour nur einmal aufgrund von schlechtem Wetter in Réunion aufgehoben wurde. Der Start ähnelt durchaus einem richtigen Regattastart mit Startboot und Countdown. Doch sofort nach dem Start überwiegt die Freude am Blauwassersegeln. Bei dem immer gleichen Passatwind werden die Segel für die nächsten Tage eingestellt und es kehrt Routine in den Bordalltag ein. Der Gedanke, unbedingt als erstes Boot im teilweise mehrere Tausend Seemeilen entfernten Ziel anzukommen, schiebt sich weit in den Hintergrund. Doch verschwunden ist er nicht, denn wer möchte schon Letzter werden?

Aus unserer Sicht gibt es Vor- und Nachteile dieser Rally; siehe dazu die Tabelle auf der folgenden Doppelseite.

GEHT DIE INDIVIDUALITÄT VERLOREN?

Mit der World ARC sollte niemand segeln, der die völlige Einsamkeit sucht. Wenn 15 bis 30 Yachten im Abstand von wenigen Tagen in ein sonst eher verlassenes Atoll einlaufen, dann geht natürlich ein Stück Individualität verloren. Solch eine geplante Ankunft vertreibt die Einsamkeit suchenden Segler aus den Buchten. Ob diese Ankunft einer Jahrmarktsatmosphäre gleicht, kann jeder nur für sich selbst beurteilen. Wir empfanden es eher als ein gemeinsames Erlebnis mit guten Bekannten, als etwas gemeinsam Erreichtes, als ein gemeinsames stolzes Gefühl.

Auch die von der World ARC organisierten Ausflüge und Festlichkeiten in jedem neuen Land sind nicht individuell. Doch für uns waren es tolle Erlebnisse, die wir während dieser relativ kurzen Landaufenthalte allein nicht organisiert bekommen hätten. Wir können uns an viele Feste und Ausflüge erinnern, die wir nicht vermissen möchten. Unvergessen bleibt für uns das Fest auf Tahuata. Die Bewohner dieser Marquesas-Insel schenkten uns einen unbeschreiblich schönen Tag mit lokalen Tänzen, Essen und gemeinsamen Spielen. Selbstverständlich haben wir damit nicht den normalen Alltag der Menschen erlebt, doch kamen wir uns durchaus näher.

Vorteil	Nachteil	Bemerkung
Die Gruppe der Yachten bedeutet mehr Sicherheit.		Es ist gut zu wissen, dass in x Seemeilen ein anderes Schiff ist. Dies schafft ein größeres Zusammengehörigkeitsgefühl.
regelmäßiger Funkkontakt zu den anderen Yachten		Objektiv ist in Notsituationen spätestens nach ein bis zwei Tagen ein anderes Schiff da, um Beistand zu leisten.
fester Zeitplan	fester Zeitplan	**Vorteil:** Crew und Freunde können feste Flieger buchen. Der Starttermin steht und die eigenen kleinen Ängste werden nach hinten geschoben. **Nachteil:** Der Starttermin steht und eigene Bedenken werden nach hinten geschoben. Durch die Gruppendynamik geht man eventuell Risiken ein, die man sonst vermieden hätte.
	straffer Zeitplan	Die Geschwindigkeit vom Boot sollte passen.
Etappen sind bereits auf die Hurrikansaison abgestimmt.		Uns gab diese routinierte Planung ein sicheres Gefühl.
konzentriertes Segeln		Wir denken, dass wir aufgrund der Tatsache, dass wir nicht das letzte Boot sein wollten, eher auf Segeltaktik, Wetterentwicklung etc. geachtet haben.
Fotos der eigenen Yacht		Welch ein Stolz und Freude sind diese Fotos … die eigene Yacht in voller Fahrt auf dem Pazifik!
gemeinsamer Start mit Freunden		Es ist ein Gaudi und macht einfach Spaß.
Es entstehen lange Freundschaften.		
Aufwand für Behördengänge und Bürokratie ist gering.	kein zusätzliches Abenteuer bei den Behördengängen	Allein benötigt man für das Ein- bzw. Ausklarieren wahrscheinlich zwei- bis fünfmal so viel Zeit. Wir haben dieses zusätzliche Abenteuer nicht vermisst, auch wenn es anderen Seglern anders ging.

Organisation von Landausflügen		Durch den straffen Zeitplan erlebt man eine ganze Menge in dem jeweiligen Land.
hohe Sicherheitsanforderungen von der ARC	hohe Sicherheits-anforderungen von der ARC	Wir sehen dies nur als Vorteil an, aber die Anschaffung von neuem, zusätzlichem Equipment ist auch teuer.
Organisation Panamakanal		Befahren des Kanals im Päckchen, die Schleuse hat man für sich allein
längeres Verbleiben auf den Galapagosinseln		
Handbuch der World ARC		Vor dem Start in St. Lucia erhält man von jedem Land gute, hilfreiche und aufschlussreiche Hinweise zu allen geplanten Stopps.
Skipperbriefing vor jedem Start		Dabei werden lokale und aktuelle Besonderheiten vorgestellt.
	Man verliert die Selbstständigkeit.	Durch die gute Organisation der ARC verliert man seine Selbstständigkeit und traut sich unter Umständen irgendwann die Bewältigung zum Beispiel der Bürokratie nicht mehr zu.
	wenig Kontakte zu anderen Segler, die nicht mit der ARC fahren	Durch die relativ geschlossene Gruppe der World ARC hat man wenig Kontakt zu andere Segler.
Hilfe und teilweise Organisation bei Reparaturen	Der nächste Starttermin steht und erfolgt, egal ob die Reparatur durchgeführt wurde oder nicht.	Der Zeitplan steht fest und einen Aufschub gibt es kaum. Sollte eine Reparatur noch nicht erledigt sein, segelt die gesamte Flotte davon und man ist allein.

Unabhängig vom organisierten Rahmen der World ARC hat man während der Rally individuelle Zeit, die jeder nach eigenen Wünschen nutzen kann, wenn man sie tatsächlich benötigt. Während der Zeit von St. Lucia nach St. Lucia sind wir 286 Tage gar nicht gesegelt. Da es auf der gesamten Strecke wenige Marinas gibt, haben wir meistens geankert. In welcher Bucht man liegt, ob zusammen mit allen anderen Teilnehmern oder allein, kann jeder selbst entscheiden. Die 171 Tage Segelzeit setzten sich aus 116 Rallytagen mit gewerteten Etappen und 55 Tagen freiem Segeln zusammen. Gerade in Französisch-Polynesien, Australien, Südafrika und Brasilien hatten wir lange Zeiten, wo wir von der Organisation der World ARC nicht viel mitbekommen haben. Dass man diese organisationsfreie Zeit jedoch tatsächlich allein und individuell nutzt, ist eher unwahrscheinlich. Denn während der Zeit der Rally entstehen Freundschaften und dieses tolle Abenteuer, um die Welt zu segeln, haben wir gern gemeinsam erlebt.

WAS BEKOMMT MAN FÜR SEIN GELD?

Der Preis für die World ARC ist abhängig von der Länge des Bootes und der Anzahl der Crewmitglieder. Für unsere 44 Fuß lange Yacht haben wir 2014 14.500 Pfund (16.500 Euro) bezahlt. Dazu kamen 1.500 Pfund (1.700 Euro) für jedes erwachsene Crewmitglied. Weitere 1.500 Pfund (1.700 Euro) bekamen wir als Rabatt, da wir die komplette Summe im Jahr vor dem Start bezahlt haben. Gestaffelte Rabatte gibt es nach Rückfragen beim World Cruising Club. Aus unserer Sicht war das Risiko der frühen Zahlung relativ gering, da wir wussten, dass wir den Start jederzeit verschieben oder an einer der anderen organisierten Wettfahrten des World Cruising Clubs teilnehmen können. Somit war diese zeitige verbindliche Anmeldung für uns eher ein Ansporn als ein Wagnis.

Wir haben also rund 18.000 Euro für die Organisation der 15-monatigen Weltumsegelung von St. Lucia nach St. Lucia an die Organisation der World ARC bezahlt. Und was haben wir dafür bekommen? Als Zahlenmensch fiel es mir anfangs tatsächlich schwer, damit klarzukommen, dass es keine konkrete und komplette Gegenrechnung in Form einer preislichen Auflistung der Leistungen gibt.

Zu diesen bezahlten Leistungen gehören folgende:

Im Vorfeld der Veranstaltung
- World-ARC-Rallyhandbuch und Bestätigungspaket (inklusive Sonderangebote)
- World-ARC-Flagge
- vier Informationsrundbriefe mit Ratschlägen für die Teilnehmer und Hinweisen zur Ausrüstung
- Bestellservice für Seekarten und Seehandbücher
- Bestellservice für Gastlandflaggen
- Zugang zum Forum der World-ARC-Website

- Berechnung des Handicaps
- reduzierte Teilnahmegebühr beim Ocean Cruising Seminar in Guildford (England) oder Annapolis (USA)

Auf See

- YB-Tracking-System mit automatischer Positionsmeldung (Gutschrift für Yachten mit eigenem Tracker)
- YB-Polling (Guthaben zur Deckung der Kosten wird auf das Konto des Teilnehmers überwiesen)
- Positions-Melde-Funknetz
- Wetterbericht (für die ausgewiesenen Segeletappen Fünftagesvorhersage)
- Abbildung der automatisch gesendeten Bootspositionen auf der World-ARC-Website
- Abbildung der zugesandten Berichte und Fotos auf der Website
- 24-Stunden-Notfalltelefon: Neben der Organisation und dem Ansprechpartner vor Ort kann man telefonisch über den gesamten Zeitraum zu jeder Tages- und Nachtzeit jemanden von der ARC erreichen.

In den offiziellen Zielhäfen

- Unterstützung bei allen Belangen durch Mitarbeiter des World Cruising Clubs
- umfangreiches Veranstaltungsprogramm
- Empfang mit Informationen für Touristen
- Preisverleihungsparty
- Übernahme der Liegegebühren für drei Tage vor dem Start jeder offiziellen Rallyetappe
- Übernahme der Kosten für Cruising Permits, Leuchtfeuerabgaben und weitere Gebühren
- Übernahme der Gebühren, die bei der Ankunft bei Zoll, Einwanderungsbehörde und Quarantäneoffizieren anfallen
- Skipperbesprechung (inklusive Fünftagewettervorhersage)

Beim Start in St. Lucia

- World-ARC-Startnummer
- Überprüfung der Sicherheitsausrüstung
- Rallybesprechungen und Wettervorhersagen

Zusätzlich

- Transit- und Agentengebühren für den Panamakanal
- Leinen- und Fenderverleih für den Transit des Panamakanals

Nach der Veranstaltung

- Kostenlose Teilnahme an der ARC Europe oder der ARC USA – es werden dann nur die Crewgebühren berechnet.

Es muss jeder für sich selbst beantworten, ob ihm die genannten Leistungen den Preis wert sind. Mit unserer 44 Fuß langen Yacht gehörten wir zu den kleineren Booten der Flotte. Bei einer längeren Yacht steigt der Preis bei gleichbleibenden Leistungen. Aus unserer Sicht stimmt jedoch das Preis-Leistungs-Verhältnis.

Bibliografische Information der Deutschen Nationalbibliothek
Die Deutsche Nationalbibliothek verzeichnet diese Publikation in der Deutschen Nationalbibliografie; detaillierte bibliografische Daten sind im Internet über http://dnb.dnb.de abrufbar.

1. Auflage
ISBN 978-3-667-11428-0

Lektorat: Birgit Radebold / Dr. Sigrun Künkele
Coverfoto: Svanfridur Jonsdottir
Umschlagrückseite: Jens Garlin
Innenteilfotos: Jens Garlin mit Ausnahme von: Bild 6 – Angela Schwarz; Bild 8, 12 – Hanna Bauer; Bild 13, 19 – Luc und Sarah Barthelet ; Bild 28 – Manfred Stoll; Bild 34 – Herbert Kasperschinsky; Bild 36 – Kerstin Kasperschinsky; Bild 38 – Torsten Jonas
Karte: inch3, Bielefeld
Umschlaggestaltung: Felix Kempf, www.fx68.de
Satz: Axel Gerber
Lithografie: Mohn Media, Gütersloh
Druck: CPI – Clausen & Bosse, Leck
Printed in Germany 2018

Delius Klasing Verlag, Siekerwall 21, D - 33602 Bielefeld
Tel.: 0521/559-0, Fax: 0521/559-115
E-Mail: info@delius-klasing.de
www.delius-klasing.de

LESEPROBE

KRISTINA MÜLLER
FREIHEIT
AUF
ZEIT
WELTUMSEGLER
ERZÄHLEN
DELIUS KLASING

»JEDER TAG IST WIE EIN ABENTEUERFILM«

Jede **Weltumseglung** ist eine Liebesgeschichte. Sie erzählt von Männern und Meeren, von Frauen und Freiheit. Und von der Verwirklichung lang gehegter Träume. Vor diesen Geschichten sei gewarnt! Sie können akutes **Fernweh** auslösen und Reisefieber verursachen – bis hin zu dem drängenden Verlangen, jetzt, gleich und hier alles stehen und liegen zu lassen, auf ein Boot zu steigen und davonzusegeln. Als Gegenmittel wirken vorübergehend nur Gebrauchtbootanzeigen und das Verteilen von Kreuzchen auf dem Globus.
Die Segler dieses Buches haben es vorgemacht: Sie alle sind keine Rekordjäger, Profisegler oder Superreiche, sondern **abenteuerlustige Menschen** wie Du und ich. In zwölf Porträts verraten sie, wie sie ihre Weltumsegelung realisiert haben: Egal ob zeitlich begrenzt, mit altem Schiff oder einer neuen **Yacht**, ob alt oder jung, ob mit Familie oder allein. Jeder hat seinen Weg und seine persönliche Sicht auf die Welt gefunden.

SIE ALLE HABEN VORGEMACHT, DASS VERDAMMT VIEL MÖGLICH IST, WENN MAN NUR WILL.

Ein letztes großes Abenteuer

Jede Weltumsegelung ist eine Liebesgeschichte. Sie erzählt von Männern und Meeren, von Frauen und Freiheit. Und von der Verwirklichung lang gehegter Träume. Vor diesen Geschichten sei gewarnt. Sie können akutes Fernweh auslösen und Reisefieber verursachen, bis hin zu dem drängenden Verlangen, jetzt gleich und hier alles stehen und liegen zu lassen, auf ein Boot zu steigen und davonzusegeln. Als Gegenmittel helfen vorübergehend nur das Stöbern in Gebrauchtbootanzeigen und das Verteilen von Kreuzchen auf dem Globus.

Zwölf Reisen deutscher Weltumsegler zeichnet dieses Buch nach, basierend auf zwölf Interviews mit Paaren, Soloseglern und einer Familie. Zwölf Träume, zwölf Entscheidungen des Loslassens, zwölfmal vollkommene Freiheit. Aber auch: Stürme, Kenterungen, Schlafmangel, leere Kassen und Bürokratie.

All diese Weltumsegelungen haben Menschen wie Sie und ich unternommen: keine Profisegler, keine Rekordjäger, keine Superreichen. Keine bärtigen »Salzbuckel«, keine Adrenalinjunkies. Sie alle teilen die Leidenschaft des Langfahrtsegelns, ohne dass sie zwangsläufig am Meer aufgewachsen, geschweige denn von klein auf Segler sind. Und sie alle haben vorgemacht, dass verdammt viel möglich ist, wenn man nur will.

Ähnlich, oft gar identisch, waren ihre Gründe, loszusegeln. Eines der »letzten großen Abenteuer« wollte Lars Winkelmann erleben. Die Welt zu sehen oder einfach mal weg zu sein sind weitere Motive, die regelmäßig auftauchen. Und dennoch hätten die folgenden Reisen und die Voraussetzungen dafür verschiedener kaum sein können. Genau das war der Grund, warum ich sie auswählte.

Von A bis Z durchgeplant und schnell wieder vorbei (zumindest aus Weltumsegler-Perspektive) war die Tour von Birgit und Uwe Strüwing. Sie schlossen sich einer Rallye um den Globus an. Gefühlt endlos ließen sich dagegen Ingrid und Jürgen Mohns über die Weltmeere treiben. An ihre große Runde hängten sie gleich eine zweite dran. Erst nach über zwei Jahrzehnten liefen sie wieder im Heimathafen ein.

Martin Finkbeiner zog als Mittzwanziger los, hungrig nach Abenteuern. Auf die Rente warten? Nein, danke. Auch andere wollten das nicht: Familie Winkelmann zum Beispiel, die sich von der Schulpflicht in Deutschland nicht abschrecken ließ und mit kleinen Kindern aufbrach. Oder Tatjana Hartmann und Thomas Witt: Sie kündigte, sein Chef genehmigte Urlaub, und sie waren fortan nicht mehr gesehen … So hätte die Geschichte zumindest weitergehen können, wäre es nach den beiden Seglern gegangen. Glücklicherweise wurden sie wiedergesehen. Doch die Abgeschiedenheit mancher Ankerplätze, das Fehlen von Zwängen und das langsame Leben an Bord hinterließen den nachhaltigen Gedanken an den ganz großen Ausstieg.

Dr. Michael Leppert ist diesen Schritt längst gegangen. Seine Weltumsegelung mit ärztlicher Mission ist (noch) nicht vollendet, sie wird es vielleicht niemals sein. Der Pazifik hält ihn fest, seit bald einem Jahrzehnt. Zum Geschäftsmodell hingegen hat Wolfgang Weber das Weltumsegeln ausgebaut: Als Gastgeber reiste er auf seiner Yacht um den Globus. Nicht einmal, gleich zweimal. Mit großem Erfolg.

Nicht allen Reisenden war Fortuna so wohlgesonnen. Eine der Weltumsegelungen endete dramatisch, eine andere löste Zweifel aus. Dies sind jedoch die Ausnahmen, der Großteil der Rückkehrer wäre am liebsten gleich wieder losgesegelt. Oder gar nicht erst zurückgekehrt. Gerade die jüngeren Crews wären wohl heute noch unterwegs, hätten leere Bordkassen sie nicht irgendwann in die Heimat geschickt.

Heimliche Hauptdarsteller der Geschichten sind die Segelyachten. Sie wurden zum Zuhause und zu Reisegefährten der Segler. Manche sind klein, alt und aus rostendem Stahl. Andere, wie die SCHÜSSEL von Christine und Herbert Graßhoff, brandneu und nach den Wünschen der Eigner in modernster Machart gebaut. Heinz Solka schweißte die Platten seines ersten Schiffes eigenhändig zusammen, das zweite konstruierte er selbst und spendierte ihm sogar eine Fahrt auf dem Frachtschiff. Renate und Dieter Heller brachen mit einem schmucken Klassiker zur Weltreise auf, einem Schiff mit hohem, pflegeintensivem Holzanteil.

Schließlich unterscheiden sich die Weltumsegelungen dieses Buches durch die gesegelten Routen, den »Fahrplan«. Viele führen entlang der Barfußroute, geschoben vom Passatwind. Doch nicht wenige Segler entfernten sich vom Strom, reisten abseits der Segelhighways: zu den abgelegenen Inseln des Nordpazifiks, auf Flüssen und Kanälen in Europa und Amerika, in den hohen Norden und tiefen Süden dieses Planeten. Zum Mythos Kap Hoorn und weiter.

Sie halten keinen Ratgeber für angehende Blauwassersegler in den Händen. Dennoch konnte ich es nicht lassen, die Weltumsegler um ihre besten Tipps, Tricks, Anekdoten und technischen Angaben zu ihrem Schiff zu bitten. Sie finden sich am Ende jedes Kapitels und vermitteln gemeinsam mit den Kurzporträts einen kompakten Eindruck davon, worauf es bei dem Unterfangen Weltumsegelung ankommt.

Was die Protagonisten der folgenden Seiten wohl erzählen würden, säßen sie alle in einer lockeren Runde versammelt? Vielleicht ginge es um die optimale Ausrüstung, die schönsten Ankerbuchten – oder um die Fragen, die ich ihnen gestellt habe: In welchem Moment war klar, dass ihr um die Welt segeln wollt? Was werdet ihr nie vergessen? Und wie war es, wieder zurückzukehren?

Für einige Stunden laden sie uns zu sich an Bord ein, um noch einmal, zwischen Seekarten und Konservendosen sitzend, zu planen und zu träumen, die Welt achteraus zu lassen und irgendwann wieder anzukommen.

Vielen Dank euch Weltumseglern. Für die Offenheit, mit der ihr über den Törn eures Lebens und den Weg dorthin berichtet habt – in Kajüten, Kaminzimmern, Kneipen oder über eine brüchige Skype-Verbindung. Ein Hoch auf eure Abenteuerlust, dank der zwischen den folgenden Zeilen die Erfahrung aus einer halben Million Meilen und rund 100 Jahren auf See fließt.

Kristina Müller, Hamburg 2017

Nachgehakt: Martins …

… Tipps für Weltumsegler

- Sich genug Zeit nehmen, drei Jahre sind das Minimum. Zwei Jahre, das klappt nicht.
- Auf gute Ausrüstungsgegenstände wie Anker und Selbststeueranlage achten. Sie können das Leben an Bord, vor Anker und unterwegs, sehr komfortabel machen.
- Improvisieren können: Mit Zwei-Komponenten-Kleber kann man auch mal einen abgebrochenen Zahn reparieren [lacht]. Hat bis zum Ende der Reise gehalten!

… wichtigste Bücher an Bord

- »Segelrouten der Welt« von Jimmy Cornell.
- Mein Lieblingsbuch: »Schiffbruch mit Tiger« von Yann Martel.

… spontane Antworten

Nordsee oder Ostsee? Eigentlich keine von beiden, sondern die Passatregion, wo der Wind stetig weht. Aber die Ostsee ist einfach wunderschön, hat viel zu bieten, tolle Ankerplätze. Die Nordsee sicher auch, ist aber wahnsinnig rau und ungemütlich. Ich würde immer schauen, dass ich da schnell durchkomme. Ein Freund von mir hat mal gesagt, die Nordsee sei kein Segelrevier, sondern eine Zumutung.

Atlantik oder Pazifik? Pazifik. Und da der Nordpazifik, der Leute und der Kulturen wegen. Die Menschen im Pazifik sind schon sehr besonders.

Hafen oder Ankern? Ankern. Die coolen Orte auf der Welt haben keine Häfen, denn sonst würde ja alle Welt dahin segeln.

… Revier-Geheimtipps

Die Orte, an denen es kein WLAN gibt. In Mikronesien gibt es die noch zahlreich.

… Vorgehen in schwerem Wetter

Eine Kanne heißen Kaffee kochen.

Aus dem Kapitel Junge, komm heil wieder – Frei und weg: der 25-jährige Martin Finkbeiner und seine Weltumsegelung mit Hindernis und Hilfsprojekt.

LESEPROBE

MAXIMILIAN LESSNER
DA
GEHT
NOCH
WATT
SEGELN AN
DER NORDSEEKÜSTE
DELIUS KLASING

VORURTEIL

#07

DIE HÄFEN AN DER NORDSEE SEHEN DOCH ALLE GLEICH AUS

PELLWORM UND TETENBÜLLSPIEKER – DIE LANDSCHAFT VERÄNDERT SICH

Einen Pausentag auf der Hallig Hooge zu verbringen, ist bei dem traumhaften Hafen Ehrensache. Neben der Zeit auf Hooge hat das aber noch einen weiteren angenehmen Nebeneffekt. Die Gezeiten verschieben sich pro Tag etwa um 50 Minuten. Dadurch geht es heute ganz gemütlich um 8 Uhr mit halbem Wasserstand los. Spätestens damit sollte das Vorurteil aus dem letzten Kapitel entkräftet sein, denn selbst wenn man einmal früh aufstehen muss, sieht es in den nächsten Tagen schon wieder ganz anders aus. Überhaupt finde ich, dass man sich sehr schnell an das Diktat von Wetter und Gezeiten gewöhnt. Manchmal sorgt es sogar für eine gewisse Entspannung im Kopf. Weder mit der Crew noch mit sich selbst muss man lange besprechen, wann es denn nun losgehen könnte und ob alle mit der Törnplanung einverstanden sind. Die äußeren Bedingungen legen dies nämlich fest. So lässt man sich einfach treiben und schaut, was einem die Natur heute als Programm zurechtgelegt hat. Oder man entscheidet sich, einfach im Hafen zu bleiben. Viel ursprünglicher kann das Segeln nicht sein, denn auch mit allen heutigen technischen Hilfsmitteln hat man sich den Gezeiten einfach unterzuordnen.

So geht es heute also zu einer ganz normalen Uhrzeit los, wieder durch ein Wattfahrwasser, das Rummelloch. Größere Schiffe müssen abermals den Weg außen herum, um die Pellworm und Hooge umgebenden Sände, wählen. Vor einigen Tagen, auf dem Weg nach Amrum, war es noch etwas Besonderes, sich an den Pricken entlangzuhangeln und schon währenddessen mit dem Fernglas die nächsten zu suchen. Obwohl ich das vorher jahrelang nicht gemacht habe, gewöhnt man sich doch überraschend schnell an diese eher ungewöhnliche Art der Navigation, und ich finde meinen Weg über den hohen Wattrücken, als hätte ich nie etwas anderes gemacht.

Auch weil heute der Motor mal wieder ran muss, da sich dieses Wattfahrwasser öfters in verschiedene Richtungen windet, ist Pellworm schnell umrundet, und der Hafen kommt bald in Sicht. Schon die ganze Zeit fällt mir auf, dass diese Insel völlig anders aussieht als

Die Pricken weisen den Weg durch das Watt. Auch bei Hochwasser sollte man sich ohne Revierkenntnis nah bei ihnen halten.

alle bisherigen, denn Pellworm ist ringsherum von einem hohen Deich umgeben, fast wie das Festland. Der Eindruck täuscht auch nicht, denn Pellworm hat einen entscheidenden Unterschied zu den anderen Inseln: Bis noch vor etwa 500 Jahren, und damit deutlich länger als alle anderen, gehörte es zu einer viel größeren Insel, welche durch Sturmfluten immer weiter verkleinert und zerstückelt wurde. Das Land ist wesentlich älter als auf den Düneninseln wie Amrum, die sich durch Wind und Wellen schon immer in stetiger Veränderung befanden.

Der Weg in den Hafen führt durch einen langen, tiefen und gewundenen Priel. Den Hinweisen im Hafenführer entsprechend, lasse ich die Stege des Segelclubs links liegen und suche mir lieber einen Platz an der Spundwand im Hafen. Dort soll man zuverlässiger einsinken. An einer festen Spundwand festzumachen, wenn die Tide einen etwa 2,5 Meter hoch und runter wiegt, ist aber keine ganz einfache Sache und erfordert besondere Leinenarbeit. Allein ist mir das etwas zu anstrengend, und so wähle ich die faule Variante: Einer der Fischkutter will in den nächsten Tagen nicht rausfahren, und ich darf bei ihm längsseits anlegen. Der Fischkutter ist dann quasi eine Art auf- und absteigender Schwimmsteg. So unterschiedlich können die Sichtweisen sein: Während das Liegen im Päckchen in der Ostsee meist sogar als lästig empfunden wird, kann es hier im Strom der Gezeiten sogar besonders komfortabel sein.

Der Hafen von Pellworm ist viel betriebsamer und besser befestigt als der von Hooge. Hier wirtschaften noch mehrere Krabbenkutter, eine Fähre legt auf der anderen Hafenseite an, und auch einige Ausflugsschiffe gibt es. Am Deich über dem Hafen thronen einige alte Gasthäuser und ein Pumphaus – eine weitere Parallele zum Festland, denn hier wie dort muss das Hinterland mit Gräben und Pumpen entwässert werden. Pellworm ist eben doch ein wenig anders.

Obwohl das Wetter heute ziemlich grau ist, mache ich mich mit dem Fahrrad auf den Weg rund um die Insel, denn dafür ist Pellworm ganz besonders gut geeignet. Es ist hier zwar flach wie in Hooge, aber offenbar halten die Deiche einen Teil des Windes draußen. So lässt es sich bequem herumradeln. Ähnlich wie Föhr ist auch Pellworm eine grüne und landwirtschaftlich geprägte Insel, aber aus irgendeinem Grund finde ich sie anziehender. Vielleicht liegt es daran, dass manche alten Höfe hier noch auf Warften, die vor dem Bau des Deiches aufgeschüttet wurden, liegen. Vielleicht auch daran, dass überall auf den Äckern Wattvögel rasten und deren unverwechselbare Rufe mich sofort den Bezug zum Watt herstellen lassen. Oder an dem großen rot-weißen Leuchtturm, der von der ganzen Insel aus zu sehen ist – übrigens ein Zwillingsbruder des Leuchtturms Westerheversand, den die Jever-Bierwerbung landesweit bekannt gemacht hat. Vielleicht ist das aber auch nur meine ganz persönliche Meinung. Oder ich bekomme schon einen (Watt-)Vogel.

Fest steht jedenfalls, dass Pellworm eine unglaublich stille Insel ist. Die großen Touristenströme ziehen an ihr vorbei auf die nördlichen Inseln Amrum, Föhr und Sylt. So ist sie besser geeignet, um auf dem Deich bei den Schafen auf einer Bank zu sitzen und über das Wattenmeer zu gucken. Ich weiß nicht genau, wieso ich das so oft erwähne, aber irgendwie lässt mich der Blick auf die Weiten des Wattenmeers in diesem Revier besonders ruhig und bedächtig werden. Die Abgeschiedenheit von Pellworm ist einfach perfekt dafür geeignet, um inmitten der mähenden Schafe auf dem Deich den Kopf abschalten zu lassen.

Neben seiner alten Kirchenruine besitzt Pellworm vor allem eine Attraktion, die man sich gerade als Segler nicht entgehen lassen darf. Im Verhältnis zu ihrer Größe hat die Insel eine relativ große Fischkutterflotte. Und da sie so abgelegen ist, wird nicht der ganze Fang zum Pulen nach Marokko oder Polen verschifft, sondern es bleibt eine ganze Menge auf der Insel. So viel, dass in den Hafenrestaurants gefühlt jedes zweite Gericht mit dem Hinweis »mit Pellwormer Krabben« versehen ist. Und diese Delikatesse darf man sich bei einem Segeltörn in der Nordsee natürlich nicht entgehen lassen.

Als sich das Schiebeluk am nächsten Tag öffnet, ist plötzlich der Hochsommer ausgebrochen. Eigentlich wollte ich noch einen Tag Pellworms Ruhe genießen, aber heute ist es einfach zu schön, um nicht auf See zu sein. Keine einzige Wolke am Himmel, 25 Grad und Wind der

Tetenbüllspieker. Zu Gast im *Rätsel der Sandbank*.
Hier wird es auch mal wieder recht flach.

Stärke 3. Besser geht es für einen entspannten Segeltag eigentlich nicht, und so mache ich mich – wieder eine Stunde später als gestern – auf die Socken.

Für heute habe ich mir ein ganz besonderes Törnziel ausgesucht: einen Ort namens Tetenbüllspieker. Ob ich wirklich dort liegen kann, ist ungewiss, denn sowohl auf der Seekarte als auch im Törnführer steht nicht viel dazu geschrieben.

Jeden Tag steigere ich mich in der Wattennavigation. Obwohl ich das mit NONSUCHs Tiefgang schon an vielen anderen Stellen hätte machen können, traue ich mich erst hier und heute, querfeldein über einen Sandrücken an der Hallig Südfall zu schnippeln. Auch die Segler von Pellworm haben sich über seltene Gäste in ihrem Hafen gefreut und bereitwillig Auskunft gegeben. Durch sie bestärkt, traue ich mich nun auch endlich, querfeldein zu fahren.

Trotzdem ist das hier irgendwie eine komische Ecke. Dort, wo sich jetzt die mächtige Norderhever mit mehr als zehn Meter Wassertiefe und an die 3 Knoten Strom befindet, gab es vor wenigen Hundert Jahren noch Land mit Gras und Kühen darauf. Irgendwo hier in der Nähe von Südfall wird auch immer noch die damals in der Sturmflut mit Mann und Maus untergegangene Stadt Rungholt vermutet. Und heute segele ich bei Hochwasser ohne Probleme hier entlang. Wer weiß schon, wie das Wattenmeer in weiteren 400 Jahren aussehen wird? Werden dann vielleicht auf genau diesem Fleck wieder Häuser stehen und die Priele ganz woanders laufen? Fast habe ich das Gefühl, als ob das Wattenmeer mehr Rätsel und Fragen aufwirft, je länger man sich darin aufhält.

Jedenfalls wechsele ich, nachdem ich den Wattrücken passiert habe, in den nächsten Hauptstrom, die Süderhever, und hangele mich an der Küste von Eiderstedt entlang. Schließlich finde ich, was ich suche: den kleinen Hafen von Tetenbüllspieker. Die Bezeichnung »Hafen« ist eigentlich übertrieben. Genau genommen ist es eher ein einzelner Steg an einem Entwässerungssiel, ohne Versorgung, ohne Strom, ohne alles, aber hier wollte ich unbedingt mal hin, denn Tetenbüllspieker stellt den Hafen von Bensersiel im Film *Das Rätsel der Sandbank* dar, dem ersten Film über das Segeln in der Nordsee überhaupt. Und tatsächlich, obwohl er bereits über 30 Jahre alt ist, hat sich an der Kulisse wenig verändert, und alles ist wiederzuerkennen. Wobei »alles« hier eben nicht viel ist.

Es ist interessant zu sehen, wie sehr sich die Häfen in dieser Gegend voneinander unterscheiden. Keiner gleicht dem anderen. Weder in Geschichte noch in Optik oder Ausstattung. Pellworm ist ein lebendiger kleiner Inselhafen, Hooge ein von Segelenthusiasten errichteter kleiner Yachthafen im Grünen, und Tetenbüllspieker ist eigentlich nur ein einzelner Steg am Festland. Und doch gibt es hier einen Umstand, den ich wirklich bemerkenswert finde: Obwohl Tetenbüllspieker am Festland liegt, wirkt es noch abgeschiedener als alle Inselhäfen zuvor. Vielleicht liegt das daran, dass es dort überall zumindest ein kleines bisschen Tourismus gibt. Dass man aber hier auf dem Festland dermaßen abgeschiedene und entrückte Plätze findet, ist schon erstaunlich.

Nebenbei sei aber angemerkt, dass Tetenbüllspieker nach Munkmarsch auf Sylt der zweite Hafen auf meinem Törn ist, den man mit einem Tiefgang von beispielsweise 1,7 Metern nicht anlaufen könnte. Hier aber ist die NONSUCH mit ihren 7,9 Metern Länge sogar fast das größte Schiff im Hafen. Und hier liege ich dann tatsächlich zum ersten Mal ein wenig unbequem, denn NONSUCH sinkt zwar ein, aber der Grund neben dem Steg fällt ab, sodass wir bei Niedrigwasser richtig Lage schieben. Mit dem Abendhochwasser verlege ich zwar noch mal auf einen etwas tiefer gelegenen Platz – auch damit ich am nächsten Morgen etwas früher wieder loskomme –, doch trotzdem bleibt das Boot heute schief liegen. Bei einer Nachtfahrt ist das aber auch nicht anders, für eine Nacht geht das immer, und so finde ich auch hier meinen Schlaf und bin voller Vorfreude und gespannt, was für ein Hafen mich wohl morgen erwartet.

#meinfernwehbuch

Mareike Guhr nimmt die Leser mit auf einen Törn zu den schönsten und exotischsten Orten auf den sieben Weltmeeren. In einzigartigen Fotos wandert der Blick nicht nur über, sondern auch unter Wasser. Die Erzählungen dazu verdeutlichen die Liebe zum Blauwassersegeln mit allen Höhen und Tiefen sowie die Faszination die von den besuchten Inseln ausgeht.

Mareike Guhr
Blau Türkis Grün
Warum ich um die Welt gesegelt bin
ISBN 978-3-667-11424-2

Stefan Glowacz | Tanja Valérien-Glowacz
Grönland Coast to Coast
Stefan Glowacz Expeditionen
ISBN 978-3-667-11422-8

Michael Poliza | Christian Krug (Text)
Island
ISBN 978-3-667-11414-3

Im Handel oder unter www.delius-klasing.de

DELIUS KLASING